Rebecca Netzel / Susanne Schulz

Die Kochkunst der Lakota

Ein Kochbuch von Bison bis veggie

FSC
www.fsc.org
MIX
Papier aus verantwortungsvollen Quellen
Paper from responsible sources
FSC® C105338

Rebecca Netzel
Susanne Schulz

Die Kochkunst der Lakota

Ein Kochbuch von Bison bis veggie

Indigene Kochkunst von Tradition bis Moderne – gesund und bio

TRIGA
Der Verlag

Bibliografische Information der Deutschen Nationalbibliothek
Die Deutsche Nationalbibliothek verzeichnet diese Publikation in der Deutschen Nationalbibliografie;
detaillierte bibliografische Daten sind im Internet über
http://dnb.d-nb.de abrufbar.

1. Auflage 2024

Herstellung: TRIGA – Der Verlag UG (haftungsbeschränkt), GF: Christina Sc
Leipziger Straße 2, 63571 Gelnhausen-Roth
www.triga-der-verlag.de, E-Mail: triga@triga-der-verlag.de

Coverfotos: Susanne Schulz, Rebecca Netzel

Druck: Books on Demand GmbH, Norderstedt
Printed in Germany

ISBN 978-3-95828-345-9

Rebecca Netzel (Hg.), *(Autorin, Hg. der Rezepte)/****Susanne Schulz*** *(Co-Autorin, Materialbeschaffung für Zutaten zum Nachkochen der erhaltenen Rezepte & Tipps für Grill-Geheimnisse sowie für die Anpassung von Kochrezepten an die hiesige Küche)*

Vor Ort[1] *bei Freunden bei den* **Lakota** *(»Western Sioux«) gesammelte und von ihnen erhaltene Kochrezepte, beim Mitmachen und Zuschauen in South Dakota, in Familien und Schulküchen (in Porcupine/Pine Ridge Indian Reservation, St. Joseph's Indian School/Chamberlain S.D.). Die Autorin wurde mit ihrer Familie als Zeichen der Freundschaft rituell in eine Kul Wicásha (Lower Brulé)-Lakota Familie adoptiert. Daher gebührt ihr besonderer Dank ihrer* ***hunká*** *(Adoptiv-)Schwester* ***Brenda!***

1 In South Dakota, in den Sommerferien 2004, 2005, 2006, u.a. in der Pine Ridge Indian Reservation (Wazí Ahánhan Oyánke) und der Lower Brulé Indian Reservation (Kul Wicásha Oyánke), vor allem ehrenamtlich als *volunteer* im *Summer School Camp* der *Porcupine Day School* (Pahín Sinté Owáyawa, Pine Ridge-Reservat, S.D., auch durch Mithelfen in der dortigen Schulküche) und in der *St. Joseph's Indian School,* Chamberlain S.D., ferner auch in Oacoma, S.D., dort privat bei befreundeten Familien.

Danksagung

Mit großem Dank – **wópila tánka** *– an alle unsere Lakota-Freunde, besonders meine Adoptiv-Schwester –* **hunká** *–* ***Brenda Jo Lytle****, dazu* ***Tara Hall*** *und die ganze Tiyóshpaye (extended family) sowie an den bekannten Lakota-Künstler und Kulturwahrer* ***Arthur Amiotte****, und natürlich all unsere Freunde und Bekannte drüben in South Dakota! Spezieller Dank gebührt auch* ***Ingrid Schindler*** *für ihre redaktionelle Beratung bei der Rekonstruktion meiner englischsprachigen Notizen aus den Feldtagebüchern, die ich in den Sommern 2004, 2005 und 2006 in der Prärie führte (Pine Ridge Indian Reservation, Lower Brulé Indian Reservation und St. Joseph's Indian School, Chamberlain S.D./Freunde in Oacoma S.D.).*

Widmung

Gewidmet allen Lakóta und anderen Native Americans, deren nachhaltige Nutzung der Natur und kreative Kochkunst hier vorgestellt wird. Gewidmet insbesondere meiner Hunká-Sis (= Lakota-Adoptiv-Schwester) Brenda, inzwischen auf ihrer Sternenreise, und ihrer gesamten Tiyóshpaye sowie meinem Soul Friend, der stets seine Adlerschwingen über mich gebreitet hat, und natürlich auch Wilfried und Monika, die mich mit einem wunderbaren Buchgeschenk überrascht hatten, das zur Inspiration und Anregung wurde, ein Kochbuch eigens für Rezepte der Lakota zu verfassen, sowie Susi Schulz und Familie, die als wahre Meisterköche viele allgemeine Tipps zu ihrem Hobby Kochkunst beisteuern konnten. Und last but not least in Gedenken an unsere liebe Gisela sowie Frau Groß, beide meisterhafte Köchinnen der schwäbischen und elsässischen Schule, und als Andenken an meine Eltern und Großeltern und Dank an meinen Bruder, die alle auf ihre Weise gute Köche waren und sind: von rustikal über raffiniert bis schnelle Küche, kreativ und gesund!

*

Ehánk'ehan na lehányan ko, oyáte kin washpányanpi s'a, nahán wóhanpi na wítayela wótapi, ca oíyokipiya wicáwote.

As in former times, it is still people's habit to cook for a feast, and then enjoy this meal together with others.

Früher wie heute kochen die Leute gern für ein Fest und genießen dann gemeinsam das Festmahl.

Wóhanpi = *Festessen, Kochen/Gekochtes, Köstlichkeiten*

Ein Wort vorab: »Indianer« oder »Indigene« ...? »Darf man noch ›Indianer‹ sagen?[2]

Am besten die eigene Stammesbezeichnung verwenden (aber die »echte«, nicht die von den Weißen oft durch Missverständnisse zustande gekommene! So bedeutet die Eigenbezeichnung der ***Dakota/Nakota/Lakota*** soviel wie »Verbündete, Freunde«, während die Fremdbezeichnung »***Sioux***« eine Verballhornung von »*Nadouessioux*« darstellt, welche einst von feindlichen Scouts im Dienste der Weißen verwendet wurde und soviel wie »Feinde« bedeutet (Ironie der Geschichte: die Eigenbezeichnung bedeutet ja das genaue Gegenteil), dann auch nur teilweise verstanden (»... *sioux*«) und dazu noch umständlich auf Französisch transkribiert wurde, zu Zeiten der Voyageurs und Trapper.

Die Indigenen bezeichnen sich selber zumeist als »*Native Americans*« (USA) bzw. »*First Nations*« (Kanada), auf Lakota entspricht dem der Begriff **»ikcé wicásha«** = »einfache, gewöhnliche Menschen im Naturzustand«; es herrscht indes selbst unter den Natives Uneinigkeit über den Begriff »*(American) Indian*«. Denn zum einen beruht dieser bekanntlich auf dem historischen Irrtum des Kolumbus, der vermeinte, in »West-Indien« gelandet zu sein, auch wurde die Bezeichnung »*Indians*« oft abwertend gebraucht, z.T. gar als Schimpfwort (»*Injuns*«), zum anderen wird dieser Ausdruck von einigen so Bezeichneten teils voller Stolz trotzig akzeptiert, besonders seit den Protesten der Bürgerbewegung etwa der 1960er Jahre (z.B. AIM = *American Indian Movement*). Im Übrigen macht ja stets auch »der Ton die Musik«, ob man sich also abfällig oder respektvoll äußert.

Daher sei hier einfach die Stammesbezeichnung der Lakota (= westlicher Teilstamm der **»océti shakówin**, Sieben Ratsfeuer«

2 Vgl. hierzu den gut differenzierenden Artikel von Gabor Paal, in SWR Wissen, Rubrik Gesellschaft, www.swr.de > wissen > 1000 Antworten: https://www.swr.de/wissen/1000-antworten/darf-man-noch-indianer-sagen-104.html

verwendet sowie der Begriff »Indigene«, sofern sich nicht schon, besonders bei Pflanzen und traditionellen Gerichten, die Bezeichnung »*Indian*« eingebürgert hat (z. B. »*Indian Potato*«). Übrigens wird auch das Wort »Sioux« weiterhin in der Ethnologie verwendet.

Inhalt

Vorwort:
Kleine kulinarische Kulturgeschichte

Kochen wie die Lakota! Nach Original-Rezepten oder auch für den europäischen Gaumen variiert. Den Geschmack der Prärie ins Haus holen und auf den Teller bringen! »**Wóhanpi**« – das bedeutet: »kochen für ein Fest, Geselligkeit, gemeinsam essen.« In allen Völkern und Kulturen gilt gemeinsames Essen ja als fester Bestandteil von Feierlichkeiten, aber auch als Verbindung stiftend im Alltag, unter Familie und Freunden (wobei bei den Indigenen der Familien- und Freundeskreis ungleich weiter gefasst wird, da er gleich praktisch alle Stammesgenossen im Umkreis mit einbezieht, die allesamt pauschal als »Cousins« und »Cousinen« betrachtet werden.)

Die indigene Küche hat ja viel zu bieten: Gesunde Zutaten, alles direkt aus der Natur (Jäger und Sammler, heute auch Farmer und Züchter) oder in nachhaltiger Erzeugung (traditioneller Anbau), quasi von sich aus Bio. Doch lohnt es sich, genauer hinzuschauen, was eigentlich genau die ursprüngliche Küche der indigenen Völker ist und wo sich vielfältige Einflüsse der verschiedensten Einwanderer und somit Kultur-Kontakte bemerkbar machen, oft als Bereicherung – so etwa in der Mexikanischen Küche, welche aus indigenen und europäischen Elementen eine gelungene Synthese geschaffen hat –, zuweilen aber auch nachteilig für die Qualität der Rezepte und Gesundheit der VerbraucherInnen – durch die erzwungene Anpassung an die »weiße« Kultur, die lange Jahrzehnte rücksichtslos in Internaten *(boarding schools)* vermittelt wurde, bis die Bürgerrechts-Bewegung zu einer Rückbesinnung auf die eigenen Kulturen führte, *back to the roots*. So führten Ausrottung von Wildtier- und Pflanzenarten durch die weißen Siedler, indigene Armut und von weißen Hauswirtschaftlerinnen eingeführte Neuerungen an Produkten und Rezepten teilweise dazu, dass etwa die traditionelle Kochkunst zumindest vorübergehend darunter gelitten hat: fetter Schweinespeck statt mageres Büffelfleisch, fettes Schmalzbrot statt magere Maisfladen usw. Im Gegensatz zur traditionellen Kochkunst (gesund und fettarm) ist die moderne Küche leider eher fett- und zuckerlastig, wogegen in jüngster Zeit auch seitens stammeseigener Organisationen vorgegangen wird, auch wegen der erschreckend hohen Diabetes[3]-Rate durch billiges *Junk food*. So bieten Schulküchen vermehrt Gemüse an (etwa Tomaten, Karotten, Broccoli oder Selleriestangen, auch als Rohkost). Wurde früher zum Kochen Fett benötigt, so nahm man meist entweder das Nierenfett des Wildbrets (speziell Bison) oder gelegentlich sogar Stachelschweinfett. Schweineschmalz kam erst viel später dazu.

Denn Wild- wie Haus-Schweine waren im Gebiet der Prärie unbekannt. Der Boden ist meist einfach zu hart für die Rüsseltiere, um dort zu wühlen, daher kommen die Amerikanischen Wildschweine, die Pekaris, nur außerhalb der Great Plains vor. Erst seit Ankunft der weißen Siedler (Spanier, Engländer, Deutsche, Iren, Skandinavier u. a.) sind auf den Plains andere Haus- u. Zugtiere als der Hund (**shúnka**) bekannt, dieser war bis dahin das einzige gezähmte Tier der Lakota, weshalb sie auch die Mustangs der Spanier als »Kräftige/seltsame Hunde« (**shúnka *wakán***) bezeichneten, als sie zum ersten Mal Pferde sahen. Echte Wildschweine kommen in Nordamerika nur in einigen Gegenden des Südwestens vor, es handelt sich um die o. g. Pekaris. Verwilderte Hausschweine hingegen (die oft wieder wildschweinähnlich wurden) gibt es inzwischen jedoch auch im Südosten, z. B. Florida.

Als Handelsobjekt gelangte das (Haus-)Schwein (**kukúshe, »Grunzer«**) jedoch auch auf die Teller der Lakota, besonders in der Form haltbar gemachter Produkte wie [Schweine-]Speck (**[kukúshe] washín**), vor allem, wenn dieser geräuchert war (**washín cosyápi**). Zudem wurde ausgelassener Speck (Schweineschmalz, **washín wígli**) zum Braten verwendet. Als Beilage zu (meist aus Instant-Teig hergestellten) Pfannkuchen (**agúyapi zibzípela**), dem typisch-amerikanischen Frühstück, sind krosch gebra-

3 **Canhánpi wókuje** = »Zuckerkrankheit«

tene **bacon**-Streifen gar nicht wegzudenken (sie werden bedenkenlos zusammen mit den Pfannkuchen mit zerlassener Butter und Ahorn-Sirup übergossen). – Schweinefetthaltige europäische Rezepte finden sich noch heute, etwa ***chicharrón***, geröstete Schweinegrieben auf Mexikanische (Spanische) Art, hierzu wird die fette Schweineschwarte in Stücke geschnitten und wie Chips frittiert – lecker, doch kalorienreich. Mit dem Schwein kam also auch das Fett in die Lakota-Küche, denn selbst das feiste Wild im Herbst ist mager im Vergleich zu Mastvieh.

Natürlich entwickelt sich die Kochkunst ja stets weiter. Heutzutage ist inzwischen gottlob ein Entwicklungsstadium erreicht, in der man die Vorteile aller Küchen quasi in einer globalen Kochkunst kombinieren kann, als »Markt der Möglichkeiten«, und somit etwa Rezepte durch neue Gewürze raffiniert verfeinern oder aus Gründen der gesunden Ernährung wieder zu Altbewährtem zurückkehren kann. Die Lakota sind da durchaus Neuem gegenüber aufgeschlossen und experimentierfreudig – solange ihr eigenes Kulturgut dadurch nicht bis zur Unkenntlichkeit verwässert wird, sondern sich eben mit der Zeit kontinuierlich weiterentwickelt und bereichert. Schon Häuptling ***Sitting Bull*** (**Tatánka Íyotake**) empfahl bekanntlich: »Wenn Du etwas Schlechtes auf dem Weg der Weißen siehst – lass es liegen; findest Du etwas Gutes – heb' es auf!«[4]

Daher wird im vorliegenden Kochbuch, sofern nötig, zwischen den Begriffen »traditionell = **ehánk'ehan**« und »modern = **téca**« unterschieden. Ein gutes Beispiel hierfür ist das ***Würzen***, etwa mit Salz oder Chili, Curry oder Dill. Auch für Flexitarier,

4 Vgl. zum selektiven Umgang der Lakota mit dem Einfluss der weißen Siedler: ***hr domino***, feature zum Thema *Ma Lakota!*, Sendung vom 13.04.2006, *Aufzeichnung dieser Sendung als Audio-CD:*
Weltwissen für Kinder: ***Indianer & Cowboys***, Autor: ***Niels Kaiser***, mit Beiträgen von ***Markus Lindner***, ***Arthur Amiotte***, ***Rebecca Netzel*** u.a., München 2007. Der überlieferte Ausspruch mag im Original etwa so gelautet haben: Tatánka Íyotake kin heyé: »Washícu tacánku ogná táku shíca ca wanláke ehántansh, le ayúshtan yo, le icú shni yo. K'éyash washícu tacánku ogná táku washté ca iyéyaye ehántansh, le pahí yo, le icú wo!«, eyé shke.

Vegetarier*innen (**watóto yúta** = »Grüngemüse-Esser«) und ***Vegane*** soll dieses Kochbuch als Anregung dienen können – daher wurde berücksichtigt, dass in der »fleischlastigen« Lakota-Küche Steaks und Bratwurst auch einfach durch Veggie-Steaks, Soja-Würstchen oder vegane Fleischersatz-*Chunks* (auch für Geflügel: *Chicken*-Art oder Entengeschmack!) ersetzt werden können, besonders gilt dies für die »neoklassischen« *Buffalo-Burger*, bei denen die Büffel-Bouletten sich problemlos durch vegetarische Bratlinge ersetzen lassen!

Zur Frage: »Gibt es überhaupt ***vegetarische Lakota***«? Dakota/Nakota/Lakota & Bison (»Indianerbüffel«) – das gehört doch einfach zusammen! Auch wenn Vegetarier im Land der Büffelzüchter selten sind, so kenne ich zumindest eine Vegetarierin: Meine Lakota-Adoptivschwester (**hunká**) Brenda, vom Unterstamm der **Kul Wicásha Lakota** *(Lower Brulé)*. Für sie war es kein Widerspruch, gleichzeitig die Bisons zu verehren, ohne sie auch selber zur Ernährung zu nutzen, denn sie wusste ja, dass unzählige Generationen von Ahnen noch auf die Bisonjagd angewiesen waren und daher diesen Tieren in Gebeten dankten, und dass auch heute noch das Schicksal der »Brudervölker«[5] Bison und Mensch ökologisch eng miteinander verknüpft ist – wie wahr! Doch für sich selber bevorzugte sie pflanzliche Kost, vielleicht gerade weil sie mit ihrem Mann eine kleine Farm bewirtschaftete und die Tiere, für die sie dort sorgten – vor allem Pferde, Hunde und andere – fast so etwas wie Familienmitglieder waren und somit »tabu«, auch wenn sie Bisons gehalten hätten …

Somit können hier auch ohne jeden »Stilbruch« ***vegetarische/vegane Varianten*** zu den Kochrezepten angeboten werden, gerade in Zeiten, in denen Tierwohl und Klimaschutz eine immer größere Rolle spielen. Zu berücksichtigen ist, dass nachhaltige Bio-Landwirtschaft auch in der Tierhaltung eine gute CO_2-Bilanz

---

5 Daher werden die Tiere auch im Naturzustand belassen, unverschnitten, nicht enthornt usw., denn das würde Unglück bringen. Ein Blick auf die »moderne« Landwirtschaft, in der Tiere nur noch als »Produktionseinheiten« betrachtet wurden, gibt ihnen Recht. Auch hierzulande wird ja zunehmend über Tierwohl und artgerechte Haltung nachgedacht.

aufweist, zudem müssen einige Flächen, wie etwa Heideland oder Almwiesen, sogar durch Beweidung gepflegt werden, damit auch die dortige Artenvielfalt erhalten bleibt. Doch wer aus Prinzip und Überzeugung auf jeglichen Fleischkonsum verzichten möchte, der/die wird auch in diesem Kochbuch fündig! Vegetarische bzw. vegane Alternativen sind zu den Kochrezepten angegeben, wo immer es irgend möglich und sinnvoll erscheint – also einfach mal durch die Rezepte stöbern!

Und wer sich nun fragt: »***Veggie-Bison***« – ja geht das denn überhaupt? Da lässt sich folgende Antwort geben: Man nehme die hochwertigsten, am Markt verfügbaren Veggie-Steaks, verfeinere sie geschmacklich gezielt mit Grill-Gewürz im »*Western Style*« und füge die typische »Prärie-Komponente« der Lakota-Küche hinzu, nämlich ***Salbei*** (= als Entsprechung für den charakteristischen »*buffalo sage*, Büffelsalbei = Wüsten-Beifuß, das ist **pejí hóta**«) und evtl. ein paar Zweiglein frischen ***Estragon***[6] als Deko – das wirkt Wunder! Auch die »klassischen« Beilagen wie etwa gegrillte Topinambur tun da ein Übriges – und fertig ist das abgerundete »*Great Plains*«-Geschmacks-Erlebnis!

*

Die Kochkunst der Lakota ist von Natur aus »Bio«, da alles von natürlichen Zutaten stammt. Auch ansonsten ist einiges in der Lakota-Küche anders und daher zu beachten:

Salz (**mniskúya**, *wörtl.:* »süßes Wasser!«, das wurde indes nicht als »Süßwasser« verstanden, sondern als Geschmacks-Komponente) etwa wurde in der traditionellen Kochkunst der Lakota und anderer indigener Völker im Allgemeinen eher sehr spärlich verwendet – einfach, weil es nicht vorhanden war. Nur wenige indigene

---

6 ***Estragon*** ist übrigens mit Wüstensalbei verwandt, ebenso wie Beifuß und Wermut, alle gehören zur Gattung *Artemisia*. Was sie unterscheidet, neben ihren Verbreitungsgebieten, sind Details wie die Blattform, vor allem aber die jeweilige Geschmacksnote. Achtung: Einige Arten wie der Wermut sind schwach giftig, auf die klassischen Gewürzkräuter wie Estragon (»Dragon«) trifft dies natürlich nicht zu!

Stämme verfügten vor Ort über die Möglichkeit der Salzgewinnung, etwa Küstenbewohner oder Stämme, die wenigstens an den Salzmarschen siedelten, wo sich aus salzabscheidenden Pflanzen wie Queller oder Salzmelde eine Art Salzwürze gewinnen ließ, sowie Bewohner der Regionen um die Salzpfannen in Utah. Salz war über Jahrtausende ein begehrtes und weit gehandeltes Gut, in der Neuen wie in der Alten Welt. Als Handelsgut erreichte es die Lakota erst in größerem Umfang, als Händler im 19. Jh. industriell gewonnenes Pökelsalz einführten, was zum Konservieren von Fleisch sehr begehrt war, etwa zur Herstellung des traditionellen *Jerky*, Dörrfleisch (**pápa**), dessen Zubereitungsprozess dadurch natürlich vereinfacht und beschleunigt wurde. Salzlieferungen gehörten daher, neben Mehl und Zucker, zu den wichtigen Handelsgütern, die etwa in den ***Trading Post***-Stationen (**mas'ópiye**[7], Prärie-Handelsposten) umgeschlagen wurden.

Bevor Salz in praktisch beliebigem Umfang zur Verfügung stand, behalf man sich beim Würzen meist mit kräftigen Kräutern (**pejúta**), aber auch Süßem wie Honig bzw. Ahornsirup (**canhánpi**). Da im Land der Lakota, der Prärie der *Great Plains*, eher kaum scharfe, Chili-artige Beeren oder auch Früchte wie die des Gewürzbaums vorkommen, wie er im Südosten der USA häufig wächst (und entsprechend auch als traditionelles Gewürz in die Küche der dortigen indigenen Stämme, wie etwa der Seminolen, eingegangen ist), dienten etwa ***Wüstensalbei*** (**pejí hóta**) und ***Wacholder*** (**hanté**) als intensivierende Geschmacksnote. Darin ruht auch der Zauber der regionalen Küchengeheimnisse: Man setzte auf den ***Eigengeschmack*** der Zutaten, behalf sich mit dem, was man vor Ort fand, und kombinierte es kreativ zu harmonischen Gerichten. Pikant, sauer oder lieblich – jedenfalls oft aufregend anders, als man es von der heimischen Küche kennt.

Doch auch Altbekanntes lässt sich in der Kochkunst anderer Völker zuweilen wiederfinden, sei es, weil ähnliche Zutaten

---

7 DieLakota-Bezeichnung für *Trading Post* geht allerdings auf den Namensbestandteil »**máza** = Metall« zurück, das ebenfalls zu den besonders begehrten Waren gehörte, etwa als Messer oder Äxte.)

auch dort vorhanden sind oder weil bestimmte Gewürze, etwa der unvergleichliche ***Curry***, der sich für so vieles eignet, längst ihren globalen Siegeszug angetreten haben. Curry, als raffinierte Gewürzmischung, hat zwar kein direktes Pendant in der Lakota-Küche, die eben eher auf den Eigengeschmack der Zutaten setzt, doch immerhin gibt es, zumindest in den nördlichen Gebieten, kurkuma-artige Wildkräuter, und ***Kurkuma*** wiederum ist ja ein wichtiger Bestandteil von Currymischungen, so dass die »asiatische« Geschmacksnote durchaus gerechtfertigt ist.

Das Gleiche gilt für ***Zucker*** (**canhánpi**). Traditionell kannten die indigenen Völker Nordamerikas lediglich Naturprodukte wie süßen Baumsaft (**canhánpi**), der von geeigneten Ahorn-Arten (Zuckerahorn, *Maple*, **canhásan**, bzw. Eschenahorn, *Box-Elder*, **canshúshka**) abgezapft und durch Köcheln eingedickt wurde, oder eben Bienenhonig (**tuhmúnga canhánpi**, *wörtl.:* Bienen-Baumsaft). ***Zuckerrohr oder Zuckerrüben*** wurden erst von den Europäern (Spanier bzw. Engländer) in die – nur für sie – »Neue« Welt gebracht. Besonders der industriell raffinierte Rübenzucker hat leider zu großen Gesundheitsschäden bei weiten Bevölkerungsgruppen geführt, nicht nur bei Indigenen, und dort vor allem bei Jugendlichen (durch den Konsum von Süßigkeiten und *Soft drinks*, aber auch durch Beimischung von zu viel Zucker in allen möglichen Fertiggerichten und anderen hochgradig verarbeiteten Produkten). Zum einen sorgte Industrie-Zucker leider gerade bei den Lakota u. a. *Native Americans* für erhöhte ***Diabetes*** (**canhánpi wókuje**)-Raten, bedingt auch durch Armut und *Fast Food* – was oftmals die einzig käuflichen Lebensmittel entlegener Regionen darstellt, zum anderen würden manche Gerichte ohne Zucker und Salz für den europäischen Gaumen einfach nur fade schmecken (die Süßkraft von Honig etwa ist doch eher unaufdringlich-mild).

Aus diesem Grunde wurde bei den hier vorgestellten Gerichten gegebenenfalls durch die Zusätze ***»traditionell«*** (**ehánk'ehan**) versus ***»modern«*** (**téca**) darauf aufmerksam gemacht, ob es sich um eine eher ursprüngliche Rezeptur handelt oder um eine bereits europäisch beeinflusste (wobei auch der Einfluss der Tex-Mex-Kultur (**Spayóla wóyute** = *wörtl.:* »Spanisches Essen«) ja eine Mischung aus europäischen und mexikanisch-indigenen Kochkulturen ist). Ein reger Kulturaustausch zwischen den Stämmen (*intertribal*) hat ohnehin seit jeher bestanden, so dass es sich nicht gleich um eine »Verfälschung« traditioneller Rezepte handeln muss, sondern um gegenseitige Bereicherungen, doch sollte man sich eben darüber im Klaren sein, ob es eher ursprüngliche oder modernere Rezept-Varianten sind – dann kann man auch geschmacklich schneller einschätzen, ob es sich eher um Ungewohntes oder Vertrautes handeln mag. Zum Experimentieren und Heranführen an die ureigenen Wurzeln der Lakota-Küche kann man ja ruhig erstmal mit den moderneren Varianten anfangen, um den eigenen Gaumen und die Erwartungshaltung an die ursprünglichen Rezepturen zu gewöhnen!

*

Selber hat die Autorin jahrelang jeden Sommer verschiedene Reservate bereist, vor allem in South Dakota, und dort schwerpunktmäßig die *Pine Ridge Indian Reservation* (**Wazí Ahánhan Oyánke**), doch auch andere Lakota-Reservationen in South Dakota wie *Lower Brule* (**Kul Wicásha Oyánke**)/*Crow Creek* (**Kangí Wakpá Oyánke**), *Rosebud* (**Unjínjintka Owákpamni**) sowie indigene Kultureinrichtungen und Hilfsorganisationen, wie die *St. Joseph's Indian School* (Chamberlain S.D.), oder das kanadische »*Turtle Island*« (Ottawa). Bei verschiedensten Anlässen haben wir als Ehrenamtliche, Freunde oder auch mal Touristen vor Ort mitgemacht und auch mitgekocht. Es wurde eingeladen und gefeiert, verköstigt und verteilt, probiert und studiert, sowohl traditionell als auch modern mitgekocht, unter Freunden oder auf dem großen Powwow (**wacípi**) – sogar einmal interkulturell, bei einem *Summer School Workshop* für Reservatskinder, als *volunteers* (Freiwillige Helfer) beim Sommer-Camp, sowohl im Unterricht als auch in der Mensa der *Porcupine Day School,* S.D. (**Pahín Sinté Owáyawa**), wo neben gesundem Gemüse nach dortigen

Rezepten auch »*Pretzel, Kraut & Weißwurst*« vorgestellt wurden – ein reger kulinarischer Austausch also!

Bei oder nach all diesen Anlässen habe ich mir Notizen gemacht, in meinen Feldtagebüchern bei Aufenthalten vor Ort: Pine Ridge Indian Reservation (jew. Sommer 2004, 2005, 2006, während des Urlaubs, vor allem rund um Manderson, Porcupine und Kyle), sowie den Kurzaufenthalten in der Lower Brulé/Crow Creek Reservation und Rosebud Reservation, S.D., als Gebieten der ***Lakota/Dakota/Nakota***, ferner im Indigenen Kulturzentrum Turtle Island, Ottawa, Kanada, das vor allem die Stämme der ***Cree und Ojibwa*** vorstellt, jedoch auch zahlreiche *intertribal*-Einflüsse aufzeigt (so lief dort in den nachgebauten Wigwams, im Freiluft-Museum, Powwow-Musik auch der Lakota aus dem Recorder). Die dort servierte, leckere »***Three Sisters Soup***« aus den traditionell zusammen angepflanzten »Drei Schwestern« Mais, Kürbis und Bohnen ist praktisch über alle Stämme hinweg verbreitet, bei denen diese Pflanzen wachsen oder zumindest gehandelt werden. Und die uralten, ökologischen Erfahrungen der Perma- und Misch-Kultur im Feldbau der Selbstversorger ist gepaart mit dem guten Geschmack einer reichhaltigen Gemüsesuppe!

Die Autorin hat zu Besuch bei den indigenen Familien und auch Schulküchen gerne zugeschaut und aktiv mitgemacht, indes jedoch nicht alle Rezepte von Anfang bis Ende selber durchgekocht. Übrigens war es schwierig (genau wie oftmals hierzulande), konkrete Mengenangaben zu erhalten, so dass bei der Vorstellung der Rezepte hier ebenso improvisiert und näherungsweise abgeschätzt werden muss (»circa«) wie beim konkreten Kochen vor Ort. Denn die wenigsten Menschen drüben kochen »nach Rezept-Vorlage«, sondern haben die Mengen für die Zutaten aus Erfahrung im Kopf (oder im Gefühl). Männer wie Frauen kochen oft mit großer Hingabe an ihr Tun, das beginnt schon beim Dankgebet (**wócekiye,** ***prayer***) an die Seelen der Tiere und Pflanzen, die Produkte zur Ernährung beisteuern und reicht über eine achtsame Zubereitung, (die oft fast an eine japanische Tee-Zeremonie gemahnt). Man lernt drüben einfach beim Zuschauen, auf Nachfrage erhält man meist vage Antworten wie »*hum ... about, something like that ...*, **wahé-celya** ...«, also nur »in etwa so viel«, »schau her«. Da heißt es, nach Augenmaß, Gewicht und Konsistenz abschätzen!

Traditionelle Kochbücher gibt es bisher nur sehr wenige (die meisten wurden extra für an indigenen Kulturen Interessierte konzipiert), man hat bestenfalls ein Notiz-Zettelchen, oft aber einfach die Erinnerung an die Weise, wie bereits die Mutter, Großmutter oder Tante kochte, gelegentlich auch der Stammesälteste, der seine Kultur an die jüngeren Generationen weiterreichen möchte. Heutzutage werden Kochrezepte und Tipps natürlich auch per Internet ausgetauscht, vor allem in den Sozialen Netzwerken.

Woraus besteht nun die Lakota-Kochkunst? Natürlich an erster Stelle aus Bison-Fleisch (**pte** = Bison, »Büffel« allgemein/weiblich; **tatánka** = Bisonbulle, **ptehíncala** = Bisonkalb[8]) – doch noch so viel mehr! Eine ausgewogene Ernährung praktisch in »Bio-Qualität« kam bei den Jägern und Sammlern von allein zustande; und man wusste damals schon: »Du bist, was du isst«[9] und achtete auf eine sorgsame Zubereitung aller Zutaten. Naturgemäß drehte sich die Lakota-Kochkunst, trotz aller den Speiseplan bereichernden Wildbeeren und Wurzeln, in erster Linie um den Büffel. Dieser galt – und gilt – als Sicherung der Lebensgrundlage schlechthin – kein Wunder, dass noch heute etwa Tipi-Zeltwände oder moderne Gebäude im Reservat, etwa Schulen und Gemeindehäuser, mit umlaufenden Bisonspuren verziert werden, steht dieses Motiv doch für ein glückliches Leben in bescheidenem Wohlstand.

Zuerst war der ***Bison*** quasi der »Supermarkt auf vier Beinen« für die Ernährung und sonstige Versorgung der Plains-Völker, wo wegen der Trockenheit der Prärie (Sommerdürre und Winterkälte) keinerlei Landwirtschaft möglich war. Es war also alles andere als »primitiv«, sondern zutiefst ökologisch, als Jäger den wandernden Büffelherden hinterher zu ziehen. Dies mussten die weißen Siedler, in Unkenntnis der heiklen Biotope der Plains, später leidvoll[10] erfahren, als sie versuchten, anstelle der wan-

8 Gejagt wurden und werden i.d.R. erwachsene Tiere, Kälber sollen ja erstmal aufwachsen.

9 Näherungsweise: »**Táku yáta cánna iyécel yaní kte** = So wie du dich ernährst, so wirst du leben.«

10 Dadurch bildeten sich sog. *»dust bowls«*, d.h. der Humus wurde durch den beim Pflügen aufgerissenen Ackerboden buchstäblich vom Winde verweht, und die Grasnarbe durch nicht wanderndes, sondern in Pferchen gehaltenes Vieh zertrampelt. Beides verursachte schwere Erosionen, also eine ökologische und somit auch ökonomische Katastrophe, vor allem in weiten Teilen von Oklahoma und Arkansas, was viele weiße Siedler in den 1930er Jahren schon nach wenigen Jahren zur Aufgabe ihrer Landwirtschaft und zum Weiterziehen zwang, wovon der Schriftsteller ***John Steinbeck*** in seinem Roman *»The Grapes of Wrath«* (Früchte des Zorns) anschaulich berichtet. Die Indigenen hatten sich also nicht

dernden Bisons in sesshafter Weise auf Farmen Rinderherden zu halten und Ackerbau zu betreiben. Dabei nahmen die indigenen Jäger stets nur so viel von der Natur, wie sie zum Leben brauchten, es wurde also nie zuviel[11] gejagt – nicht einmal, wenn Vorräte an Dörrfleisch für den Winter angelegt werden mussten, denn es sollten ja noch genügend Tiere für die Zukunft erhalten bleiben. Und auch die Vierbeiner galten und gelten als »Leute«[12] mit eigenem Lebensrecht!

Erst die weißen Siedler brachten also die Bisons an den Rand der Ausrottung; die Millionen Tiere umfassenden Herden wurden mit modernen Feuerwaffen zusammengeschossen; zum einen wurden die Bisons abgeschlachtet, weil sie als »Konkurrenz«[13] zu den zahmen Rindern galten (obwohl sie viel genügsamer sind als diese!), zum anderen aber auch, um den Indigenen so ihre Lebensgrundlage zu entziehen und sie in die Reservate zu zwingen. Auch der Bau der Eisenbahn trug wesentlich zur Dezimierung der Bisons bei; zunächst wurde deren Fleisch als billige Nahrung für die Bauarbeiter genutzt, später brachte die Bahn schießwütige Freizeit-Jäger, welche die Tiere nur als »Sport« erlegten – für *Native Americans* undenkbar! Diese danken ja jeder Tierseele mit einem Gebet, wenn sie ein Tier töten). – Die Weißen hingegen ver-

---

grundlos dagegen gewehrt, Großmutter Erde (**Uncí Maká**) solle nicht mit dem Pflug verletzt werden …! Heute werden zunehmend nachhaltige Anbau-Methoden der Indigenen übernommen, etwa die Perma-Kultur und das Halten halbwilder Bison- u. Hausrinderherden.

11 Die steinzeitlichen *»buffalo jumps«*, bei denen in grauer Vorzeit ganze Herden über den Abgrund gejagt wurden, bilden da eine Ausnahme, u. a. weil die prähistorischen Jäger noch über keine Pferde verfügten – diese wurden erst von den Weißen (wieder) eingeführt; das Wildpferd war nämlich noch nicht gezähmt und starb in der Eiszeit in Amerika aus. Das Aussterben der Wildpferde und Mammuts war vielleicht mit ein Grund, warum gerade die Ureinwohner Nordamerikas seitdem so nachhaltig und pfleglich mit der Natur umgingen und dies bis heute tun.

12 **Mitákuye** = meine Verwandten, **oyáte** = Volk/Völker, auch der Tiere und Pflanzen!

13 Zudem sind Wildrinder wie Bisons resistenter gegen manche Krankheiten wie Brucellose als Hausrinder und können als Überträger in Frage kommen. Inzwischen gibt es jedoch Impfstoffe in der Veterinärmedizin, weshalb dieses Argument an Bedeutung verloren hat.

werteten vom Bison nur anfangs das Fleisch, zur Ernährung der Eisenbahn-Bauarbeiter, später nur noch die robuste Haut, die zu Keilriemen für die Industrie verarbeitet wurde, und später gar nur noch bestenfalls die eingepökelte Zunge als Delikatesse. Zum Schluss wurden die Kadaver der Büffel einfach liegen gelassen und verrotteten bergeweise ... ein ökologisches Verbrechen der damaligen Weißen![14]

*

Zu den ***Zutaten*** (**wícahiyutapi**[15]) und deren Gewinnung Jagd, Tierzucht, Anbau) sei folgendes angemerkt: Dort, wo Ackerbau zur Selbstversorgung möglich war, etwa entlang der Flusstäler, wurde er auch betrieben, wo es hingegen zu trocken war, etwa in der westlichen Kurzgras-Prärie, ging man zum nomadisch-schweifenden Leben als Jäger und Sammler über. Die Lakota, die aufgrund der Boden- und Klimabedingungen hinter den von einem Weidegrund zum andern wandernden Bisonherden herziehen mussten, trieben daher regen Tauschhandel mit ihren Nachbarstämmen, wobei sie ihr frisches oder gedörrtes Wildbret gegen Getreide wie Mais und Wildreis tauschten. Ja, es wurden sogar die gehamsterten Vorräte in den Bauten von Präriemäusen (**itúnkala**) aufgegraben, in denen diese für den Winter Wild-Bohnen einlagerten, jedoch nie, ohne die Tiere komplett zu berauben – man ließ ihnen stets einige Vorräte oder ersetzte zumindest die proteinreicheren Bohnen durch eine etwa gleiche Anzahl von Maiskörnern!

Haupt-Lebensgrundlage war indes der Bison (**tatánka**), er galt eben den Präriestämmen geradezu als »Supermarkt auf vier Beinen« (wie etwa im ***Buffalo Bill Historical Center***, dem ***Bill Cody Museum*** in Wyoming, anschaulich in einer Ausstellung

14 Dies wurde von den Natives auch entsprechend angeprangert, jedoch verhallten ihre Proteste damals so gut wie ungehört, nur einige wenige frühe Umweltschützer wie ***John Muir*** setzen sich für den Erhalt der Wildnis und ihrer vierbeinigen Bewohner ein.

15 Das Wort »**wícahiyutapi**« bedeutet »Zusammengemischtes, Mix« (also »Zutaten« im weitesten Sinne) und kann sich auf alles von Würzen bis Sauce beziehen.

dargestellt wird, die übrigens vom Lakota-Kulturwahrer ***Arthur Amiotte*** mit kuratiert wurde). Vom erlegten Tier wurde praktisch alles verwertet, in allen nur denkbaren Zubereitungsarten: Die Leber und Nieren wurden teils sogleich nach der Jagd frisch und roh verzehrt, wegen der wertvollen Vitamine, alles Übrige wurde durch Kochen, Rösten oder Dörren verarbeitet, die Häute wurden gegerbt und aus Knochen und Sehnen Werkzeuge und Fäden hergestellt.

Hier eine Liste von Verwendungen der Bison- u. a. Wildbret-Teile, die keineswegs vollständig ist (!):

- Fleisch (**taló**): Nahrung (gekocht, geschmort, geröstet, gedörrt)
- Hirn, Brägen (**tanásula**): Zum Gerben (das Leder wurde beim Gerb-Prozess damit eingerieben). Daher wurde Hirn i. d. R. nicht verzehrt, weil es als Rohstoff zum Gerben (**kpanyánpi**) benötigt wurde.
- Fell (**ptehá**): als Mäntel (ógle hánska, Umhang, mit Fellseite nach außen), als Kleidung (dort indes meist feines Hirschleder, (**tahá, *buckskin***), für Kleider (**hayápi**), Hemden (ógle), Leggings (**hunská**), Mokassins (**hánpa, hanp'íkceka**), Taschen (**wójuha**), Köcher (**wókpan, *parfleche***), Schnüre (**wíkan**) usw., mit der samtigen Wildlederseite nach außen, oft bestickt), Rohleder (**tahálo, *raw hide***): für Schuhsohlen, enthaarte Häute (**ptehásha**, zuweilen geräuchert), als Zeltplanen für die Tipis, ganze Häute: zuweilen auch als runde Boote (**tahúkawata, *bull boats***), Lederreste (**oshpúla**): für Spielzeug wie Puppen (**hanpóshpula** = *wörtl.:* Schuhlederreste!), Bisonbuckel (**tacánhahake ha**): als Kochschüssel (siehe a. Magen!), abgeschabtes Fellhaar, Büffel-Wolle (**ptehín**): als Isoliermaterial
- Knochen (**hohú, huhú**): Werkzeuge wie Ahlen (**tahínshpa**), Schaufeln (**makínapte**, etwa aus dem Schulterblatt, **taáblo**), Grabstöcke (**wíwopta**, zum Prärierüben-Ausgraben) usw., kleine Fußknöchelchen usw, a. als Spielsteine (**wóshkate**, oft bemalt), der Bison-Schädel (**pte pa**) für den Lakota-Altar, damit der Bison rituell bei den Gebeten anwesend war (s. u.)

Bisonkalb (Pine Ridge): stammeseigene Büffelzucht

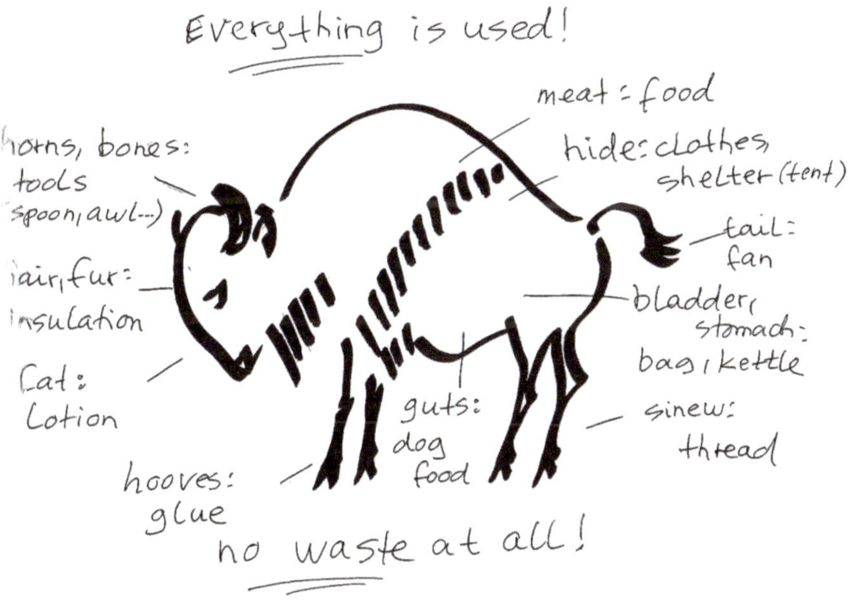

- Zähne (**hi**), bezahnter (Unter-)Kiefer (**lotkú**): als Schaber
- Knochenmark (**tacúpa**): Nahrung, Schmierfett
- Sehnen (**kan, takán**, verzwirnte Fasern: **takán okáza**): als Fäden verzwirnt, zum Nähen von Kleidern und für Stickereien
- Schädel (**pte páhu**), bes. imposante Exemplare samt Hörnern: als Zeremonial-Gegenstand für den Lakota-Altar (**hócoka**), um sich mit der Natur zu verbinden und ihr zu danken, das Kopffell samt Hörnern früher auch als Kapuzen-Verkleidung für Medizinmänner[16] (**wapíya wicásha**) zum Schamanisieren, etwa bei rituellen Tänzen
- Hörner (**he**): als zeremonielle Dekoration, meist jedoch als Rohmaterial, um etwa [Horn-] Löffel ([**ptehé**] **cinshká**) und Schaber (**wahíntka**, zum Ausschaben der frisch abgezogenen Fellhäute) herzustellen. (Das Hornmaterial wurde durch Köcheln biegsam gemacht und zugeschnitten). Besonders große Schöpflöffel (**wícapte**) wurden so hergestellt, zum Austeilen[17] von Suppen (**wahánpi**) und Fruchtpudding (**wójapi**), seltener dienten die Hörner auch als Trinkgefäße oder zum Aufbewahren etwa von Roterde für Bemalungen usw., später auch von Schießpulver (Pulverhörner).
- Hufe (**tasháke, tasíshake**), a. samt Gelenkknochen: als Rohstoff für Leim (**wíyaskabye**), auch getrocknet und zusammengebunden als Rasseln (**tasháka**, auch aus Hirschhufen, die für Zeremonien und Tänze verwendet wurden. Zudem gab es auch Kürbisrasseln, **wagmúha**, aus hartschaligen Kürbissen, die mit Steinen gefüllt wurden.)

---

16 Medizinfrauen (**wapíya wínyan**) hatten und haben für ihre Heil-Rituale eigene Kostüme, oft mit Schildkröten-Stickereien oder Adler-Flaumfedern.

17 Das Austeilen der Essens-Rationen oblag den Frauen, sie bemühten sich stets um eine möglichst gerechte Verteilung, die Zuteilung ihrer Rationen wurde dann widerspruchslos hingenommen. Auch Witwen und Waisen wurden bedacht. Oft brachte man zu einem Festessen seinen eigenen Holzteller und einen Hornlöffel mit; zum Tranchieren wurden früher geschärfte Stein- oder Knochenmesser (**míla**) verwendet, heute natürlich Metallmesser; solches Besteck wie Gabeln (**wícape**) gab es früher nicht, notfalls aß man die Stücken als *»finger food«*. Man aß gemeinsam im Kreise sitzend, Männer und Frauen, Kinder und Erwachsene.

- Innereien (**nigé, taníga**): frisch roh oder gekocht verzehrt, Kutteln (**shupé, tashúpe**, Mägen und weiche Darmteile) auch zum Wurstmachen, für den menschlichen Verzehr weniger geeignete Teile als Hundefutter. Der Talg von Nieren u. a. Innereien war auch für die Herstellung von Salben usw. begehrt, mit Roterde vermischt zur Bemalung oder mit Heilkräutern versetzt. Frische Innereien (Kutteln) wurden oft auch streifenweise um einen Stock gewickelt und über dem offenen Feuer gegrillt, gereinigte Gedärme und die Blase (s. u.) wurden auch aufgeblasen und getrocknet, die Blase (**waléga**) ließ sich dann als Wassereimer verwenden, die Gedärme wurden dann später oft als Grieben geröstet und verzehrt.
- Magen (vor allem Pansen, **taníga**, s. u.): als Behälter zum Kochen: Der »Kochtopf« (**céga**, Kessel) wurde an Stangen überm Feuer aufgehängt und konnte praktischerweise sodann anschließend gleich mitverzehrt werden, sobald der Inhalt gar war und dieser als Suppe in Schalen verteilt wurde. Bisons haben wie alle Rinder, zum Verdauen der faserigen Pflanzennahrung, gleich vier (Teil-)Mägen (**taníga** = Pansen, **míhamnamna** = Netzmagen, **tatápo** = Blättermagen, Psalter, **imnáhanhan** = Labmagen), besonders der geräumige Pansen war zum Kochen geeignet. Das Fett um den Magenbereich herum (**tacéjikjica**) wurde zum Braten oder als Salbengrundlage verwendet.
- Blase (**waléga, taléja**): aufgeblasen und getrocknet als Wassereimer
- Schweif (**tasínta, sinté**): als Fliegenwedel

Ein Wort für »Abfall« gab es folglich nicht, da gar keine Reste übrig blieben – alles wurde irgendeiner Verwertung zugeführt (sogar kleine Lederreste, mit denen etwa Mokassins repariert oder Püppchen, **hanpóshpula**, gefertigt wurden). Erst mit den Weißen kam dann auch der Müll – und somit auch die Notwendigkeit, ein Wort dafür zu prägen: »**wóilag píca shni** = nicht mehr Verwertbares«, oder auch »**washílhpaye** = Wegzuwerfendes«. Genauso wenig gab es ein Wort für »Unkraut«, weil jedem Lebewesen sein

Lebensrecht und sein Platz in der Schöpfung zugestanden wurden und wird – zudem gelten auch Pflanzen als beseelte Lebewesen!

Man jagte lediglich, um zu überleben, und nahm sich dabei dasselbe Recht wie die fleischfressenden Tiere (Beutegreifer). Ein interessanter ***Mythos***[18] der Lakota erklärt dabei die Stellung des Menschen, mit der Natur auf Augenhöhe[19]: Einst, so heißt es, habe es ein Rennen der Tiere um die Black Hills gegeben, der Sieger solle das Recht haben, alle anderen Tiere jagen zu dürfen. Beim Rennen der Tiere hätten die Menschen nur mit einem Trick gewonnen, denn die Elster (**halháte**), die für die Menschen als Zweibeiner (Vogel!) ins Rennen ging, hätte sich gegen Ende des Rennens gemütlich auf den Rücken des Bisons gesetzt und sei dann ausgeruht als erste ins Ziel geflogen …

Die nachhaltige Jagd (**wanáse**) und später, in den Reservaten, die extensive Weidewirtschaft[20] mit (halb-)wild freilaufenden Bisonherden statt Intensivtierhaltung eng zusammengepferchter Tiere ermöglichte auch, dass Bisonfleisch von Natur aus fettarm und aromatisch ist, weil sich die Tiere ihr Futter selber suchen und würzige Wildkräuter fressen können, also nicht wie elendes Mastvieh an den Futterraufen mit Kraftfutter vollgestopft werden. Zudem gehören Mais[21] und Soja für die menschliche Ernährung auf den Teller und nicht als Viehfutter verschwendet! Die ganzheitlich-ökologische Grundhaltung der Indigenen (nicht nur der Lakota!) zeigt sich auch schon daran, dass sie nicht von »100 Stück Vieh« sprechen, wie etwa weiße Rancher, sondern von ihren »vierbeinigen Verwandten«[22]!

---

18 Vgl. a.: R. Netzel (Hg.), Sagenschatz der Western Sioux, Trier 2009

19 und nicht als Herrscher (wie der damalige Spruch der Weißen, »Macht euch die Erde untertan«, der aus einer verzerrten Bibel-Übersetzung beruhte.

20 **Pteyúha otí** = Ranch (Viehzucht), **wójuti** = Farm (eher Getreideanbau)

21 Zwar wird als Viehfutter (Silage) eigens Futtermais angebaut, doch der nimmt dem Anbau von Zuckermais für den Menschen ja auch unnötig Ackerfläche weg. Nur in extremen Dürrejahren sollte daher zugefüttert werden, mit Maisfuttermischung und Heu.

22 **Wahútopa** = Vierbeiner, **mitákuye** = (meine) Verwandten, auch Tiere und Pflanzen

Aus Respekt[23] vor der Natur und einer ***ganzheitlich-ökologischen Sichtweise*** wurde und wird nie mehr genommen als zum Leben benötigt – auch heute noch sind Gebete (**wócekiye**) für die Tier- u Pflanzenseelen üblich! – dies allein sorgte schon für einen schonenden und nachhaltigen Umgang mit der Natur, die nicht als bloße »nachwachsende Ressource« betrachtet wurde, sondern als eine engverwobene Schicksalsgemeinschaft aller Lebewesen[24]. Die indigenen Völker waren und sind aufgrund ihrer genauen Naturbeobachtung die geborenen Ökologen!

Bei dem Lakota-Künstler und Kulturwahrer ***Arthur Amiotte*** – der ebenfalls gerne kocht und auch Kochrezepte für Bücher beigesteuert hat – können wir hierzu nachlesen[25]:

»... we picked sage. Before we picked it I offered pinches of tobacco and addressed the gray grass, our oldest plant relative, asking it to help me in the task I was going to undertake. I asked it to forgive me for uprooting it and I asked the creation to accept the tobacco as an offering: ›Peji hota, my relative, from time immemorial you have helped us. It is said you are one of our first and oldest medicines. Peji hota, I have come to get you now for I wish you to help me and protect me. You were here first and know many things. I am only a man seeking a way and a place. Peji hota, forgive me for taking you away from this place. You will be put in another one in which you will be recognized by those who already know you. You will become a ceremony. Peji hota, accept this offering and help me in the way that is your way that my relatives and I may know and live.‹«

So innige Gebete werden an die Tiere und Pflanzen gerichtet – eine Vorstellung von »reinen Nutz-Tieren und -pflanzen« ist daher ausgeschlossen!

---

23 **Wóohola** = Respekt, Rücksicht, Ehrbezeugung

24 **Wamákashkan** = »Was sich auf Erden bewegt«, Lebewesen, Tiere; Pflanzen werden als »**pejí oyáte** = Volk der Gräser« bzw. als »**oyáte nájin** = Stehende Leute, Bäume« bezeichnet, die Vegetation insgesamt als »**wató** = Grünendes«

25 ***Arthur Amiotte***, Eagles Fly Over, in: I Become Part Of It, pp. 209–210

Die ***Bisons gelten als Brudervolk der Lakota***, sie sind mythologisch und rituell[26] eng mit dem Stamm der D-/N-/Lakota verbunden. Außerdem ist deren Schicksal auch ökologisch eng verwoben, wie Geschichte wie Forschung zeigen. Die Beinahe-Ausrottung der Bisons durch weiße Jäger (oft nur aus reiner Schießwut!) hat auch die als Bisonjäger auf diese Tiere angewiesene Plains-Kultur an den Rand des Hungertods gebracht (die Möglichkeit des Verhungerns war offenbar von den weißen Soldaten und Siedlern bewusst einkalkuliert, um die Indianer zur Aufgabe ihres Widerstands gegen die Besitznahme ihres Stammeslandes durch die Weiße Regierung und zum Rückzug in die ihnen zugewiesenen Reservate (**oyánke**) zu bewegen).

Zudem hat der Bau der Eisenbahn (**mázacanku**) die einst riesigen Bison-Herden buchstäblich zerschnitten und die Reliktherden, die bald nicht mehr frei auf Futtersuche wandern konnten, wurden zusätzlich dezimiert. Zunächst diente Büffelfleisch noch als billige Verpflegung der Eisenbahnarbeiter. Auch wurden die Bisonherden ja gezielt abgeschlachtet, um sie durch zahme Hausrinder (**pte gléshka** = »Fleckvieh«/**waníyanpi** = »Gezüchtetes«) zu ersetzen (welche als extreme Klima und karge Futter weniger gut angepasst waren, selbst Robustrinder wie die spanischen Corriente oder Texas-Longhorn (**hehánskaska** = »Langhorn«) und die irischen Angus), und Bisonhäute wurden zu Leder für Keilriemen verarbeitet. Das wertvolle Fleisch hingegen ließen die Weißen oftmals einfach verrotten (da es ja bereits genug Rindfleisch gab und kein allgemeiner Respekt vor den Tieren und anderen Gaben der Natur herrschte), bestenfalls Zunge wurde als Delikatesse eingepökelt, bis sich ***Sitting Bull*** (**Tatánka Íyotak**e) entsetzt fragte, wer denn eigentlich nun die Wilden seien, sie selber oder die Weißen. So war es bald fünf vor Zwölf für die Bisonherden, die binnen weniger Jahrzehnte von einstmals Millionen zu wenigen Tausend,

26 Die Bisonjagd (**wónase**) wird als »Opferung der Bisons für das Überleben der Menschen« verstanden und bedarf daher vorab einer besonderen rituellen Anrufung der Büffelseelen mit der Bitte um deren Einverständnis zur Jagd.

ja kläglichen Hundert zusammenschmolzen. Selbst der berühmt-berüchtigte Bisonjäger ***Bill Cody*** erkannte, dass mit dem emblematischen »Indianerbüffel« auch der »Wilde Westen« insgesamt verschwinden würde, mit dessen Glanz er ja durch seine legendären »Buffalo Bill-Shows« gutes Geschäft machte (er tingelte auch mit seiner Truppe aus Indianern, Western Horses und auch Bisons sogar durch Europa). So ließ er die letzten Bisons retten, und sei es nur als Statisten für seine Shows. Die letzten überlebenden Bisons wurden in den ***Yellowstone-Park*** gebracht und dort weiter gezüchtet, bis man wieder weitere Herden aufbauen konnte (dabei war der genetische Flaschenhals gottlob weniger eng als bei den europäischen Wisenten, diese Bison-Vettern konnten nur noch um den Preis einer ziemlichen Inzucht vor dem Aussterben bewahrt werden.) Als also gegen 1890 das Schicksal der Indianer wie der Bisons so gut wie besiegelt erschien, konnten sich beide Brudervölker ab dem 20. Jahrhundert allmählich wieder von Verfolgung und Dezimierung erholen!

Heute kommen Bisons wieder in zahlreichen Nationalparks, *State Parks* und Farmen vor, in freier Wildbahn oder zumindest in halbwildem Zustand. (Leider erweisen sich selbst die großzügigsten Nationalparks als immer noch zu klein, aufgrund der ökologisch notwendigen Wanderungen der Bisons u. a. Herdentiere zu immer neuen Weidegründen, so dass sich die abgegrasten Flächen erholen können – in einem Nationalpark soll ja nicht, wie bei zahmen Rindern, zugefüttert werden, um nicht in den Haushalt des Biotops einzugreifen. Also wird erwogen, zwischen den einzelnen geschützten Flächen Wanderkorridore einzurichten, auch für einen genetischen Austausch der Tierarten.)

Bisons, die auf weitläufigen Farmen gehalten werden (von Natives wie von Weißen), erfreuen sich eines weitgehend naturnahen Lebens. Sie streifen auf den großen Ranch-Geländen umher und werden – nach einem Gebet! – per Weideschuss (**kutépi**[27]) erlegt, also

27 Ganz genau umschrieben: **mázawakan un obláye ektá kutépi** = mit dem Gewehr auf dem Weideland/der Prärie geschossen/erlegt. Da in den USA bekanntlich ein äußerst liberales Waffenrecht herrscht, kann man

stressarm, ohne tierquälerisch-stressigen Transport zu irgendeinem fernen Schlachthof. Bisons haben besonders mageres und schmackhaftes Fleisch, das als Delikatesse vermarktet wird. Es dient zunehmend auch wieder als Grundsicherung der Existenz der Reservats-Familien, wo es auf traditionelle Art zubereitet wird (außer als »Steak vom Grill« eben auch in Suppen und als Dörrfleisch). So verfügt etwa die *Pine Ridge Indian Reservation* über eine stammeseigene Herde, auf die sie sehr stolz ist. Weitere Herden grasen in den Nationalparks wie den *Badlands (**Makóshica**)* oder *Custer State Park*, und natürlich im *Yellowstone*-Areal (**Heháka Wakpá**).

Ein ausgewachsener Bison-Bulle kann über 900 Kilo schwer werden (also fast eine Tonne!), eine Bison-Kuh bringt es immerhin auch noch auf über 400 kg, einjährige Jungtiere auf 200–300 kg und Kälber (die ja erstmal heranwachsen sollen und darum geschont werden! Also kein zartes »Kalbfleisch« als Delikatesse, sondern eher zähes erwachsenes Tier!) auf bereits etwa 20–30 Kilo.

»Büffel« oder Bison«?[28] Der Amerikanische ***Bison*** ist eigentlich kein »Büffel«, wie etwa der Kaffernbüffel oder der – auch domestizierte – Wasserbüffel, wurde aber von den ersten weißen Siedlern kurzerhand so genannt, wegen seiner etwas klobigen Gestalt. Vielmehr ist er das neuweltliche Gegenstück des ***Wisents***, der als »Europäischer Bison« gilt. Beide sind viel näher mit dem Auerochsen (der Stammform der Hausrinder) verwandt als mit Büffeln und lassen sich auch mit diesen kreuzen. Es gibt sogar eine fruchtbare Kreuzungs-Linie von Bison x Hausrind *(> cattle, beef)* = den sog. ***Cat(t) alo***[29] **bzw. *Beefalo***[30] **(hanké pte ikcéka** = »Halb[blut]-Wildrind«), der

es erleben, bereits von Jugendlichen gefragt zu werden, ob man denn auch schon mal etwa einen Hirsch erlegt hätte …!

28 https://bisoncentral.com/genetic-item/what-is-this-animal-bison-buffalo-beefalo-or-cattalo/

29 https://a-z-animals.com/blog/cattalo-vs-beefalo-the-key-differences/ https://allaboutbison.com/catalo-beefalo/

30 https://de.wikipedia.org/wiki/Beefalo
Vgl. a. D. Kuegler, Bisonjagd, S. 109, 117.
Auch in Europa gab es entsprechende Kreuzungs-Versuche zwischen Wisent x Hausrind, was in Polen den sog. ***Zubron*** hervorbrachte, der jedoch schwer zu vermarkten war und heute nur noch ein zoologisches

jedoch von den Lakota als domestiziertes Haustier abgelehnt wird, sie setzen auf die ursprüngliche Wildform und möchten diese auch so erhalten (**pte hcaka** = »schöne Rinder«). Auf stammeseigenen Weiden werden also »echte« Bisons gehalten! Übrigens haben Gen-Analysen ergeben, dass die Mitochondrien-DNA (also die des Zellstoffwechsels) beim Bison mit der des ***Yaks*** (Grunzochse) übereinstimmt, beim Wisent hingegen mit dem ***Auerochsen*** (Ur), also muss es in grauer Vorzeit, als es noch Wildrinder mit armlangen Hörnern gab, auch dort zu natürlichen Kreuzungen gekommen sein. Beide, amerikanische wie europäische Bisons, kommen in leicht abweichenden Unterarten vor, etwa dem Kanadischen Waldbison und dem Steppenbison, das sind jedoch nur lokale Ausprägungen. Für die Lakota ist jedes Rind ein »**pte**«, und der Bison ist für sie das Rind schlechthin, der Prototyp, während Hausrinder dann mit Zusätzen bezeichnet werden, etwa als »**pte gleshká** = Fleckvieh« oder »**waníyanpi** = gezüchtete Rinder. Sie gehen davon aus, dass jeder Einfluss des Menschen die Tiere schwächen würde, und bei vielen überzüchteten Haustierrassen sieht man diesen Eindruck oft leider bestätigt (Gesundheitsprobleme von Hochleistungsrindern).

*

Nun zur Zubereitung des Wildbrets (**taló**) und der gesammelten Wildgemüse und -früchte. Wie eingangs gesagt: Das Thema ***Würzen*** (**wícahiyutapi**) ist eine genauere Betrachtung wert, im Wandel der Zeiten:

1) Traditionell (**ehánk'ehan**, damals, früher): Es wurde eine bis heute ungebrochen prähistorische Kochkunst überliefert, Salz und Zucker spielten dabei eine untergeordnete Rolle;

2) Übergangszeit zum Reservatsleben: In dieser *transition time* wurden einige Traditionen aufgegeben, andere bewahrt, je nach-

---

Kuriosum darstellt (einmal in die Welt gesetzt, sollte dann aber auch Verantwortung für die neuen Hybrid-Spezies übernommen werden, eine letzte Herde wird daher im Bialowieza-Nationalpark gehalten): https://de.wikipedia.org/wiki/%C5%BBubro%C5%84

dem, was praktikabel war (besonders hinsichtlich der Kochmethoden), auch gelangten neue Produkte und Gewürze ins Land der Lakota, zu erwähnen vor allem die leichtere Verfügbarkeit von Salz (**mniskúya**) und das Süßen mit (Rüben-)Zucker (**canhánpi**, als Sirup[31] oder Kristallzucker), während indigene Pflanzen wie Mais (**wagméza**) oder Kürbis (**wagmú)** ja schon längst ihren Siegeszug in Europa angetreten hatten;

3) Heutzutage, moderne Zeiten (**téca**, neumodisch): Man wählt frei aus, was gefällt, steht dabei zu den Traditionen und ist offen für Neues, besonders der Austausch in den Sozialen Netzwerken führt zu kreativen Neuerungen, die trotzdem immer noch den typischen »Lakota Style« erkennen lassen.

Man bedenke: ***Pfeffer*** (**yamnúmnugap**i) & ***Salz*** (**mniskúya**) wurden erst von den europäischen Siedlern (**washícu**) in die Prärie gebracht! Zuvor war das Würzen (für den europäischen Gaumen) eher fade und kräuterbasiert: aromatische Blätter, Wildzwiebeln oder auch Honig und Ahornsirup wurden zum Verfeinern von Gerichten verwendet (auch von Fleisch, ähnlich wie bei den alten Römern oder der chinesischen glasierten Ente). Besonders bei den Stämmen des Nordostens[32], wo Ahornsirup in größeren Mengen gewonnen werden konnte, wurde auch Fleisch damit gewürzt, etwa mit Ahornsirup/Honig glasierter Braten oder in Ahornsirup eingelegtes Fleisch, das dann gebraten wurde. Auch die Lakota verwendeten Ahornsirup/Honig, soweit er ihnen zur Verfügung stand. Nur wenige Stämme in Küstennähe oder an den Salzseen im Südwesten konnten Salz gewinnen, etwa aus dem queller-artigen *salt brush* (ein Gänsefuß-Gewächs, das Salz abscheidet).

---

31 Daher die wörtliche Gleichsetzung mit »Baumsaft«, wie man ihn traditionell aus Ahorn gewann.

32 Vgl. Native Food, Die Küche der Indianer Nordamerikas, z. B. S. 89, Rehrücken mit Ahornsirup u. Apfelessig (Rezept der Oneida u. a.). Mit Honig/Ahornsirup lässt sich kreativ experimentieren: Er schmeckt sogar zu Leber/Leberwurst (auch vegetarischer), wie die Autorin ausprobiert hat.

NB: Beim Abhäuten und Ausschlachten der Büffel wurde das Fleisch entweder in die Bisonhaut gelegt, die auch als riesiger Transport-Beutel verwendet wurde, oder, in der Nähe des Camps, auf die meterlangen, blattreichen Stängel einer ***Goldruten***-Art *(Solidago rigida),* die deshalb auch »**tal'ágnake** = worauf das Fleisch gelegt wird« genannt wurde, damit die Fleisch-Stücken nicht den staubigen (oder auch mal schlammigen) Boden berührten. Die jungen Triebe der Goldruten, so heißt es, wurden damals sogar auch als eine Art Wildspargel verzehrt, ebenso wie junger Rohrkolben (**psa,** ***engl.: cat tail***). Im Winter konnte man das Fleisch dann einfach in den Schnee legen, als natürliche Kühlung.

Wildkräuter (**watóto** = »Grünzeug«, Blattgemüse, **pejúta** = [Medizin-]Kräuter) sind ballaststoffreich und enthalten verdauungsanregende Bitterstoffe. Auch sie wurden und werden zum Würzen verwendet. Generell ist jedoch zu beachten, dass viele Wildkräuter recht viele Bitterstoffe enthalten (man denke an Löwenzahn und Zichoree), so dass oft nur junge Sprosse oder gewässerte Blätter genießbar sind. Dann jedoch sind sie oft ein gutes Pendant zu Spinat oder Mangold, teils roh oder etwa in Butter oder Fett in der Pfanne geschwenkt. (Statt Butter wurde in alten Zeiten oft Büffelfett verwendet. Denn auch die Milchwirtschaft (und somit die Butter) kam ja erst mit den Siedlern auf die Plains, teilweise wird die Milchviehhaltung von traditionellen Lakota noch heute zugunsten der Büffelzucht abgelehnt.)

Löwenzahn (**yapízapi iyéceca**, »ähnlich einer anderen Pflanze, auf deren Stängeln man pfeifen kann«) kommt übrigens in der Alten wie in der Neuen Welt vor, da die Samen der »Pusteblumen« sich als Fallschirmflieger weltweit verbreiten, dennoch wird Löwenzahn drüben wenig als Salat[33] (*lettuce*, **mashtínca tawóte**, »Kaninchenfutter«) gegessen, da es in der Prärie meist zu trocken für diese Pflanze ist. Dort, wo sie vorkommt, kann sie frisch als Salat gegessen werden. So ergibt es ein rustikales »***Trapper***[34]-

33 Salatsorten wie Kopfsalat stammen in der Tat von einer eng verwandten Art, dem Lattich.

34 »Trapper = **wagmúnka wicásha** = Fallensteller«

Brot«, wenn man frisch gebackenes Brot mit Butter, Margarine oder Schmalz bestreicht, leicht salzt und gut gewaschene und dann gewiegte Löwenzahn-Blätter darüber streut. TIPP: Da in der Prärie kaum Wiegemesser zur Hand sind, greift man notfalls auch mal zur Küchenschere, um Kräuter klein zu schneiden. NB: Bei allen niedrig am Boden wachsenden Kräutern gilt: gründlichst (!) waschen (am besten: Balkonzucht im Blumekasten daheim), da sonst Eier von Fuchsbandwürmern usw. dort anhaften und Erkrankungen verursachen können!

Wildkräuter wie ***Brennnessel*** (**canícahpehu**, »als Peitsche verwendbarer Stängel«) und Sauerampfer (engl. *sorrel*[35]) spielen in den Plains als würzendes Gemüse praktisch keine Rolle, da besonders Letzterer feuchte Böden braucht, die in der Prärie eher rar sind. Auch wenn sie in der Alten wie in der Neuen Welt als Gemüsepflanzen bekannt sind, werden sie dort, sofern sie überhaupt regional vorkommen, bestenfalls von Botanikern und Trappern oder *Mountain Men* verzehrt, und zwar als Rohkost-Salat, doch Ampfer ohne Essig und Öl-Dressing, da er eh schon säuerlich genug ist, in dem Fall mit Sahne oder mit anderen Kräutern vermischt in Suppen.

Würzen (**wícahiyutapi**) heutzutage (**téca**, modern) sieht vor allem so aus:
BBQ-/oder Steak-Gewürz ist an der Tagesordnung, auch ein Tex-Mex-Einfluss mit Chili (**payá yútapi**, »Scharfes zum Essen«) macht sich bemerkbar (**Spayóla wóyute** = »Spanisches/Mexikanisches Essen«).

Beilagen: Bei den Lakota existierte kein traditionelles »Menü«, als moderne Beilage zum Fleisch wird oft Kartoffelsalat (**blo icáhiye**) gereicht, zuweilen jedoch sogar einfach Kartoffelchips (**bloókpanla**) oder Erdnussflips (**yahúgapi okpánla**) ...!

*

35 Aufgrund der Seltenheit von Ampfer vor Ort konnte kein Lakota-Wort eruiert werden.

Zu den ***Kochmethoden*** (**lol'íh'anpi**): Die Lakota waren früher sog. »***Steinkocher***«, das Kochen mit zuvor im Feuer erhitzten Steinen (**ínyan**) war seit der – buchstäblichen – Steinzeit auch hierzulande bekannt. Gekocht wurde in ledernen Bisonbuckeln[36] (**tacánhahake**) oder gereinigten Bison-Mägen (Pansen, **taníga**), die als geräumige Kessel dienten. Die Pansen wurden sorgsam ausgewaschen und dann zum Kochen von Suppen genutzt (**taníga kin yujájapi na un wahánpi kágapi s'a** = *They washed the paunch and made soup with/in/of it = damit; anschließend konnte also selbst der Gartopf verzehrt werden!)* In diese »Magen-Kessel« wurden dann zunächst die in der Glut des Lagerfeuers (**océti**[37]) erhitzten Steine (**ínyan)** geworfen (mit hölzernen Gabeln, die aus geeigneten Ästen bestanden).

Diese uralte Methode des Kochens bzw. Garens (praktisch zirkumpolar bei allen Völkern seit der Steinzeit bekannt) war damals auch in der Alten Welt verbreitet, wie einige relikthafte Märchen-Motive noch belegen (deren Herkunft heutzutage kaum jemand noch versteht und die nur noch einigen Kulturhistorikern bekannt ist): So erzählen sowohl etwa deutsche als auch spanische oder auch russische Märchen davon, irgendeine Alte hätte ein Verfahren gepriesen, mit «Zaubersteinen« zu kochen: Man nehme einige kopfgroße, runde Flusskiesel (diese wurden in der Tat verwendet!)

36 Die gerundeten Bison-Buckel wurden abgehäutet und diese Rohleder-Schalen über Erdhügel gestülpt und in Form getrocknet. In der so entstehenden festen Schale konnte dann gekocht werden, dazu wurden sie in Erdmulden gelegt, die Mulde also mit dem groben Leder ausgekleidet, sodann konnte man sie mit Wasser füllen und mit Holz- oder Geweihzangen in der Glut erhitzte Steine zum Kochen hineinlegen. Es waren stets sorgsam ausgesuchte Gesteinsarten, die nicht so schnell barsten. – Die Büffelmägen hingegen wurden gereinigt und an in den Boden gerammten Holzstangen aufgehängt, sodann mit Wasser gefüllt, das dann ebenfalls wie eben genannt mit Kochsteinen erhitzt wurde. Die Lagerfeuer befanden sich i. d. R. in den Tipis, da die Zelte extra Rauchabzugs-Klappen hatten. Zudem wollte man in der offenen Prärie nicht gleich etwaige feindliche Stämme durch offenes Feuer weithin auf sich aufmerksam machen.

37 »**Océti**« bezeichnet eine Feuerstelle, ein Lagerfeuer oder inzwischen auch einen Ofen (zum Heizen oder Backen); »Feuer« allg. ist »**péta**«, Präriefeuer/Buschbrand/Waldbrand hingegen ist »**oná**«.

und lege sie in einen Topf, gebe großzügig Fleisch und Gemüse allerlei Arten hinzu und lasse alles garen – zum Schluss entferne man vorsichtig die Steine – und voilà, fertig ist eine ganz besonders schmackhafte Suppe! Was im Märchen bereits überflüssig erscheint (nämlich die Zugabe der Steine, von denen man sich eine wundersame Vermehrung der Zutaten erhoffte), erweist sich rückblickend als die Grundvoraussetzung zum Garen!

Vieles wurde aber auch einfach frisch roh verzehrt (sogar Innereien wie Leber) oder kurzerhand am Spieß über dem offenen Feuer gegrillt. Die Kochstellen befanden sich zumeist im Inneren der Tipis, da diese Zelte auch über einen Rauchabzug (verstellbare Lederklappen, **wipá**) verfügten.

Einige bereits früher nur selten verwendete Zutaten bzw. Nahrungsmittel werden hier nicht aufgeführt, da sie heute praktisch keine Rolle mehr spielen, so etwa ***Kakteen*** (**unkcéla**), diese kommen im Gebiet der Great Plains zwar recht häufig, doch nicht sehr artenreich vor, es handelt sich meist um kleine, unscheinbar im Gras versteckte Stachelpflanzen, die keinen besonderen Nährwert haben, im Gegensatz zu den großen Opuntien im Südwesten (Pueblo – Mexiko), deren Früchte (Kaktusfeigen) und grüne Glieder (Nopal) dort traditionell als Nahrung dienen. Auch auf die Behandlung von ***Yucca*** (**hupéstola**), ***Rohrkolben*** (**hintkánhu**) oder andere gelegentliche Zucker- oder Stärke-Lieferanten wurde daher hier weitgehend verzichtet, zumal deren Ernte und Zubereitung äußerst mühsam ist, zudem ein Pflücken die heutzutage meist fragile Umwelt der dortigen Biotope zerstören würde und manche Pflanzen, wie etwa der aromatische ***Amerikanische Kalmus*** (**sinkpétawote** = Bisamrattenkraut, weil beide Arten gemeinsam im Sumpf vorkommen), oft auch biotopbedingt unter Schutz stehen.

*

Natürlich gibt es in jeder lebendigen Kultur neben der Bewahrung der Traditionen auch eine Weiterentwicklung der (Ess-)Kultur: So hat die Autorin in ***Rapid City*** (**Mnilúhazan Otúnwahe**) sogar einmal in einem Discounter eine mit farbigem Zuckerguss glasierte Torte (**agúyab'skuyela**) gesehen, die kreisförmig in den vier Farben des Medizinrads (**cankú gleshká**) verziert war – abgesehen von der Diabetes-Problematik bei weiten Teilen der indigenen Bevölkerung (Konsum von *Junk Food* aus Gründen der Armut) eine schöne Idee, etwa zur Feier von Zeremonien!

Daher wurden hier neben den traditionellen auch neuerer Rezepte aufgenommen (**téca** = neu, modern, im Gegensatz zu »**ehánk'ehan** = althergebracht, traditionell).

*

In einer **Tiyóshpaye** (= Großfamilie) in Kyle, S.D., erfuhren wir auch, was gelebte ***Gastfreundschaft*** (**wicákicopi**, »Einladung«) ist: Für Besucher wurde rasch die Suppe (**wahánpi**) gestreckt (mit Wasser, Salz und einigen Dosen-Zutaten), damit es für alle langte – ohnehin hält man stets etwas zu Essen für mögliche Besucher bereit. Es ist zu bedenken, dass Reservats-Essen oft (nicht immer!) auch »Arme-Leute-Küche« ist, öfters aus kreativ kombiniertem und gestrecktem Reste-Essen besteht (so wie in Europa ja früher die »Armen Ritter«), aber dennoch stets mit Hingabe zubereitet: So darf man, der Tradition entsprechend, beim Kochen nur freundliche und positive Gedanken hegen, damit es auch wirklich mit Liebe zubereitet ist! Was macht es da schon, wenn eine Nudelsuppe mal mit noch mehr Wasser aufgefüllt und nachgesalzen wird ...!

Und bei Manderson, S.D. konnten wir miterleben, dass bei aller Armut auch die Tiere und ihr Hunger respektiert werden: Beim Frühstück im Freien, vor den Trailern, nahte leise eine rotbraunen Mustang[38]-Stute und schnappte sich einen Apfel (**taspán**) vom Holztisch. Alle lachten und boten ihr noch einen weiteren an, mit dem bedauernden Zusatz, leider nicht auch noch Karotten anbieten zu können.

Traditionelle Familien offerieren sogar noch einen Teller Essen für die Geister (*Spirits*, **wanági**), wobei man gerne in Kauf nimmt,

---

38 Mustang = **shungwátogla**, »wild streunendes Pferd«

dass etwa Coyoten[39] oder Waschbären[40] sich daran gütlich tun – weiß man denn, ob es sich nicht um reinkarnierte Ahnen handelt ...?

Eine andere, wichtige Sitte, die auch hierzulande wiederentdeckt wird, sind die sog. **watéca** = ***Essensreste***; nach einem Fest werden diese an alle aufgeteilt, eingepackt und mitgegeben – nichts wird weggeworfen oder verkommt! Alles, was noch in den Servierschüsseln[41] verblieb, wird für alle in kleinere Behälter umgefüllt. Das ist beispielhaft und nicht nur der Armut geschuldet, sondern auch der Erkenntnis, dass Nahrungsmittel wertvoll sind und nicht verschwendet werden dürfen. Schließlich hat ***Großmutter Erde*** (**Uncí Maká**) dies alles wachsen lassen! Daher wird stets auch vor dem Essen ein ***Tischgebet*** (**wócekiye**) gesprochen, an **Tunkáshila**, Großvater, also den ***Großen Geist*** (**Wakán Tánka**) sowie an Großmutter Erde und alle Tier- und Pflanzenseelen. Beim Dank für eine Pizza (**agúyapi blaská**) in einem Fast Food-Lokal hat die Autorin miterlebt, dass die Schulkinder, unter Anleitung ihrer Lehrerinnen, eine ganze Weile brauchten, bis sie all die beteiligten Tiere und Pflanzen zusammen hatten, bei denen sie sich bedanken mussten – schließlich sollte ja vom Hefeteig über die Tomaten bis zum Belag kein Lebewesen vergessen werden, dessen Seele sonst traurig wäre! Zugleich wurde den Kindern so Achtsamkeit im Umgang mit Nahrungsmitteln sowie die genaue Kenntnis der Zutaten vermittelt.

Zu den ***Tischsitten*** gehört es auch, sich für das Essen bei denjenigen zu bedanken, die es zubereitet haben. Es ist weniger üblich, sich einen »***Guten Appetit***« zu wünschen (den hat man aufgrund der meist eher bescheidenen Lebensumstände eh!), sondern vielmehr das aufgetischte Essen als »**Oyúl washté** = gut zu essen = lecker!« zu loben. Die erwähnten Tischgebete, die bei traditionellen Familien vorab gesprochen werden, ehe man kräftig zulangt, können übrigens durchaus etliche Minuten dauern und sind von großer

39 **Shungmánitu**

40 **Wicíteglega**

41 Serviert wird im Reservat meist auf unverwüstlichem, billigem Plastik-Geschirr, zuweilen auch in Schüsseln aus indigener Keramik, oft von Stämmen des Südwestens.

Innigkeit. Meist ist es eine(r) der Ältesten (**wakánla, *Elders***), der/die diese Aufgabe übernimmt, in einer Mischung aus spontanem Dank und klassischen Gebetsformeln (**wócekiye**).

Über die ganzheitlich-ökologische Spiritualität und den respektvollen Umgang mit der Natur können wir, wie gesagt, Interessantes beim bekannten Lakota-Künstler, Kulturwahrer und Philosophen ***Arthur Amiotte*** hierzu nachlesen[42], der ja exemplarisch eines der Bitt-Gebete an die Natur niedergeschrieben hat, in diesem Fall an den Büffelsalbei gerichtet.

Und noch etwas gehört zu den ***Tischsitten***: Niemals angebotenes Essen ablehnen (selbst wenn man es zufällig nicht mögen sollte) – denn Essens-Gaben waren früher (und sind meist heute noch) quasi eine Art «Sozialversicherung«! Es wäre daher extrem unhöflich, angebotene Essens-Gaben abzulehnen (selbst auf öffentlichen Veranstaltungen, wo etwa Essens-Stände mit selbst gemachtem *Fry Bread* und Suppen aufgebaut werden). Also: In jedem Fall mit höflichem Dank etwas davon annehmen! (Zusatz: und sich nach Möglichkeit, je nach Situation, gleich dafür unauffällig revanchieren, zunächst natürlich etwa durch Bezahlen an den erwähnten Essens-Ständen – das sind für die Familien oft sehr wichtige Einnahme-Quellen), oder zuweilen durch Spenden in einen Klingeltopf oder auch durch Anbieten eigener Gaben im Austausch – denn so funktioniert das soziale Netzwerk der Lakota, ohne welches diese unter den oft extrem harten Bedingungen (Armut,

---

42 ***Arthur Amiotte***, Eagles Fly Over, in: I Become Part Of It, pp. 209–210; im Übrigen ist Herr Amiotte auch ein exzellenter Koch, der uns in einem Workshop u. a. selbstgemachte Prärierüben-Suppe (*Turnip Soup*, **tínpsila wahánpi**) sowie *Pemmican* (**wasná**) kredenzt hat, dazu einen nach Anis schmeckenden Minztee einer Sorte (**wahpé yatápi**), die nur endemisch in seinem Heimat-Reservat und dessen Umland vorkommt. Das schonende und nachhaltige Ernten der Wildpflanzen sieht vor, dass stets auch noch Pflanzen vor Ort verbleiben, um die Bestände zu schonen. Dies ist auch stets von Medizinmännern (und -frauen!) wie ***Black Elk*** (**Heháka Sápa**) betont worden. Eine solche Nachhaltigkeit kann uns als Beispiel dienen. Diese Nachhaltigkeit ist unter Natives allgemein verbreitet. So nutzt man etwa in Mexiko selbst den Strunk beim Ausstechen von Ananasringen noch, um ihn gewürfelt als erfrischenden Tee zuzubereiten!

hohe Arbeitslosigkeit) kaum überleben könnten. Das Wenige, was sie haben, zu teilen – darin beruht ihr Erfolgs-Geheimnis! Das zeigt sich eben auch in ihrer großzügigen Gastfreundschaft.

I.
Vorstellung der Tiere und Pflanzen – mehr als nur Zutaten!

(Die ganzheitlich-ökologische Einstellung der Lakota und anderer Native Americans zu Umwelt und Ernährung)

A) ***Tiere*** (**wamákashkan** = »Was sich auf Erden bewegt«)

Das beliebteste Jagdwild waren natürlich Huftiere (**ta**), allen voran der ***Bison***[43] ***(tatánka*** = »großes Huftier«), der damals so zahlreich war, dass seine Herden förmlich die Prärie schwärzten (so pflegte man damals treffend zu sagen: »***Átaya onágu pte kin aú weló!*** = Ganz [wie] ein Präriefeuer, so kommen die Büffel!, d.h. Staub aufwirbelnd wie Rauch und lauter dunkle Tiere wie Brandflecken in der Prärie). Somit stellten die Bisonherden eine schier unerschöpfliche Nahrungsquelle dar, da sie von den Natives ja auch stets umsichtig und nachhaltig genutzt wurden (es wurde nie mehr gejagt, als zur Ernährung einschließlich Vorratshaltung nötig war, niemals als reiner Sport oder für Trophäen usw.!). Die weisen Native Americans ließen sich nie zu einem Raubbau an der Natur verleiten.

Es wurde auch nicht alles gejagt, »was nicht bei Drei auf den Bäumen war« und nicht schnell genug weglaufen oder -fliegen konnte, vielmehr gab es auch teils religiöse Tabus: So galten (und

---

43 ***Bison oder Wisent?*** Der Bison (»Indianerbüffel«) ist die Amerikanische Nominatform *(Bison bison)*, der Wisent (»Europäischer Bison«) die altweltliche Variante *(Bison bonasus)*. Beide Unterarten lassen sich voll fruchtbar kreuzen, weil sie nur geringe genetische Unterschiede aufweisen (vor allem in der Mitochondrien-DNA, wo der Wisent eine Nähe zum Ur/Auerochsen zeigt, der Bison hingegen zum Yak), auch sind die Unterschiede im Aussehen gering; heutzutage ist man meist bemüht, amerikanische und europäische Zuchtlinien separat in Reinzucht zu erhalten, was genetisch zuweilen problematisch ist; als der Bison kurz vor der Ausrottung stand, gab es daher auch Kreuzungen. Der Bison (Wald- und Steppenbison) ist wuchtiger, vorn stärker überbaut und hat längere »Puffärmel«, besonders die Unterart der Plains.

gelten!) ***weiße Bisons***[44] (Leucismus/Albinos, oft allerdings mit eingekreuztem Hausrind-Erbe, bes. die hellen Charolais) als heilig (*wakán*), denn schließlich war es ***White Buffalo Calf Woman*** *(***Ptehíncala San Win**), die den Lakota einst die Heilige Gebetspfeife (**cannúnpa wakán**) überbrachte, als Botin der Tiere, die einen rituellen Bund zwischen Mensch und Tier schuf. Besonders verehrt wurde dabei die von weiß über schwärzlich und falbgelb auf normal rotbraun umfärbende Büffelkuh ***Miracle***[45], die auf der Heider-Farm in Wisconsin gehalten wurde. Natürlich durfte ein solches Tier nicht getötet werden! Allein schon aufgrund ihrer (ursprünglichen) Seltenheit und Auffälligkeit zeigen solche Tiere, wie vielfältig und erstaunlich die Natur als kreative Schöpferin und Ausdruck des Großen Geistes (**Wakán Tánka** = *Great Spirit*, ***Wawícahye*** = Schöpfer) sein kann.

Auch Adler (**wanblí**)[46] und ***Bär*** (**mató**)[47] gelten als (besonders) heilig: der kampfkräftige Adler, weil er am höchsten von allen Vögeln fliegt und somit Gebete gen Himmel trägt, der heilkundige Bär, weil er Heilpflanzen frisst und anzeigt und weil er sich menschenähnlich auf den Hinterbeinen aufrichten kann. Daher wurden (u. werden) z.B. Adlerfedern zumeist nur als gemauserte Federn (**wíyaka**) aufgesammelt, Bären wurden nur in seltenen Ausnahmefällen rituell erlegt (um bsp.weise an die als

44 https://en.wikipedia.org/wiki/White_buffalo

45 ***Miracle*** lebte von 1994 bis 2004. Die Autorin hatte das Glück, noch ihren Geburtstag am 20. Aug. 2004 mitzuerleben, dorthin kamen zahlreiche Vertreter verschiedener Stämme, vor allem Lakota und Ho Chunk, doch auch Apachen u.a., darunter Medizinmänner und -frauen, die dort Zeremonien zu Ehren der heiligen Bisonkuh abhielten, denen auch die Autorin beiwohnen durfte. Für die Lakota war u.a. ein Heyóka-Schamane gekommen, eine Ho-Chunk-Medizinfrau hielt eine *Women's Dawn Ceremony* ab. Sogar eine Geburtstagstorte zu Ehren von Miracle wurde auf der Heider-Farm für die zahlreichen Gäste angeboten.

46 In den Great Plains vor allem Goldadler (Am. Steinadler) und den Ausläufern der Rocky Mountains/Yellowstone zudem Weißkopf-Seeadler (**anúnkasan**)

47 In den Great Plains und westlich angrenzenden Gebirgen gelegentlich Schwarzbär oder Grizzly, beide außerhalb des Yellowstone-Areals jedoch selten, vor allem durch Bejagung und mangelnden Lebensraum.

Medizin (**pejúta**) geltende Bären-Galle (**pízi**) oder an Bärenfett (**wígli**) zu gelangen. Natürlich wurden in dem Fall dann auch das wärmende Fell (**ha**) sowie die Bärenkrallen (**shaké**) als Häuptlings-Schmuck sowie rituelles Werkzeug genutzt. – Auch ***Kraniche*** (**pehán**)[48] galten zumeist als tabu, da sie, wie bei vielen Völkern, als Glücksbringer und Seelenvögel gelten, die besonders zur Vogelzugzeit auch die Seelen geleiten, ins Jenseits und zur Wiedergeburt. NB: Da auch Reiher den Kranichen ähneln, zumal es auch weiße Reiher gibt, wurden auch sie verschont, hier könnte es jedoch auch schlichtweg daran liegen, dass sie als zäh und »sumpfig« gelten.

Auch ***Schildkröten*** (**kéya**) und ***Eidechsen*** (**agléshka**) wurden aus mythologischen Gründen verschont: So trug einst die Sumpfschildkröte auf ihrem Rückenpanzer die Erde aus der Urflut empor (ein Mythos der sich bis nach Ostasien zurückverfolgen lässt, von wo ja die Vorfahren der Proto-Indianer einst über die Beringstraße einwanderten, in der letzten Eiszeit vor ca. 12–14.000 Jahren), daher heißt Nordamerika bei den Indigenen stammesübergreifend auch »Turtle Island«, auf Lakota »**Kéya Wíta**« – zudem gilt die Schildkröte bekanntlich als sehr zäh- und langlebig, weshalb sie zum Krafttier (Schutzgeist) für Frauen und Mädchen auserkoren wurde; deren Nabelschnur wird nach der Geburt getrocknet als Amulett in einem Ledertäschchen

48 In den Great Plains und Sümpfen in den vorgelagerten Gebirgen gelegentlich anzutreffen: Kanada-Kranich (**pehán gíla** = »graubrauner Kranich«), fast ausgestorben hingegen der weiße Schrei-Kranich (**pehán ska** = weißer Kranich«), für den intensive Schutzbemühungen seitens der Naturschutzbehörden laufen. Man vergleiche den Status dieser Stelzvögel als Glücksbringer mit der mythologischen Rolle des europäischen Storches (Weißstorch, »Klapperstorch«, der die Kinder bringen soll): Auch im Himalaya und in Indien gelten Kraniche als Glücksbringer und Himmelsboten, es gibt sogar einen Tanz, bei dem sich Kinder als Kraniche verkleiden und den Kranichtanz nachahmen. Dieser wird auch treffend von ***Selma Lagerlöf*** in ihrem Werk »Nils Holgerssons Reise mit den Wildgänsen« beschrieben – letztlich spüren doch die Menschen weltweit, wie sehr wir und unser Wohlergehen mit dem der Tiere verbunden sind, wofür gerade die Stelz- u. Watvögel lebende Bio-Indikatoren für eine noch halbwegs intakte Umwelt sind!

(**cekpá ognáke**) aufbewahrt, das mit einer Schildkröte bestickt ist. Das männliche Pendant dazu ist die Eidechse, die bekanntlich gewandt ist und ihren Schwanz ersetzen kann, wenn sie dort geschnappt wird; die perlenbestickten Amulette zeigen daher ihre Form und Farbe.

Generell werden bei den Lakota den meisten anderen Plains-Völkern – im Gegensatz zu manchen anderen Stämmen – keine Reptilien und Amphibien verzehrt, so auch keine ***Schlangen*** (**zuzéca** = Schlange, allg./**sintéhla** = Klapperschlange) oder auch ***Frösche*** (**gnashká**), offenbar aus Abscheu vor derlei »Wildbret«. Ein Grund dafür dürfte sein, dass viele dieser Tiere in sumpfigem und für den Menschen ungesunden Wasser leben, das nicht als Trinkwasser geeignet ist und oft von Algen und Wassermoos (**mnítola**, »Wassergrün«) bewuchert ist. Tiere aus derlei abgestandenem Wasser kamen als Beute schlichtweg nicht in Frage, zumal dieses Wasser oft mit Krankheitskeimen (**mniwátukala**) belastet ist. Zuweilen mag auch der Grund sein, dass sie schwer zu jagen oder gefährlich sind (Giftschlangen, Schnappschildkröten, flinke Echsen, in unzugänglichen Sümpfen hausende Frösche). Über die Verwendung bzw. Nutzung solcher Tiere liegen heute nur noch bruchstückhafte Überlieferungen vor, meist als mündlich weitergegebene Erinnerungen der Ältesten (**wakánka**).

Auch andere Tiere standen eher selten auf dem Speisezettel, nur in Notzeiten etwa oder von Kindern als erste Beute erlegt, so haben ***Präriehunde*** (**pispíza**) und Waldmurmeltiere (*woodchuck*) bei ihren Kolonien stets aufmerksame Wächter aufgestellt, deren schriller Warnruf flink alle Tiere in ihren Erdbauten verschwinden lässt. Zu Hungerzeiten waren jedoch selbst Wühlmäuse und andere Nagetiere nicht vor Nachstellung sicher: Man jagte dann sogar ***Mäuse*** (**itúnkala**) sowie (Baum-)***Stachelschweine*** (**pahín**), die in anderen Zeiten bestenfalls als Hundefutter dienten (vom Stachelschwein wurden auch die Borsten für Stickereien verwendet, heutzutage häufiger kleine Perlen, **pshitó**). Auch ***Biber*** (**cápa**) und ***Bisamratte*** (**sinkpé**) mussten dann zur Bereicherung des Speiseplans herhalten (Letztere gelten »unter Insidern« heute noch teilweise als Delikatesse).

Als ungenießbar gelten – wie häufig auch in anderen Kulturen – ***Raubtiere*** (bzw. Beutegreifer) sowie ***Greifvögel*** (sofern sie nicht eh als heilig gelten, als kleine Brüder des Donnervogels, **Wakínyan**). Vielen Raubsäugern haftet ein strenger Geruch an (nicht nur Stinktieren, **manká**), der von einem Verzehr absehen lässt; auch Füchse (**shungíla** = Rotfuchs/**tokála** = Graufuchs), Marder (**nakpágica**) und Wildkatzen (**igmú gleshká** = Rotluchs,/***igmú tánka*** = Puma, *wörtl.*: »Großkatze«) haben ihr eigenes, bitteres »Parfum«. Bei Bären (s. o.) besteht auch noch die Gefahr der Trichinen.

Tabu waren in der Regel, mit einigen Ausnahmen, auch Hund und (später) Pferd: Während der ***Hund*** (**shúnka**) das einzige echte Haustier der Lakota war, wurde das Wildpferd in der Eiszeit von den Protoindianern gejagt, bis es damals aus bisher unbekannten Gründen ausstarb. Erst als die Weißen (Spanier, Engländer) ihre Reitpferde nach Amerika brachten, durchstreiften diese Huftiere wieder die Prärie und wurden sehr rasch von den Indigenen genutzt, die bekanntlich zu exzellenten Reitern wurden. Daher galt auch das ***Pferd*** (**shúnka wakán** = mysteriöser Hund«) als zu kostbar, um es zu schlachten, leistete es doch bei der Jagd, auf dem Kriegspfad und als Zugtier (der sog. Travois, **shunk'ók'ín**, mit den Tipistangen, ***tushúheyunpi***) wertvolle Dienste. Nur im äußersten Notfall, etwa wenn Hungersnot (**wicáakih'an**) herrschte oder das Pferd im Kampf schwer verwundet wurde, fanden Notschlachtungen statt, wobei es ein Gebot der Vernunft war, das dabei anfallende Fleisch dann auch zu verwerten. – Anders verhielt es sich bei den früheren Hunde-Opfern im Rahmen etwa von **Heyóka**-Zeremonien: Da der Hund – ähnlich wie in der altägyptischen Mythologie – als »Jenseits-Scout« für die Seelen galt und – ähnlich wie in Ostasien – auch gelegentlich gegessen wurde, wurden in besagten Zeremonien junge (namenlose) Hunde so rasch wie möglich erdrosselt und dann gekocht, es wird gemunkelt[49], auch heute noch würden einige Traditionalisten diese ***shung'óhanpi*** (*dog soup*, Hundesuppe) rituell zubereiten, wobei der Schamane (**wapíya wicásha**) als Zeichen seiner Selbstbeherrschung in die kochende Suppe hineinlangen[50] würde, um die zerteilten Fleischstücken mit der bloßen Hand herauszuholen.

Übrigens spielten auch Insekten (**wablúshka**), anders als in vielen anderen Kulturen, bei der Ernährung praktisch keine Rolle. Während Wüstenstämme, z. B. in Mexiko, bekannt dafür sind, ihren kargen Speiseplan etwa mit Heuschrecken (Mexikanisch-Spanisch: *chapulines*, Lakota: **gnugnúshka**) zu bereichern, stand den Lakota u. a. Plains-Stämmen durch die Bisonjagd genügend Protein zur Verfügung, die reichliche Versorgung mit Wildbret machte also das mühsame Fangen von Heuschrecken, die auch in der Prärie häufig sind, überflüssig.

*

49 Ob es sich bei diesen Behauptungen, auch heute noch würde zuweilen diese Suppe bereitet, um einen typischen Lakota-Scherz oder Ernst handelt, konnte die Autorin nicht eruieren; sicher ist, dass es dergleichen bis noch vor wenigen Jahrzehnten vereinzelt gab. Der Schamane bediente sich bei seiner Vorführung, wie »abgebrüht« er in die kochende Suppe langen konnte, eines allgemein bekannten Tricks: Er rieb sich zuvor (unbeobachtet) die Hände mit schützendem Malvenschleim ein, weshalb die Pflanze auch »**Heyóka ta pejúta** = Heyókaschamanen-Kraut« heißt, dennoch war es gewiss beeindruckend, ihn so unerschrocken ins kochende Wasser hineingreifen zu sehen. Sicher ist auch, dass sich das Verhältnis zu den Tieren, die ja schon immer als mit dem Menschen auf Augenhöhe gegolten hatten, durch das vermehrte Halten von Haustieren heutzutage nochmals gewandelt hat, da sie jetzt erst recht als Freunde und Familienmitglieder gelten: Die Zukunft der Hunde dürfte daher gut aussehen …!

50 Letztere Sitte, das Hineinlangen in kochendes Wasser, besteht indes noch heute als schamanische Praxis fort, als Demonstration der Selbstbeherrschung, ähnlich wie beim Sonnentanz-Piercing, bei dem ebenfalls der Schmerz beherrscht wird, um zusätzliche Kraft, auch Heilkraft für die Stammesgenossen, zu erlangen.

Nun aber zum üblichen ***Jagdwild:***

A) Nahrungsmittel (*wóyute*) > Fleisch (**wacónica** = »Rohfleisch«) > Wild »**taló watógla** = Fleisch von umherstreifenden Tieren«)

Großwild/Hochwild:

Bison, »Büffel«

pte (*allg./Kuh*) (*etwa:* »**Huftier**)/**tatánka** (Bulle) (»großes Huftier«) /**ptehíncala** (*Kalb*) (»kleines, weichfelliges Huftier«)/**makícima** (*Jährling*) (etwa: »nun schon das zweite Jahr auf Erden«) => *Bison aus Farmhaltung/Ersatz-Produkt: Bio-Rind aus Weidehaltung*

Hirsch, Kleinhirsche *allg. (alle außer Wapiti)*

táhca (»schönes Wild«) => *Ersatzprodukt: Rehwild*

Hirsch, Weißwedel- *(= Virginiahirsch)*

sinté hánska *(»Langschwanz«)*

Hirsch, Schwarzwedel- *(= Maultierhirsch)*

sinté sápela (»Schwarzschwänzchen«)

Hirsch, Wapiti- *(nur im gebirgigen Westen, Yellowstone-Areal)*

hehάka (»Verzweigtes Gehörn«) (*männlicher Hirsch*) /**unpán** *(Hirschkuh) (evtl.:* »die Bauchige«, *d. h. wenn trächtig)*/**tíngleshka** (*Hirschkalb*) (»geflecktes Huftier«) => *Ersatzprodukt: Rothirsch*

Pronghorn-Antilope *(Gabelbock)*

ikpísanla (»*Weißbauch*«), **nigésanla** (»Weißwampe«), **táhcasanla** (»helles Wild«) => *Ersatzprodukt: Reh, Ziege, Gämse*

Dickhorn-Schaf *(nur im gebirgigen Westen)*

he cinshkáyapi (»Aus-deren-Hörnern-Löffel-gemacht-werden«) => *Ersatz-Produkt: Mufflon, Bio-Weidelamm*

Schneeziege *(nur im gebirgigen Westen)*

tatókala (»[graufuchsartig] gewandtes Huftier«), *NB: öfters wird auch die Pronghorn-Antilope so bezeichnet, bes. der Bock => Ersatzprodukt: Hausziege, Gämse*

Elch *(nur im sumpfigen Westen)*

hebláska = »*Platthorn*«, *a. einfach* »**ta**« (»Huftier«), *spielt in der Prärie überhaupt keine Rolle, nur von den Bighorn-*

Mountains westwärts und im Yellowstone- Areal sowie natürlich in Kanada. NB: Die ungefleckten Elchkälber können wegen der fehlenden Tarnflecken folglich nicht wie die übrigen Hirschkälber bezeichnet werden (s. o.), sondern nur als »**cincála**« (»Junges«) => *Ersatz-Produkt: Europäischer Elch*

Niederwild:

Hasen, Kaninchen *(je nach Gegend: Eselshase [Jackrabbit], Am. Schnee-Hase [Snowshoe hare] Baumwollschwanz-Kaninchen)*

mashtíncala (»Kaninchen/Hase« *allg.),* **mashtínska** (»Weißes Kaninchen/Schneehase«), **mashtínsapela** = »Schwarzschwänzchen-Kaninchen«). *NB: Da die ebenfalls schwarzschwänzigen, besonders langohrigen und recht hellen Eselshasen erst im Südwesten häufig vorkommen, werden sie entweder auch als »Schwarzschwänzchen« oder sogar kurzerhand (irrtümlich?) als »weißer Hase« bezeichnet, was ja eigentlich nur zum Schneehasen passt. => Ersatz-Produkt: Feldhase, Wildkaninchen, notfalls Bio-Hauskaninchen (»Stallhase« aus artgerechter Haltung)*

Bisamratte

sinkpé (*evtl.:* »Scharfkrallige«, *oder zu* < **pa** = *scharf/bitter, da nach Moschus riechend, »Moschusratte«); da Bisamratten inzwischen auch in Europa vorkommen, als verwilderte Farmtiere, die aus Pelztierfarmen entkommen sind, wären sie im Prinzip auch hierzulande erhältlich, zumal sie durch ihre Wühltätigkeit auch in Dämmen wenig beliebt sind. Sollte daher eine gezielte Bejagung und Vermarktung der Felle und des Wildbrets im Sinne des Deichschutzes erwogen werden? Derlei Vorschläge werden immer wieder diskutiert (auch im Falle der Nutria); Fakt ist, die Tiere haben längst hier ein Heimrecht erlangt, es gilt eben, sie im natürlichen Gleichgewicht hiesiger Ökosysteme zu integrieren und den von ihnen angerichteten Schaden zu begrenzen. => Ersatz-Produkt: Wildkaninchen*

Federwild, Wildgeflügel:

Wilder Truthahn

waglékshun (»Scheckenschwinge«) => *Ersatz-Produkt: Bio-Hauspute (möglichst eine der Wildform nahe Putenrasse wie die Bronze-Pute, falls man noch die dekorativen Federn aufheben möchte, etwa als Deko zum Basteln von Traumfängern*[51]*. NB: Aus den stärksten Federn* (**wíyaka**) *weißer Puter wird von den Natives auch ein Ersatz für Adlerfedern hergestellt (die ja wg. Artenschutz besonderen Handelsbeschränkungen unterliegen): Die kräftigsten Putenfedern (Schwanz, Schwingen) werden getrimmt, d. h. wie Adlerfedern zurechtgeschnitten und die Spitzen gg.falls schwarz eingefärbt, wenn sie Goldadler*[52]*-Federn darstellen sollen, etwa für die berühmten Federhauben* (**wapáha**) *der Häuptlinge* (**itáncan**), *für die natürlich zum Eigengebrauch nach wie vor echte Adlerfedern verwendet werden. Doch für touristische Faksimiles werden Imitate aus Putenfedern eingesetzt.*

Präriehuhn

shiyó (*etwa:* »Wildhuhn«[53]), *NB: Gefährdete Art*[54], *Schutzbestimmungen beachten! => Ersatz-Produkt: Fasan, Bio-Huhn (Rebhuhn ist aufgrund des ebenfalls rapiden Bestands-Rückgangs nicht zu empfehlen)*

---

51 **Iktómi tawókashke** = »Spider Web«

52 Bes. junge Goldadler (**wanblí gleshká** = »gescheckter Adler«) haben noch weißliche Federpartien.

53 Es handelt sich um ein spezielles Wort, das sich bes. auf Wildhühner bezieht, so a.: **canshíyo** = »Waldhuhn«. »Vogel« allg. ist »**zintkála«**, doch gibt es auch ein uraltes Wort für »Vogel«, das sich bei den Lakota wohl nur noch in »**píshko**« (Nachtfalke) u. »**canpíshko** (Rotschwanz-Waldsänger) erhalten hat, das aber fast identisch bei den weit entfernt lebenden ***Inkas*** (!) für »Vogel« allgemein verwendet wird: *»pisqo«* es handelt sich dabei also um eine Wort-Fossilie (ein sog. ***Kognat***), das – gemeinsam mit anderen übereinstimmenden Sprachmerkmalen – die entfernte Verwandtschaft dieser Sprachen belegt. Vgl.: R. Netzel, Kontrastive Linguistik – Ethnolinguistische Analysen, Hamburg 2012, S. 63ff. , bes. S 69.

54 Vor allem durch Flurbereinigung, Intensivierung der Landwirtschaft und Monokulturen sind nicht nur Wildhühner gefährdet.

Kanada-Gans

magá sápa (»Schwarzgans«) => *Ersatz-Produkt: Wildgans/Bio-Hausgans NB:* »**magá**« *ist Sammelbegriff für alle Enten- u. Gänsevögel, deren Verwandtschaft wurde also intuitiv erkannt*

Wildenten *(div. Arten)*

pagónta (Wildente, *bes.* Stockente/Ente *allg., wohl:* »Enten mit andersfarbigem Kopf < **pa**), **magáksica** (*wohl:* »krummhalsige Gänsevögel«), *NB: es werden zahlreiche Wildenten-Arten unterschieden, die hier nicht alle aufgeführt werden können (bei allen kommen ja die hier genannten Grundwörter vor) => Ersatz-Produkt: Wildente (Stockenten ja a. in Europa verbreitet!)/Bio-Hausente*

Wildtaube

wakínyela *(= »Taube« allg, bes. jedoch die auch in den Great Plains häufige mourning dove (Carolinataube), die englische Bezeichnung bezieht sich auf ihren klagend klingenden »Moll-Gesang«, das Lakota Wort bedeutet schlichtweg »kleines Geflügel«[55], und das charakterisiert diesen Vogel, der etwa nur so groß ist wie ein Turteltäubchen. Folglich spielt diese Art für die Ernährung keine Rolle, zumal sie nicht nur klein, sondern auch schwer zu erlegen ist, da nur ein Meisterschütze[56] mit Pfeil und Bogen kleine Täubchen erlegen konnte, in Zeiten, in denen es noch kein Vogelschrot gab. Auch danach hat sich nichts daran geändert, auch die Haustauben-Zucht spielt bei den Lakota übrigens keine besondere Rolle, man konzentriert sich da eben ganz und gar auf den Bison.*

55 Vgl. »**Wakínyan**«, der Donnervogel, bedeutet auch schlichtweg nur »der Fliegende«. Als dessen kleine Verwandten gelten vor allem Adler und Geier, die Taube als kein Greifvogel weniger, doch zählt sie eben auch zu den »Geflügelten Wesen«.

56 **Waóka**, treffsicherer Jäger

Fisch (hogán[57], ho-...)/Sonstiges Wassergetier:

Katzenwels

hohásapa/howásapa (»Schwarzhaut- Fisch«) => *Ersatz-Produkt: Europä. Wels, Asiat. Pangasius*

Am. Zander *(»Glausaugenbarsch«)*

hozízila (»gelblicher Fisch«, *da olivgrün u. gelblich marmoriert) => Ersatz-Produkt: Europä. Zander*

Sonnenbarsch

hogán blaskála (»Kleiner flacher Fisch«, *da seitlich abgeplattet), spielt kaum eine Rolle, in Europa eingebürgert; => Ersatzprodukt: Europä. Flussbarsch*

Hecht *(Am. Kettenhecht, Grashecht)*

hogléglega *(»gefleckter Fisch, da tarnfarben marmoriert) /* **howákan** (»ominös kraftvoller Fisch«) => *Ersatz-Produkt: Europä. Hecht*

Aal *(Am. Flussaal)*

zuzéca hogán (»Schlangen-Fisch«), *gelegentl. a. als* **hoká** (»[auch] eine Art Fisch«)/**howáblushka** (»Gewürmartiger[58] Fisch«) *bezeichnet. => Ersatz-Produkt: Europä. Aal (NB: heutzutage auch bereits gefährdete Art, zudem oft mit Chemikalien aus Abwässern belastet, vom Verzehr daher eher abzuraten)*

---

57 Auch das uralte Wort »**hogán**«/**ho**- ist ein sog. ***Kognat*** (Wort-Fossil), wie die Autorin herausgefunden hat, es geistert noch in der europäischen Bezeichnung des Donau-Lachs als »Huchen« (Lat.: huso) sowie in »Hausen« (*Art* Stör, also nicht zu *Haus), Hasel (*Art* Weißfisch, also nicht zu *Nuss), sowie in »Hecht«, »Hering« »Hai« herum, alles typische, langgestreckte Fische, die für die Ernährung besonders wichtig waren; vgl. Netzel, Kontrastive Linguistik, a.a.O., bes. S. 77. Dasselbe gilt auch für das Lakota_Wort »**ta**« (= Huftier), das prototypisch auf den Bison bezogen wird (**tatánka**) und seine Entsprechung im indoeuropäischen »tawros« hat, das etwa zu Lat. »taurus« und Span. »toro« wurde, also ebenfalls für die Grundernährung äußerst bedeutsame Tiere, die in Europa dann ja schon seit Jahrtausenden gezüchtet werden und auch seit jeher die Lebensgrundlage der Lakota darstellten, welche bis heute diese Rinder im Wildzustand verehren.

58 »**Wablúshka**« bezieht s. auf Insekten sowie deren oft wurmförmige Larven, eigentliche Würmer werden hingegen als »**waglúla**« bezeichnet.

Weißfische

hogánsanla (»Weißfischchen«), *spielen praktisch keine Rolle, => Ersatzprodukt: hiesige Weißfische*

Forelle *(nur im Westen, Hochgebirge)*

hehógan *(»Gebirgsfisch«), a.:* **hogán glegléga** = *»Gefleckter Fisch«, was zu Verwechslungen mit dem ebenfalls gefleckten Hecht führen kann, a.: hogán wicásha shni = »ungestüm agierender/unberechenbarer, trickreich verschlagener Fisch«*[59]*, => Ersatz-Produkt: Bachforelle (NB: die Am. Regenbogen-Forelle ist ja zudem auch in Europa längst eingebürgert, also zumindest eine der dortigen Arten auch hierzulande erhältlich!*

Am. Flusskrebs

matúshka[60] *(evtl.* »gegliedertes Tier« < **shka** = verbunden) => *Ersatz-Produkt: nicht nötig, statt des sehr selten gewordenen, geschützten Europäischen Flusskrebses der eingeschleppte Am. Flusskrebs*

Am. Flussmuschel*/Teichmuschel*

spielte zur Ernährung de facto keine Rolle, nur äußerst selten gesammelt, eher die kl. Schalen (**tukí**)*, die als Ohrringe getragen wurden oder die bes. großen Muschelschalen, die als Räuchergefäße*[61] *für Lakota-Weihrauch dienen*

*

59 *Wörtl.: »Fisch, der keine feinen Manieren hat, wie sie einem Mann (<* ***wicásha****) anstehen«, man denke an die Tricks, mit denen Forellen sich einem Fang entziehen, etwa durch jähe Sprünge.- Der Lachs hingegen spielt in der Prärie keine Rolle, das Wasser des Missouri ist zu schlammig und warm für Lachsfische, diverse Lachs-Arten kommen erst z. B. an der Westküste vor, wo sie von den dortigen Stämmen traditionell genutzt werden (z. B. als Lachs-Suppe, Räucherlachs usw.).*

60 a. **matúgna** (Bedeutung unklar, evtl. entstelltes Wortform). Wie anpassungsfähig Lakota ist, zeigt die Neuprägung »**matúshka tánka** = großer Krebs« für »Hummer«.

61 Als Räuchergefäß zum rituellen Verbrennen von Büffel-Salbei (**pejí hóta**) dient heutzutage mst. die große Abalone (**pankéshka**), die dazu von der Pazifik-Küste eingehandelt wird.

NB: Wildbret sollte gut abgehangen sein – diese Vorbereitung zur ***Fleischreife*** sollte aber stets dem erfahrenen Jäger bzw. Förster überlassen bleiben, denn sie erfordert viel Umsicht und es ist viel zu beachten, also nur etwas für erfahrene Fachleute! (Bei richtiger Reife entsteht Milchsäure, die das Fleisch sowohl zart als auch haltbar macht, das Abhängen sollte indes nicht gleich nach dem Schuss erfolgen, vielmehr muss das erlegte Wild erst etwas abkühlen, zudem sind die richtigen Temperaturen zu beachten, damit das Fleisch auch reift und nicht verrottet!

Abhängen lässt man das Wild ausgenommen, aber noch mit Fell bzw. Gefieder (nicht abgehäutet, da es sonst austrocknet), für etwa 3–6 Tage bei ca. 5 bis max. 7°C (manche wählen sicherheitshalber auch 2°C, am besten im Wildkühlschrank). Je nach Größe des Wildes dauert das Abhängen mindestens 3 Tage (bei etwa 5–7°C), bei Federwild langen 2 Tage (bei etwa 4°C).[62]

Bei den Lakota konnte Wild ja nur im frostigen Winterhalbjahr im Freien abgehangen werden (dann durchaus auch mal länger), im heißen Sommer hingegen musste das Fleisch sofort frisch verbraucht bzw. gedörrt werden, was nicht gleich verzehrt werden konnte; so entstanden auch die bekannten Vorräte an => ***Jerky***.

Zur Fleischqualität des Wildbrets sei noch angemerkt, dass die Lakota es vermieden, das Wild zu lange zu hetzten[63], zum einen schon aus Respekt vor den Tieren, zum anderen auch, weil Stress die Qualität des Fleisches beeinträchtigt (das gilt übrigens auch

62 Vgl. hierzu z. B. die Angaben des Deutschen Jagdverbandes: https://www.wild-auf-wild.de/fuer-jaeger/wildbrethygiene/reife

63 Besonders seit der Einführung des Pferdes durch die weißen Siedler und Soldaten wurde auch die Bison-Jagd (**wónase**) der Natives noch effizienter: Anstatt in Wolfsfelle gehüllt anzuschleichen und womöglich ganze Herden über sog. »buffalo jumps« in den Abgrund zu hetzen, konnten sie nunmehr mit den Herden mitreiten und vom Pferd aus geschickt mit Pfeil und Bogen (**wahínkpe na itázipa**) Beute machen. (Wildpferde waren ja seit der Eiszeit in Amerika ausgestorben). Die Einführung von Feuerwaffen hingegen verbesserte die Jagdmethoden nicht grundlegend, da die Natives ohnehin exzellente Bogenschützen (**waóka**) waren; ihnen ging es ja gerade nicht darum, ganze Herden zusammenzuschießen.

für Schlachtung), es wird dann nämlich »**shtushtá**« = »abgehetzt«, also ausgelaugt und schleimig.

*Thema **Bleischrot***[64] bei Niederwild: Je nach Herkunft des Wildes (etwa Feldhasen) ist darauf zu achten, ob evtl. Bleischrotreste im Wildbret stecken oder diesem anhaften – Bleischrot ist unbedingt (!) sorgsam zu entfernen, da Blei giftig ist! Zwar ist in der EU Bleischrot inzwischen (weitgehend[65]) verboten, statt dessen soll Stahlschrot verwendet werden, jedoch kann man sich nicht stets darauf verlassen, ob sich alle daran halten, zumal im nicht-europäischen Ausland! In Amerika ist Bleischrot ein so großes Problem, dass etwa Tierschützer immer wieder ein Verbot fordern, weil auch Beutegreifer (etwa Füchse oder gar der sehr seltene Kalifornische Kondor[66]) sich daran vergiften.

Beilagen (siehe a. => B, Pflanzen):

*

Kleine Gewürzkunde: *Welches Gewürz passt wozu?*

Meist wird beim Würzen von Fleisch danach unterschieden, ob es sich um »rotes« oder »weißes« Fleisch handelt: zum »roten« zählen Rind, Lamm und Wild, zum »weißen« vor allem Geflügel und Fisch. Dass helles Schweine- und auch Kalbfleisch eher dem »weißen« zugeordnet wird, liegt vor allem an der unnatürlichen Stallhaltung und Fütterung der Tiere – bewegungsarm und ohne frisches Futter. Weidetierhaltung hingegen bringt von alleine eher dunkles, gut durchblutetes Fleisch als Produkt hervor.

Als Faustregel gilt: Zu rotem Fleisch passt schwarzer Pfeffer, zu hellem Fleisch passt weißer Pfeffer. Rotes Fleisch kann auch mit

---

64 Vgl. zum Thema Bleischrot-Verbot: https://www.jagd-ww.de/wp-content/uploads/2023/02/Bleischrotverbot-das-muessen-Jaeger-jetzt-wissen.pdf

65 Ab dem 15. Feb. 2023 gilt ein Verbot von Bleischrot in der EU zumndest in Feuchtgebieten, siehe o. g. Art.

66 Siehe hierzu (a. Über das Problem der Bleivergiftung): https://de.wikipedia.org/wiki/Kalifornischer_Kondor

Rotem Pfeffer (Pirul[67]) garniert werden, helles mit grünem Pfeffer. Übrigens: Die »echten« Pfefferkörner stammen vom Pfefferstrauch (*Piper nigrum*), je nach Reifegrad und Verarbeitung (Trocknen, Fermentierung, Schälen, Einlegen) haben die Pfefferkörner verschiedene Farben, von grün über hell bis schwarz, auch rötliche Früchte kommen vor, jedoch selten im Handel, wenn, dann stammen sie meist vom Peruanischen Pfefferbaum (s. o., nicht zu verwechseln mit Chili, aus »Pfefferschoten«, also von Nachtschattengewächsen, die mit Paprika verwandt sind). Die Schärfe des Pfeffers stammt vom Alkaloid Piperin[68]. In der Prärie kommen Pfefferpflanzen von Natur aus nicht vor, der ***Pfeffer*** (**yamnúmnugapi**) ist also der »neuen Küche« zuzurechnen. Dafür gibt es traditionelle Wildkräuter, die zum Würzen verwendet wurden und werden:

Fleisch/Gericht	**Passendes Gewürz/Ersatz-Produkt:**
Bison/Rindfleisch/ Wild/Lamm	***Wüstenbeifuß*** (**pejí hóta**, *buffalo sage), Ersatz: (geschmacklich:)* ***Garten-Salbei****/(verwandtschaftlich:)* ***Beifuß*** *(dieser ist bitterer) oder* ***Estragon*** *(der ist etw. lieblicher). Faustregel: »Zu Büffel passt Büffel-Salbei«! NB: Das »typische« Gewürz für Lammfleisch und Ziege ist ja der mediterrane* ***Rosmarin****, dieser hat jedoch in Amerika keine Entsprechung. Wer ihn mag, kann ihn natürlich dennoch verwenden, aufgrund seines fast nadelbaumartigen ätherischen Öls eignet er sich, um den Duft der Kiefernwälder des Amerikanischen Westens auf den Teller zu zaubern. Man soll ja auch undogmatisch- kreativ würzen!*

67 Früchte des Peruanischen Pfefferbaums *(Schinus molle)*, ein Sumachgewächs, wie auch der Mango

68 vgl. z. B. div. Wikipedia-Artikel über »Pfeffer/Schwarzer Pfefferstrauch«

speziell Wild (Hirsch, Reh)	***Wacholder[-beeren]*** (**hanté [itká]** = »Wacholder [-Eier«]) (Achtung: der Am. Wacholder gilt als giftig! Der Europäische ist in üblichen Verzehrmengen unbedenklich[69]. Zu Wild passt auch sehr gut Minze (**ceyáka**). NB: Zur Am. Antilope passt besser ***Wüsten- Beifuß***, weil mit den Zutaten gewürzt wird, wo die jew. Tiere herkommen, d.h. was das jeweilige Biotop liefert.
Hase/Kaninchen	***Wüsten-Beifuß*** (**pejí hóta**)/in Europa traditionell ***Majoran/Oregano*** (*Wilder Majoran*) oder auch ***Thymian***, die jedoch keine direkte Entsprechung in den Great Plains haben; wer mag, der kann auf ***Minze*** (**ceyáka**) ausweichen.
Geflügel (*allg.*, Truthahn, Huhn, Fasan)	***Wüsten-Beifuß*** (**pejí hóta**), Ersatz-Produkte entsprechend entweder Salbei (Geschmack) oder auch ***Eur. Beifuß***. In der Europäischen Küche ist bekanntlich vor allem das Würzen von Grillhähnchen mit Rotem (Ungarischem) ***Paprika*** üblich, der dem Hähnchen die ansprechend-rötliche Grillkruste verleiht. Zwar stammt Paprika, genau wie Chili, aus Amerika, jedoch aus Anbau-Gebieten zwischen Mexiko und dem alten Inka- Reich, also weit entfernt von der Prärie. Daher sind diese Gewürze dort auch nicht traditionell verbreitet und erst seit Einzug der Tex-Mex-Küche zunehmend bekannt und beliebt.

69 Sofern keine Allergie oder Unverträglichkeit vorliegt

speziell: Wildente/-gans	***Wüsten-Beifuß*** (**pejí hóta**), Ersatz-Produkte folglich entweder ***Salbei*** *(Geschmack) oder auch* ***Eur. Beifuß*** (bitterer), beide an ätherischen Ölen reiche Gewürzpflanzen haben den Vorteil, speziell fetteren Gänsebraten leichter verdaulich zu machen. / europäisch bzw. asiatisch: ***Curry***. Dieser passt auch exzellent zu Reis (ebenso wie ***Kurkuma***). In der Prärie sind diese Gewürze praktisch nicht erhältlich (das erkennt man schon an den fehlenden Lakota-Namen), einzig in der Kanadischen Prärie gibt es einige Wildpflanzen, die mit Ingwer und Kurkuma verwandt sind und dort lokal genutzt werden. Dennoch sollte man sich nicht scheuen, Curry & Co auch zu verwenden, wenn es einem mehr um ein abgerundetes als ein um jeden Preis »authentisches« Geschmacks-Erlebnis geht!
Fisch:	Da im Lande der Lakota naturgemäß kaum Fisch gegessen wurde, nur gelegentlich als Bereicherung des Speiseplans, haben sich keine speziellen Gewürze etabliert. Unterscheiden sollte man aber in jedem Fall zwischen den Forellen der Black-Hills als Klarwasser- Fischen und den Welsen und Zandern des Missouri: Während man auch hierzulande den Forellen möglichst ihre zarten Eigengeschmack lassen sollte (und bestenfalls mit etwas ***Wacholder***, beim Räuchern »veredeln« oder als sparsame Zugabe von Wacholder-Beeren, s. o., kann man Fische

aus trüberen Gewässern (Flüsse, Seen) ruhig etwas kräftiger würzen, etwa mit ***Pfeffer*** und ***Salz***./europäische Küche: ***Dill*** passt exzellent zu jedwedem Fisch, auch zu Krabben, Eiern und herzhaft-deftigen Salaten, hat indes leider keine direkte Entsprechung in der Prärie. Wer jedoch etwa bei Am. Zander oder Flusskrebs Dill verwendet, dem sei als Tipp dazu gesagt, dass Dill sich auch sehr gut mit Curry kombinieren lässt!

Mais, Kürbis, Kartoffel, Süßkartoffel, Topinambur

Pfeffer und ***Salz*** (selbst in der modernen Lakota-Küche, dort waren traditionell ja bestenfalls ***Lauchzwiebeln*** (**pshin**) u. a. ***Kräuter*** (**wahpé, pejúta**) verfügbar, obige Gewürze kamen ja erst seit den Zeiten der »Trading Post-Stationen (**mas'ópiye**) in nennenswertem Umfang hinzu), heute gehören Salz (**mniskúya**) und Pfeffer (**yamnúgmnugapi**) natürlich zum Standard (s. o.). NB: Zu Kürbis passt auch prima eine Prise Muskat! (europäisch/asiatische Note)

(Wild-)Reis, Reis *allg.*

traditionell (**ehánk'ehan**): Lauchzwiebeln, Kalmus, Rohrkolben, *heute* **téca**): Salz, Curry. NB: **psin** = Reis, doch **pshin** = Zwiebel!

Pilze

traditionell (**ehánk'ehan**): Lauchzwiebeln (**pshin**), heute (**teca**) auch Pfeffer, Salz, Muskat, Dill

Ei (Eierspeisen, deftig)	*traditionell* (**ehánk'ehan**: Eigengeschmack, Büffeltalg (wígli), heute (**téca**): Salz (**mnis-kúya**) Pfeffer (**yamnúmnugapi**), Muskat (zu Spiegelei), teils a. Chilipulver (payá yútapi, »Scharfes zum Essen«)
Gemüse	*traditionell* (**ehánk'ehan**): Lauchzwiebeln (**pshin**), Eigengeschmack von Büffeltalg (**wígli**) usw., heute (**téca**) natürlich a. Pfeffer, Salz, Muskat (vor allem zu Kohl u. Spinat), Kümmel (zu Kohl, selten verfügbar)
Wildfrüchte (Wildkirschen, Preiselbeeren, Junibeeren, Mirabellen)	Alle süßen oder süßsauren Früchte kommen bekanntlich zunächst einmal gut ohne jede weitere Würze aus. Nur wenn sie zu Mus, Kompott, Marmelade oder Gelee verarbeitet werden sollen (die letzteren beiden Varianten erst seit der Reservatszeit, als auch auf europäische Weise eingekocht wurde), so empfehlen sich natürlich Zusätze wie ***Zucker*** (**canhánpi**) (Rübe/Rohr), ***Zimt, Vanille*** (Schote/Aroma). Traditionell (**ehánk'ehan**) und nach Möglichkeit auch noch heute wurden und werden zum Süßen auch ***Ahorn-Sirup*** (**canhánpi**) oder ***Honig***[70] (**tuhmúnga canhánpi**) verwendet. Bes. zu Äpfeln und Pflaumen passt Zimt sehr gut.

70 Obwohl indes in South Dakota viel Imkerei herrscht, so liegt diese doch zumeist in Händen großindustrieller Wander-Imker, die ihre Bienenvölker zum Bestäuben von Obstplantagen usw. per Lastwagen quer durch die Bundesstaaten fahren. Kleine Hobby-Imkerei ist noch recht selten.

Süßspeisen: ***Zimt*** (**canhásha**), passt bes. gut zu Gebäck, Kakao, Pflaumenmus und Glühwein (der drüben so gut wie unbekannt ist). Alle tropischen Gewürze sind in der Prärie kaum erhältlich, lediglich Zimt und ***Vanille***-Aroma werden industriell hergestellten Produkten hinzugefügt, die auch im Reservats-Laden verkauft werden. Das liebliche Aroma ist also auch dort bekannt.

NB: Gewürze & ihre Entsprechungen oder Alternativen, Thema ***Pfeffer*** (**yamnúmnugapi** = »Knirscht-beim-Kauen«, frisch gemahlener Pfeffer nämlich): Für Steak auch gut geeignet: grüner Pfeffer sowie roter Pfeffer, der sog. ***Pirul*** aus Peru, mst. nur in Mischungen). Während grüner, schwarzer und weißer Pfeffer vom Pfefferstrauch stammen und lediglich verschieden zubereitet sind (frisch/ getrocknet/geschält), handelt es sich beim Pirul-Pfeffer um ein Sumach-Gewächs[71] (so wie der Mangobaum). Dennoch entfalten die Körner eine ähnliche Wirkung und sind auch optisch ähnlich, als runde, scharfe Kügelchen.

Kein Pendant bei den Präriepflanzen haben ***Olive***/Olivenöl und ***Lorbeer***-Blatt – dafür gibt es vor Ort ja genügend andere, charaktervolle Gewürz- und Ölpflanzen! Immerhin gibt es für »Olive« mittlerweile eine eigene Wortprägung: »**mniwánca kowákatanhan kánta** = Übersee-Pflaume«), eine spontane Umschreibung, die sich allmählich durchsetzt. Auch der mediterrane ***Basilikum***, der ein so typischer Begleiter von Tomaten Pizza und Pasta-Gerichten ist, hat in der Flora der Prärie keine direkte Entsprechung

71 Achtung: In der Prärie kommt der sehr giftige (!) »*Poison Ivy*« (**wikóshka tapéjuta**) vor, der Gift-Sumach, der keinesfalls zum Würzen geeignet ist, sondern schon beim bloßen Berühren heftige Kontaktallergien sowie Koliken auslöst! Ähnlich sind ja auch nicht alle Nachtschattengewächse essbar, neben den bekömmlichen und gesunden Tomaten, Auberginen oder Kartoffeln gibt es bekanntlich die giftigen Tollkirschen. Man kann also nicht von der Pflanzenfamilie pauschal auf deren Genießbarkeit schließen!

(was natürlich nicht daran hindert, ihn dennoch zu nutzen, auch wenn er in den spärlichen Hausgärtchen der *Great Plains* nicht üblich ist).

Thema ***Fette*** und ***Öle***: Auch Kokosfett ist leider – gerade wegen seines typisch-nussigen Eigengeschmacks – nicht so gut für die Küche im »*Lakota style*« geeignet, genauso wie Olivenöl. Denn sie suggerieren ja einen asiatischen (Kokos) bzw. mediterranen (Olive) Einschlag. Doch wer es gerne mag, sollte dennoch nicht darauf verzichten: lieber den Lieblingsgeschmack treffen als um jeden Preis »stilecht« kochen wollen ...! Nur so entstehen ja auch mit der Zeit neue Rezept-Kreationen! Man kann ja auch Rezept-Anregungen frei aufgreifen und nachempfinden. (Am geschmacksneutralsten unter europäischen Ölsorten ist im Zweifelsfall noch Rapsöl, während Walnussöl eine zwar angenehme, doch eigenwillige Geschmacks-Komponente hat, die eher für Gerichte aus den Wäldern des Südostens der USA geeignet wären, weil sie zu dortigen Walnussarten passen.)

Auch ***Kümmel***, ***Fenchel*** und ***Kardamom*** finden in der Lakota-Küche keine direkte Entsprechung – doch umgekehrt gilt es ja auch, so z. B. der ***Wüstensalbei*** und die ***Anisminze***, die ja nur geschmacklich näherungsweise durch Salbei bzw. Anis ersetzt werden können (s. o.). ***Chili*** (**payá yútapi**) wird in der Tex-Mex-Küche großzügig verwendet, die auch durch *intertribal*-Kontakte bei den Lakota bekannt ist (etwa in *Chili con carne*, **omníca yujápi** = »Bohnen-Eintopf«), auch ***Curry*** und ***Kurkuma*** sind in Amerika aus der verbreiteten Asiatischen Küche bekannt (jedoch in Prärie-Store nur schwer erhältlich).

Das Gleiche gilt für ***Zimt*** (**canhásha**), ***Nelken*** und ***Muskat*** sowie für ***Vanille*** – diese werden zwar auch drüben zunehmend beliebter (vor allem Zimt gilt in den ganzen USA als *hype*, geht doch von ihm die Rede, Zimt würde Diabetes vorbeugen (ungesichert) indes schmeckt er einfach gut und soll durch seine ätherischen Öle zumindest Erkältungen vorbeugen, wenn er Heißgetränken zugesetzt wird. Vanille ist fernab der Städte in Amerika bestenfalls als Aroma-Zusatz in Süßspeisen verbreitet, echte Vanille-Schoten sind auf dem Lande kaum erhältlich.

Da die traditionelle Lakota-Küche vor allem auf den Eigengeschmack der Zutaten setzt und nicht auf hochgradig weiter verarbeitete und gewürzte Produkte, findet man auch keine Dinge wie etwa Pasteten, zumal nicht nur die Herstellung, sondern auch die Lagerung empfindlicher Produkte früher – und teilweise noch heute – ein Problem darstellt. Doch bei dem Erfindungsreichtum an rustikalen Rezepten vermisst man derlei hochgradig verarbeitete Produkte auch gar nicht.

*

B) ***Pflanzen*** (***wató*** = »Grünzeug«[72], Vegetation, als spiritueller Begriff umfasst das: **Oyáte Nájin** = *Standing People* = *Trees* & »**Pejí Oyáte** = *Grass Nation* = *small plants*)

(statt alphabetisch auch hier wieder in der Reihenfolge der grob geschätzten Häufigkeit ihrer Nutzung):

Obst (***waskúyeca*** = »Süßigkeiten«, **watókeca** = diverse Beeren/ Wildfrüchte)

NB: Wildkirschen, Wildpflaumen und »Büffel-Sanddorn« spielen in den Plains die größte Rolle, alle anderen Wildobst-Arten sind nur regional bedeutend.

Wildkirschen *(Virginische Traubenkirsche)*

canpá = »Bitterbusch« (*da Gerbstoff- und Blausäurehaltig!*), oft zu Kirschpudding verarbeitet

Am. Wildpflaume *(Prärie-Mirabelle)*

kánta (evtl. zu **kan** = Sehne, da die Zweige oft nur dünne, sperrige Stangen bilden)

72 Zu: **tó** = grün/blau; in vielen uralten Sprachen werden die Schattierungen zwischen Grün und Blau zusammengefasst, zumal es ja alle Übergänge zwischen »Grasgrün« und »Blautannenblau« gibt!

Buffalo Berry (= Am. Sanddorn)

mashtíncaputé = »Kaninchenschnauze« (da weich und rötlich)

Junibeeren *(Kanadische Felsenbirne, Wildmispel, Saskaatoon Berries)*

wípazukan/wípazoka (= evtl. »Sonnengereifte«)

Prärieäpfel/Weißdorn

taspán (I) Am Weißdorn, II) Prärieapfel III) Gartenapfel (von: »**span** = dunkelrot«)

Wilde Brombeeren

wajúshteca sápa = »Schwarze Himbeere«, NB: auch die (Garten-) Erdbeere wird als »**wajúshteca**« bezeichnet, spielt als Wildfrucht in den Plains jedoch keine Rolle, während Himbeeren/Brombeeren wegen ihrer Ranken auch als »takánheca hu = sehnenartige Zweige« bezeichnet werden.)

Wilde Johannisbeeren (nur in feuchteren Gebieten)

wicágnashka = wohl «froschartig«, wg. der gelappten Blattform, die an ein grünes Fröschchen erinnert

Wilde Weinreben (nur in feuchteren Gebieten)

cunwíyapehe = »windet sich um Bäume/Baumschlinger«, da Schlingpflanze

Preiselbeeren

háza (div. Sorten, ***Cranberries*** = »Kranichbeeren«[73] nur ganz im Osten, ***Bärentraube*** (*Uva ursi*) nur im Westen/kühle Gebirgslagen, Achtung: diese gilt bei Verzehr größerer Mengen als giftig (!), wird jedoch auch als effektives Mittel bei Nieren- und Blasenerkrankungen eingesetzt

---

73 Cranberries, Kranichbeeren, kommen in typischem Kranichland vor, also in Sümpfen. Die vitaminreichen Beeren haben die Tendenz, z.B. beim Abwaschen an der Wasseroberfläche zu schwimmen, da das Fruchtfleisch oft leicht styroporartig luftig-locker ist, dies hat keinen Einfluss auf den Reifegrad oder Geschmack.

Ground Cherry

tamníohpi hu = »uterusartig eingehüllte Fruchtpflanze«, wg. der Hüllblätter/**aúnyeyapi** = ?[74], (Achtung es gibt auch giftige Arten! Keinesfalls die ähnlichen Lampionblumen aus dem Garten verwenden, diese ist eine reine Zierpflanze (als schwach giftig eingestuft), als Ersatzprodukt also nur die im Handel erhältlichen sog. »***Kapstachelbeeren***« (passender: »***Inkapflaumen***«) verwenden, diese sind als Obst zum Verzehr geeignet[75]!

Gemüse **(watóto):**

Mais

wagméza (von teilsesshaften Nachbar-Stämmen gegen Wildbret eingetauscht)

Bohnen

omníca (Wildsorten oder eingetauscht. Oftmals wurden sogar hamsterartige Vorräte von Wühlmäusen (itúnkala) ausgegraben, wobei man jedoch der Maus als »Entschädigung« im Austausch für die proteinreicheren Bohnen wenigstens ein paar Handvoll Maiskörner hinlegen musste!) NB: In der Prärie gibt es auch giftige (!) Wildbohnen-Arten, also Vorsicht geboten – sofern nicht in Begleitung von Kenner*innen gesammelt, lieber nur Gartenbohnen/Handelsware verwenden!

---

74 Die Bedeutung dieses Namens konnte niemand mehr der Autorin erklären, evtl. von »**aún** = Feuer nähren« und »**yeyá** = hineinwerfen«, also sinngemäß: »zum Brennen ins Feuer legen/wird ins Feuer geworfen«, doch ob die verdorrten Reste dieser Kräuter wirklich gut geeignet zum Feuer schüren sind, konnte niemand mehr sagen.

75 Wie auch bei Tomaten, handelt es sich bei Inka-Pflaumen und Verwandten um Nachtschattengewächse, da ist von Fall zu Fall zu prüfen, ob sie essbar sind (so sind z. B. ja auch Kartoffeln oder Auberginen gegart unbedenklich essbar)

Prärierüben

tínpsila (Ernte von Wildknollen, traditionell Frauensache. Die Knollen wurden früher mit einem Bison- Schulterblatt sowie mit Stöcken ausgegraben[76], später mit Spaten)

Kürbis

wagmú (von teilsesshaften Nachbarn im Osten eingetauscht, teils a. getrocknet)

Sonnenblumen *(Kerne)*

wahcázi tánka = »große, gelbe Blume«, **wahcázi tánka su** = Sonnenblumen- Kern(e), als Wildblume, nicht eigens angepflanzt[77]

Topinambur*-Sonnenblumen (Knollen)*

pangí (Ernte von Wildknollen)

Indian Potato, Groundnut[78]

blo (Ernte von Wildknollen)

*Wild-**Wurzeln** (div. Sorten)*

allg.: **húte**, *speziell, knollenförmig:* **pangí** = Topinambur u. Ä., **pangí hánska** (= »lange Knolle«) = Pastinake, **pangí zizí** (»gelbe Knolle«) = Karotte, diese wurde aus Europa eingeführt; **tínpsila** = Prärierüben, *a.:* **pejúta** (= »Kräuter«, *ein Wort aus* »**pejí** = Gras, Kraut + **húte** = Wurzel«, *s. o*)

---

76 *Psoralea esculenta,* »mit dem Grabstock ausgraben = **wópta**« (1. Sg.: wówapte, 1. Pl. wóunptapi); der Grabstock wurde als »**húnpe**« bezeichnet.

77 Bei der nomadisch-schweifenden Lebensweise als nachhaltige Bisonjäger wäre ein Anbau gar nicht möglich gewesen, zudem kommen Sonnenblumen ja überall wild in der Prärie vor.

78 Hierbei handelt es sich um einen Schmetterlingsblütler, *Apios tuberosa/A. americana,* mit süßkartoffelartigen Knollen, auch die Bohnen dieser rankenden Wildpflanze sind lt. Wikipedia essbar; die rosa blühende Pflanze kommt von Südkanada bis Florida und West-Colorado vor und wurde von den dort ansässigen Stämmen traditionell genutzt, so auch von den Dakota am Missouri. Wie bei vielen Leguminosen, etwa auch unserer Bohnen, ist der Verzehr roher Teile giftig (!), beim Kochen hingegen werden diese giftigen Substanzen zerstört.

(Wilde) Petersilie

Shahíyela tatínpsila (= »Cheyenne- Prärierübe«[79]) (*Achtung: Petersilienartige Pflanzen haben giftige Doppelgänger, z.B. Schierling! Daher besser keine Wildkräuter pflücken, sondern nur Gartenkräuter verwenden*)

Wild-***Zwiebeln/Lauch***-Arten

pshin *(NB: nicht mit dem Wort für »Reis«, psin, verwechseln, s.u.)*, **pshin** = Zwiebel, *allg.* **pshin shtúnkala** = »grüne/unreife/wässrig-weiche Zwiebel, Lauchzwiebel, Frühlingszwiebel«

Wild-***Reis***

psin (nur im Südosten) *NB: nicht mit* »pshin« *für »Zwiebel« verwechseln! »Eselsbrücke«: »Was vollmundiger klingt, mit sh, ist die rundere Zwiebel/was feiner klingt, mit scharfem s, der schmalkörnige Reis«*

Rohrkolben

psa, *a.:* **celí, hintkán (hu), wihúta hu**[80], (Wurzeln, Stängel, Kolben, Pollen, je nach Saison); *Achtung:* Sumpfpflanzen stehen heute meist unter Naturschutz, daher Verwendung hier nur am Rande erwähnt, der Vollständigkeit halber. Ersatz- Produkt: Bambus[81]-Sprossen (Dose, Glas)

79 Ob die Cheyenne früher als die Lakota die Europäische Petersilie kennen lernten oder ob bei ihnen eine ähnliche Wildart vorkam, konnte nicht eruiert werden. Sicher ist indes, dass wilde Petersilienwurzeln im Gebiet der Rocky Mountains vorkommen, so wird dort traditionell die ***Osha Root*** von Native Americans verwendet, vor allem jedoch als Heilpflanze, zur Stärkung der Immunabwehr, wegen der sellerie-ähnlichen Öle, vgl. Wikipedia: https://en.wikipedia.org/wiki/Ligusticum_porteri

80 Die Vielzahl von Begriffen für »Rohrkolben« *(cattail)* rührt wohl teils von der unterschiedlichen Verwendung, von Gemüse bis Windel-Watte, teils von dialektalen Unterschieden her.

81 Bambus ist von der Beschaffenheit geeignet; zumal auch in Teilen Amerikas Bambus-Arten vorkommen (etwa in Florida und Mexiko), ergibt Bambus zudem keine rein »asiatische« Note.

Kalmus *(Sweet Flag)*

sinkpétawote[82] (»Bisamrattenfutter«), selten, Art Röhricht, kampferartig duftender Wurzelstock (Rhizom), meist eher als Medizinkraut (pejúta) genutzt, z. B. gekaut gegen Hals- und Zahnschmerzen sowie als Tee gegen Verdauungsstörungen, als Räucherung auch gegen Kopfschmerzen, aufgrund der ätherischen Öle, die jedoch teils auch giftig (!) sind[83].

Pfeilkraut *(Arrow-head Plant)*

pshi(n)tóla hu, »Knöllchenstängel«, engl. Bez. nach den pfeilförmigen Blättern, *Achtung:* es gibt auch giftige (!) Arten![84] Der ebenfalls pfeilblättrige Aronstab ist giftig und könnte verwechselt werden. Daher wird hier auf diese traditionell, doch seltener genutzte Pflanze nicht näher eingegangen, zumal viele Sumpf-Pflanzen ja auch geschützt sind. NB: *Arrowroot* = Pfeilwurzmehl stammt im Handel meist von Ingwerartigen oder auch Maniok (Tapioka) bzw. von Taroknollen.

Art ***Wasserkastanien*** *(Knollen)*

pshitó = »Knöllchen, Perlchen«, von Sauergräsern),
a.: **pshin to**

---

82 Gelegentlich a. als **shunkcé** (»Hunde-Penis«) bezeichnet, wegen der Form der Blütenkolben, soll daher als Aphrodisiakum verwendet worden sein.

83 Enthalten Asarone, lt. Wikipedia-Artikel zu »Kalmus«: https://de.wikipedia.org/wiki/Kalmus_(Art)

84 In einschlägigen Lexika (Buechel, LLC) wird für die Lakota-Bezeichnung die Art *Sagittaria latifolia* angegeben, ein Froschlöffelgewächs, von dem bei M. Gilmore, *Uses of Plants by the Indians of the Missouri River Region*, nachzulesen ist: »*By all these tribes the tubers were used for food, prepared by boiling or roasting*«, (Gilmore S. 13). – Sprachverwirrung: »Pfeilwurz« *(Arrow-root)* ist nicht gleich »Pfeilkraut« *(Arrow-head plant, Arrowleaf);* Pfeilwurzmehl stammt oft von Ingwerartigen oder Maniok, eigentlich aber vom tropischen ***Taro*** *(Colocasia esculenta),* einer der wenigen ungiftigen Aronstab-Arten (stärkehaltige Rhizome). Auch die Aronstab-Gewächse gehören botanisch zu den Froschlöffelartigen.

Goldrute[85] (junge Triebe)

tal'agnake (= »Worauf-Fleisch-gelegt- wurde«, beim Ausschlachten nämlich, da wurden die Fleischstücke speziell auf die langen Ruten der *Rigid Goldenrod*[86] gelegt, damit sie nicht mit dem staubigen oder schlammigen Boden in Berührung kamen.) Junge Triebe wurden wie Spargel gegessen. Die sehr feinen Blüten der div. Goldruten-Arten werden treffend als »**wahcáziblu** = »staubfeine gelbe Blumen« bezeichnet. Goldrute ist auch als Heilkraut gegen Blasenleiden bekannt.

Noch eine Anmerkung zum Rohrkolben (**psa**), der vereinzelt in schilfartigen Beständen an stehenden oder langsam fließenden Gewässern vorkommt und vielseitig verwendbar ist: Die braunen Kolben waren damals eine wertvolle und nahrhafte Dauerkonserve, je nach Jahreszeit können im Frühjahr die ersten, zarten Triebe geerntet werden (auch als Rohkost-Salat essbar), im Frühsommer die Blüten, die (ohne die Hüllblätter) gekocht ähnlich wie Maiskolben verzehrt werden können (Blüten vom Kolben abknabberbar). Kolben und Pollen wurden früher auch als Mehl(ersatz) zum Backen von Brot und Pfannkuchen verwendet. Durch Dörren (heute: 170°C im Backofen trocknen[87]) wurden Kolben haltbar gemacht, Pollen erhielt man durch Herausschütteln aus den reifen Kolben. Im Herbst, wenn die oberirdischen Halme abstarben, erntete man dann Wurzeln, die ebenfalls getrocknet und zu Mehl zerrieben wurden.

NB: Heutzutage ***Naturschutz***-Bestimmungen beachten: Meist ist es verboten, einfach irgendwo Schilfbestände oder andere Wildpflanzen zu ernten, weil es die Biotope zerstört und Wildtiere vertreibt! Früher, als von den Indigenen nur geringe Mengen zum Eigenbedarf in nachhaltiger Nutzung entnommen wurden, stellte sich dieses Problem natürlich nicht.

---

85 Vgl. Wikipedia (mehrere nah verwandte Arten): https://de.wikipedia.org/wiki/Goldruten

86 *Solidago rigida*

87 Achtung: Temperaturangaben in Amerika mst. in Fahrenheit

Ersatz-Produkt für Rohrkolben: Bambus-Sprossen (Glas, Dose)

Weitere Wasserpflanzen wie etwa Algen[88] (**mniwáticoga**, »im Wasser driftendes Grünzeug«) spielen bei den Stämmen der Plains naturgemäß keine Rolle, sie zeigen vielmehr abgestandenes Süßwasser in verkrautenden stehenden Gewässern an (**mnítola**, »kleines Wassergrün«) und sind daher ungenießbar. Küstenstämme hingegen nutzen durchaus auch den essbaren und nährstoffreichen Seetang (etwa Braunalgen, Kelp).

Übrigens: Auch wenn Pilze keine »Pflanzen« im eigentlichen Sinne sind, werden sie hier mit behandelt – angeführt sei das »Baumohr« = **cannákpa**, Ersatzprodukt: Austernseitling.

*

C) Sonstiges (Naturprodukte)

Ahorn-Sirup (**canhánpi** = »Baumsaft«): im Land der Lakota zumeist vom Eschen-Ahorn (**canshúshka**, box-elder) gewonnen, da der ergiebigere und süßer schmeckende Zucker-Ahorn (*canhásan[89]/**tanpá**) in dem Gebiet nicht vorkommt (er wächst in den Wäldern des Nordostens, von den Großen Seen bis weit hinein

88 Meeres-Algen (Seetang, div. Arten) werden ja vor allem in Asien, aber auch in Teilen Europas, etwa in der Bretagne oder in Irland, gern verzehrt. Sie enthalten viele wertvolle Mineralien, Proteine und Zuckerstoffe sowie Antioxidantien (vgl. z.B. Wikipedia-Art. zu »Zuckertang«, »Kelp« usw.).

89 NB: Als »**canhásan** = hellrindig« werden auch (Weiß-)Birken bezeichnet, was zu Verwirrung führen könnte; der Zuckerahorn *(Acer saccharum)* sollte daher lieber mit dem ebenfalls vorhandenen Namen »**tanpá** = auf den Stamm zu pressen«, beim Saftzapfen nämlich, bezeichnet werden (dieser Begriff wird auch für »Birke« benutzt, macht dort ja aber kaum Sinn). In der baumarmen Prärie sind solche Unsicherheiten bei der Bezeichnung kein Wunder, denn der ertragreiche Zucker-Ahorn kommt dort gar nicht vor, nur der robuste Eschen-Ahorn (**canshúshka**, < **can** = Baum + evtl. verballhornt zu »**shtushtá** = erschöpft, ausgelaugt«, da eben wenig ertragreich im Vergleich zum Zucker-Ahorn). Übrigens ist eine solche Namensverwirrung ja auch in anderen Sprachen bekannt: So weiß niemand genau, ob hierzulande mit »Butterblume« nun der Löwenzahn, eine Ringelblume oder ein Hahnenfußgewächs wie etwa Scharbockskraut gemeint ist, dies ist im Deutschen regional unterschiedlich.

nach Kanada, wo er bekanntlich zum Fahnensymbol wurde). Die Baumrinde wurde schräg angeritzt und Behälter aus Birkenrinde darunter gehängt, in die der Baumsaft tropfte. Dieser musste dann langwierig eingekocht und verdickt werden. Heutzutage wird meist gekaufter Ahornsirup verwendet (gute Marken: in Flaschen, billige: in Dosen, Achtung: Billigmarken oft mit Mais-Sirup »gestreckt«!) oder auf den kostengünstigeren Mais-Sirup (Melasse) ausgewichen.

Honig (**wicáyajipa canhánpi** = »Stechbienen-Baumsaft«/a.: tuhmúnga canhánpi = »Summfliegen-Baumsaft«), einst nur von wilden Bienenstöcken sammelbar, dabei geräuchert wurde damals schon, zum Vertreiben der Bienen. Es heißt, man habe nie alle Honigwaben entnommen, um den fleißigen Bienen auch noch etwas zu lassen (es gab ja noch nicht die Möglichkeit, wie bei heutigen Imkern, die Tiere durch »Zuckerwasser« zu entschädigen).

Kiefern-Harz (**canshín** = Baumharz): quasi natürlicher »Kaugummi« (einst bei den Kindern beliebt), auch als »Hustenbonbons« verwendet. Man vergleiche: Auch hier in Europa, etwa in den Vogesen, wird noch bis heute austretendes Baumharz von Kiefern (Föhren) zur Bonbon-Herstellung genutzt (als sog. »*Sève de Pin*«). Es handelt sich also um eine uralte Nutzungsform dieser aromatischen Substanz. Die ätherischen Öle der Koniferen (Goldkiefern = **wazí can**, Am. Wacholder = **hanté**) wurden und werden auch für Aufgüsse für die rituelle Schwitzhütte (**inípi**) verwendet.

NB: Bei allen wild vorkommenden Tier- und Pflanzenarten sind UNBEDINGT die geltenden ***Schutz-Bestimmungen*** zu beachten: Etliche Arten der Flora und Fauna stehen unter Artenschutz und dürfen daher nicht der Natur entnommen werden! Da die Schutzlisten öfters aktualisiert werden (zumeist Aufnahme weiterer Arten auf die Artenschutz-Liste des Washingtoner Artenschutz-Abkommens) ist eine vorherige Erkundigung (vor Ort, Internet) unumgänglich! Zuwiderhandeln (etwa Pflücken von Wildbeeren und Pilzen) kann andernfalls empfindliche Bußgelder oder auch zollrechtliche Probleme nach sich ziehen! (das gilt auch für eine etwaig geplante Mitnahme von Adlerfedern, Tierfellen usw. auf der Heimreise, diese sind zumeist aufgrund des Artenschutzes streng untersagt!)

NB: Thema Artenschutz: Native Americans dürfen teilweise auch geschützte Tierarten jagen bzw. Wildpflanzen nutzen, da die eingeschränkte Jagd bzw. Nutzung für den traditionellen Eigenbedarf nachhaltig ist.

D) Getränke (wóyatke) traditionell:

Wasser
(**mni**), entweder als frisches Quell- und Bachwasser in den Bergen (z. B. **Pahá Sápa/He Sápa**, Black Hills[90]) oder – zumeist – leider nur als schlammig-trübes Wasser in den Plains (**obláye**), im Flusssystem des Missouri (**Mnishóshe**), das gehörte dann abgekocht. Im Winter wurde auch Schnee geschmolzen.

Kirschsaft
(**canpá hanpí**) aus Wildkirschen, auch rituell gereicht, galt und gilt als Symbol des Lebens. Auch als Beerensuppe bzw. deren Bestandteil. Andere Säfte wie etwa Apfelsaft (**taspán hanpí**) oder Orangensaft (**taspánzi hanpí**) haben sich erst mit der Küche der Weißen eingebürgert – die kleinen, holzigen Prärieäpfel sind einfach nicht saftig genug zum Saftpressen). Auch die heimische Büffelbeere und die seltenen Wildreben u. a. sind zu wenig, um Saft zu pressen und werden entweder frisch gegessen oder zu Gelee verarbeitet.

90 Als Gag kann ja ersatzhalber für Wasser aus den Black Hills hierzulande stilles Mineralwasser aus dem Black Forest = Schwarzwald verwendet werden, denn es stammt ja ebenfalls aus mineralreichen Quellen eines Mittelgebirges aus Urgestein.

Ahornsirup
(**canhánpi** = »Baumsaft«), meist zum Süßen verwendet, wohl kaum mit Wasser verdünnt getrunken. Das Gleiche gilt für *Honig* (**tuhmúnga canhánpi**)

Tee
(**wahpé kályapi** = »**erhitzte/aufgebrühte Kräuter**«) Es gab und gibt verschiedenste Kräutertees (oft zugleich als medizinische Heil-Tees, **pejúta**, gebraucht, so etwa der Rote Sonnenhut, **icáhpe hu**[91], der auch hierzulande schon Eingang in die Apotheken gefunden hat, sowie Tee aus Weidenrinde (**cohwánjica**) gegen Erkältung und Hagebutte (**unjínjintka**[92]) für die Versorgung mit Vitamin C. Dies gilt auch für diverse Arten von Minze (**ceyáka**), auch als Hustentee. Minz- Zweiglein können entweder frisch oder getrocknet mit heißem Wasser überbrüht werden. Eine Besonderheit ist die praktisch nur in Pine Ridge (**Wazí Ahánhan**) endemisch vorkommende ***Anis-Minze***, *Prairie Hyssop*[93], (**wahpé yatápi** = zu kauendes Kraut«), die außer als Tee zugleich auch als »Mundwasser/Zahnpasta« Verwendung fand, als Tee noch heute beliebt. Weitere Minzarten sind die **wahpé ceyáka** = *Mountain Mint*[94] und die **maká ceyáka iyéceca** = *Lemon Mint*[95]. Minzpflanzen zeigen übrigens Wassernähe an und wachsen daher meist an Bachläufen usw.

---

91 Die Lakota-Bezeichnung für den Roten Sonnenhut *(Echinacea purpurea)*, inzwischen auch hierzulande längst eine geschätzte Heil- sowie Zierpflanze, bedeutet »Peitschenstängel«, da man mit den leicht stachelköpfigen Stängeln auch Pferde antreiben konnte. Die Pflanze gehörte in die »Hausapotheke« der Lakota und wurde von Sonnenbrand bis Schlangenbiss für alles Mögliche verwendet, ihre abwehrkräftestärkende Wirkung ist unbestritten, auch in der modernen Medizin allgemein anerkannt.

92 Dieses Wort für »Hagebutte« wurde kurzerhand auch auf die Tomate übertragen!

93 *Agastache foeniculum*

94 *Pycnanthemum virginianum*

95 *Monarda pectinata*, die Lakota-Bezeichnung bedeutet »Wie-Erdminze«, mit »Erdminze« wiederum ist der *Lance-leaved sage* gemeint *(Salvia reflexa)*.

Heute allgemein verbreitet ist inzwischen der ***Kaffee,*** der mit den Händlern schon früh in Form von Röstbohnen oder gemahlen als »**pejúta sápa**« = »Schwarze Medizin« zu den Lakota gelangte und bei allen Plainsvölkern rasch als belebendes Getränk geschätzt wurde. Aufgebrüht wird er »**wakályapi**[96] = Erhitztes/Aufgebrühtes« genannt. Dazu gibt es natürlich extra die passende Kaffeekanne (**wíkalye**) bzw. den Coffee maker (**wóguonazeye**) mit Filter.

Téca:

Getränke wie Trinkschokolade/(**asánpi giyápi**), Bier (**mnipíga**) und (Rot-)Wein (**mnishá**) sind zwar bekannt, gehören jedoch nicht zum traditionellen Getränke-Sortiment. Sogar ***Smoothies*** sind inzwischen bekannt, wenn auch noch selten, daher wird auch auf diesen Trend kurz eingegangen (Kürbis-Smoothie).

96 Oft nachlässig »**wakalapi**« gesprochen

II.
Zutaten und Zubereitung im Detail

*NB: als »***téca*** = neu« sind hier alle Rezepte gekennzeichnet, die erst mit der »Weißen« Küche auch im Reservat Einzug hielten, etwa vermittelt durch Kochkurse im Haushalts-Schulunterricht. Traditionelle Gerichte sind im* **ehánk'ehan***-Stil, so wie seit jeher.*

Typisches von A–Z
(Übersicht, alphabetisch, hierzu dann diverse Rezepte):
> incl. Alternativen für Vegetarier/Vegane <

- Antilope => Gabelbock, Pronghorn, Ersatz-Produkt: Reh, Ziege/Veggie-Chunks (z. B. für Döner)
- Bison, Steak usw., Ersatz-Produkt: Bio-Rind (Weidetierhaltung!)/Vegetarisch: Veggie-Steak
- Buffalo Burger, Ersatz-Produkt: Bio-Hack (vom Rind)// Vegetarisch: Veggie-Hack
- Dörrfleisch: zumindest *Beef Jerky* auch hierzulande erhältlich, Ersatz-Produkt: (zumindest einigermaßen ähnlich): Veggie-Schinken
- Drei-Schwestern-Suppe => Three Sisters Soup: Kürbis, Mais u. Bohnen
- Ente/Gans => Wildente/- gans
- Fisch: Forelle, Katzenwels, Barsche, Aal, Ersatz-Produkt: Veggie-«Fischfilet/-stäbchen«
- Gabelbock => Pronghorn-Antilope
- Hase/Kaninchen, als Wild oder aus artgerechter Stallhaltung
- Hirsch (Kleinhirsch, Wapiti) => Wild
- Innereien => Kutteln, Herz, Leber
- Jerky => Dörrfleisch (pápa sáka), vgl. a.: => Pemmican (Bestandteil)
- Kürbis, bes. Gartenkürbis typisch

- Kutteln => Innereien (Magen)
- Leber => Innereien
- Mais, Maisgerichte, Maiskuchen, vgl. a. => Three Sisters (Bestandteil)
- pápa sáka (Dörrfleisch, jerky)
- Pemmican => wasná
- Pfannkuchen (NB: téca, neue/moderne Küche, doch US-typisch!)/Ersatzprodukt für Vegane: veganes »Eipulver« zum Backen verwenden
- Pilze & Zwiebeln
- Präriehuhn, Ersatz-Produkt: Fasan, Bio-Huhn/Veggie-Chunks »Chicken«-Art
- Prärierüben, Suppengrundlage, Ersatz-Produkt: Steckrüben (gewürfelt)
- Pronghorn-Antilope, Ersatz-Produkt: Reh, Ziege/Veggie-Chunks (z. B. »Döner«-Art)
- Pute => Truthahn
- Rohrkolben, Ersatz-Produkt: Bambus-Sprossen
- Three Sisters Soup (aus dem Osten), siehe=> Kürbis, Mais u. Bohnen
- Topinambur, a. hierzulande erhältlich, Ersatz-Produkt: Kartoffel, Süßkartoffel
- Truthahn, in der Prärie mst. Wildform, hierzulande vom Bio-Bauernhof/Ersatz-Produkt: Veggie-Chunks »Chicken«-Art/Geflügel-Geschmack
- Wasná = Pemmican, traditionelle Dauerkonserve
- Wild => Hirsch, Wildschaf, Pronghorn-Antilope
- Wildente => gleiche/ähnliche Arten a. hier erhältlich, a. Bio-Ente vom Geflügelhof/Ersatz-Produkt: Veggie-Chunks mit Geflügel-Geschmack (Typ »Ente«)
- Wildgans => dto.

- Wildschaf => Ersatzprodukt: Bio-Hausschaf (Freilandhaltung)/Ersatz.Produkt: Veggie-Chunks (»Döner-Art)
- Wurst (aus Wildbret), Ersatz-Produkt: Veggie-Bratwurst (bes. »Thüringer Art«, wg. der Kräuter)

*

Wapátapi: Bison/Rind portioniert, Filet & Co, kleine Steak-Kunde:

- ***Kopf*** (**ptepá**, Schlachter/Metzger bezeichnen das Fleisch pauschal als »Ochsenmaul«), bes. Zunge wird gegessen (Hirn wurde zum Gerben verwendet, hierzulande als »Brägen« gegessen), der gereinigte Schädel wird noch heute bemalt und für den Lakota-Altar auf duftenden Büffel-Salbei gebettet
- ***Halsstück*** (**tatáhu**, beim Bison besonders hoch!), da schwer zu zerlegen, werden Nacken und Bruststück oft zu »**tatáhpa**« zusammengefasst
- ***Hohe Rippe*** (**tacánhahake**, Teil über dem Schulterblatt, beim Bison der Buckel)
- ***Bug*** (**ta-áblo**, eigentlich der Teil ums Schulterblatt)
- ***flache Rippe*** (**tatúcuhu**, unterer Rippenteil, hinter dem Schulterblatt)
- ***Brust (*****tamáku**, der eigentlich »bugförmige« Teil, zwischen den Vorderbeinen, wo auch die Wamme ist), siehe a.: => Hals
- ***Filet*** (**tacánkoye**, Rinder-Rücken, schiere Fleischstränge entlang der Wirbelsäule, **ptetán**, der größte Rückenmuskel, Filetkopf), hieraus werden div. Filetsteaks geschnitten, z. B. ***»Tenderloin«*** usw., mst. ca. gut 200 g schwer und 2–3 cm dick, Bratzeit ca. 4–5 Min. pro Seite; streng genommen wird beim Schlachtgut noch zwischen dem eigentlichen Filet und dem Rumpsteak[97] unterschieden, das kräftigere Muskulatur und einen schmalen Fettrand hat, der nicht abgeschnitten, sondern eingekerbt wird, damit sich das Fleisch beim Garen nicht wellt.- ***T-Bone-Steaks*** sind Kotelett-Stücken, von denen das Fleisch nicht vom Kno-

97 Von dort stammt auch das Roastbeef

chen gelöst wird (wie beim ***Entrecote***), sondern das Knochenstück nicht abgeschlagen wird, an dem das Filet hängt, daher auch die T-Form. ***Porterhouse-Steaks***: aus der Rückenmitte, samt Knochen und Fett *(**Sirloin-Steak**)*[98], *Lendenstück*.

- ***Bauchlappen*** (**nigé**[99], Teil hinter und unter den Rippen, der eigentliche Bauch, nicht zu verwechseln mit dem Pansen, **taníga**, der als einer der Teilmägen, **tezí**, zu den Innereien, **tashúpa**[100], zählt), Verwendung auch dieser Teile erhöht den Ausschlachtungsgrad
- ***Hüfte*** (**tanísehu**, Verlängerung des Filets oberhalb der Hinterbeine), von dort entsprechend die ***Hüft-Steaks***
- ***Keule*** (**sihéktatanhan**, »Hinterbeine«, zuweilen im Deutschen ungenau[101] als »Schwanzstück« bezeichnet), schieres Muskelfleisch (**cógin**), das je nach Muskel noch in **kaníyuwi**, Muskel innen am Oberschenkel, in der Fleischerei-Fachsprache: »***Oberschale***«; ***tasícogin***, «*(Kalbs-)**Nuss***« usw. unterteilt wird. Auch aus den schinkenartigen Keulen können Schnitzel und Steaks geschnitten werden.
- ***Schwanz*** (**tasínta**, Büffelschwanz, im Jargon der Schlachter/Metzger: »Ochsenschwanz«[102])
- »***Fleisch***« allg. wird als »**taló«** bezeichnet, in grobe Streifen geschnitten zum Kochen: **wósoso**, fein aufgeschnitten zum Dörren: **wakáblapi**.

98 Im Detail gibt es keine völlig übereinstimmenden Bezeichnungen, dieser variieren eher kulturell als anatomisch.

99 »Bauch«, allg., »Wampe«/a. Bauch samt Innereien

100 »Innereien, Gekröse, Gedärm«

101 Bezüglich dieses Teils herrscht eine babylonische Sprachverwirrung: am Genauesten ist noch die Bezeichnung als »Keule, Schlegel/Schlögel«, vs. »Schwanzstück, Tafelspitz« usw., die eher fantasievolle als präzise Benennungen darstellen.

102 Egal, ob vom (armen) Ochsen, vom Bullen oder von der Kuh

GARSTUFEN bei Steak (Grillthermometer, Beschaffenheit):

- ***Rare:*** 1–2 Min. (38°C), innen noch relativ kühler, roher, noch blutroter Kern, kaum beginnende Krustenbildung
- ***Medium rare:*** 2–3 Min. (54°C), warmer, roter Kern, leichte Krustenbildung
- ***Medium:*** 3 Min. (58–60°C), heißer, hellroter Kern, umhüllt von rosaroter Schicht, mittelbraune Kruste
- ***Medium well:*** 3½–4 Min. (60–64°C), rosa bis grauer, fester Kern, braune Kruste
- ***Well done:*** 4 ½ Min. (74–76°C), grauer, relativ fester Kern, dunkelbraune Kruste

*

Vorab-Bemerkungen

Wild

Es werden hier nur auch in Europa üblicherweise als »essbar« gewertete Tiere genannt, also weder Eichhörnchen[103] noch Präriehunde[104] (die oft zur ersten Jagdbeute kleiner Jungen gehörten, die sich schon mal mit Spielzeug-Pfeil und Bogen übten), auch keine Biber[105], Stachelschweine[106] o. Ä., auch sei darauf hingewiesen, dass viele selten gewordene Wildtiere dem Jagdrecht sowie den Bestimmungen des Artenschutzes unterliegen (z. T. Jagdverbot, ganzjährige Schonzeit, nur eingeschränkt erlaubte Jagd, etwa nach festen Schuss- oder Fangquoten, oft nur für Indigene als deren traditionelles Vorrecht usw.).

---

103 **Zicá** = »die Biegsamen, Flexiblen«, was auf Eichhörnchen ja besonders zutrifft.

104 **Pispíza** = »die Quiekenden«, da sie als Warnrufe pfeifen, ähnlich wie die verwandten Murmeltiere

105 **Cápa** = Biber, evtl. lautmalerisch, da sie platschend untertauchen

106 **Pahín** = »Struppiger Kopf«, da bes. am Kopf schopfartige Borsten, die Stacheln des Am. Baum-Stachelschweins sind weniger ausgeprägt als die des Afrikanischen, sie wurden früher gern zu Stickfäden verarbeitet (**wípatapi**, Stickerei mit eingefärbten Stachelschweinborsten).

Geweih (Weißwedelhirsch): daraus wurden Werkzeuge gemacht

Bison/Großwild:

- ***Bison, Indianerbüffel:*** (*allg./weibl.:* **pte** *etwa:* »Rind«, **Büffelbulle: tatánka**, *wörtl.: »großes Huftier«, oft allg. a.* als »**ptéhcaka** = schöne Rinder« bezeichnet)
  => *Ersatzprodukt:* Bio-Rinder aus Freilandhaltung (z. B. Schottisches Hochlandrind, Galloway; TIPP: Auch in Deutschland/Europa bereits Fleisch von Bison-Farmen erhältlich! So wird bereits Bisonfleisch etlicher regionaler Betriebe vermarktet; die Tiere werden in Freiland-Haltung gezüchtet.
- ***Wapiti(-hirsch):*** (**hehа́ka**, wörtl.: »verzweigtes Gehörn«, *die Hirschkühe werden* »**unpán**« *genannt*), NB: die engl. Bezeichnung »*elk*« bedeutet »Wapiti«, nicht etwa »Elch« (das ist »*moose*«, auf Lakota **hebláska** = »plattes Geweih/Schaufelgeweih«, der Elch kommt dort nur im Yellowstone/Gebiet der Rocky Mountains-Ausläufer vor)
  => *Ersatz-Produkt:* Rothirsch

- ***Weißwedelhirsch, Virginiahirsch*** (**sinté hánska**, *wörtl: »Langschwanz«, wobei das Wort »***ska*** = weiß« eher zufällig mit anklingt)*
  => *Ersatz-Produkt:* Reh, Rothirsch
- ***Schwarzwedelhirsch, Maultierhirsch*** (**sintésapela**, *wörtl: »Schwarzschwänzchen«, da nur die Schwanzspitze schwarz ist)*
  => *Ersatz-Produkt:* Reh, Rothirsch
  NB: Diese beiden kleineren Hirscharten, die einander ziemlich ähnlich sind und größenmäßig eher an robuste Rehe erinnern, werden von den Lakota oft pauschal als »**táhca** = schöne Huftiere = Wild, Schalenwild« bezeichnet, das entspricht in etwa unserer Bezeichnung für »Rehe« (die dort so nicht vorkommen).
- ***Dickhornschaf*** (**hécinshkayapi**, *wörtl.:* »Aus-dessen-Hörnern-man-Hornlöffel-macht«), Am Wildschaf, im Lakota-Gebiet nur im äußersten Westen (Ausläufer der Rocky Mountains)
  => *Ersatz-Produkt:* Mufflon (Wild), Hausschaf (Bio)
- ***(Pronghorn-)Antilope, Gabelbock*** (**ikpísanla**, *a.:* **nigésanla**, *wörtl: »Weißbauch«, »Weißflanke«, wegen der auffälligen Fellzeichnung; a.:* **tatókala**; *wörtl.: »Flink-Bock, flinkes Böckchen« oder a.:,* **táhcasanla**, *wörtl.: »Falbgelbes Huftier«)*
  NB: Die regional variierenden Bezeichnungen belegen schon, wie weit verbreitet einst die Gabelböcke waren, sie sollen noch größere Herden als die Bisons gebildet haben! Dieses in Amerika oft kurz als »*antelope*« bezeichnete Tier ist besonders interessant: Nicht nur, weil es nach dem Geparden das zweitschnellste Landsäugetier ist, sondern auch, weil dieser Hornträger zoologisch zwischen den Hohlhörnern (Rindern, Antilopen, Ziegen, Schafen, Gämsen usw., lebenslang wachsend behornt, sofern nicht hornlose Weibchen oder Rassen) einerseits und den Hirschen (jährlich geweihwerfend) steht. Es handelt sich also um keine Antilope im eigentlichen Sinne, die optisch ähnlichen Tiere sind mit diesen nur recht weitläufig verwandt.
  => *Ersatz-Produkt:* Hirsch, Reh

Als Beilagen sind gegrillte Maiskolben oder Topinambur sowie Prärierüben bes. geeignet, doch auch Kartoffeln oder Süßkartoffeln.

Geflügel:

- ***(Wilder) Truthahn, Pute*** (**waglékshun**, *vermutlich etwa: »gemustertes Geflügel«*) einheimische Art mit typisch schwarzgrün schillerndem Gefieder und gestreiften Schmuckfedern
  => *Ersatz-Produkt:* (domestizierter) Truthahn, »Pute« (Bio)
- ***Präriehuhn*** (**shiyó**, *etwa: »typischer Vogel«*)
- NB: Viele seltene Tierarten inzwischen geschützt! Artenschutz u. Jagdbestimmungen beachten! So ist das Präriehuhn fast ausgestorben, durch Umweltzerstörung und Überjagung, in den Reservaten kommt es meist noch vor, weil dort bestenfalls extensive und somit nachhaltige Landwirtschaft betrieben wird.
  => *Ersatz-Produkt:* Fasan, Bio-Freiland-Huhn
  Anmerkung: Die auffällige Balz der Präriehühner (ähnlich der des verwandten Birkwildes) hat dazu geführt, dass die Lakota Tanz und Musik u. a. auf dieses Tier zurückführen. So heißt die Lakota-Flöte, die oft zu einem Vogelkopf geschnitzt ist und oben ein stilisiertes Präriehuhn als »Reiter« trägt, auch »**shiyó tánka** = großes Präriehuhn«.
  Der Chinesische ***Jagdfasan*** wurde übrigens nach Amerika eingeführt und gilt heute als »*State Bird*« von South Dakota – eine Ehre, die eigentlich dem – selten gewordenen – Präriehuhn gebührt!
- ***Wildente*** (*mehrere Arten, allg.:* **magáksica**, *wohl etwa: »gedrungenes Geflügel«, womit Enten und Gänse bezeichnet werden, z. B. Stockente =* **pagónta**, *etwa: »Dunkelkopf«, a.:* **pasúblaska** *= »Plattschnabel«, etwa für die Art ruddy duck, Ruderente)*
  => *Ersatz-Produkt: Bio-Hausente, bes. »Flugente«*
- ***Wildgans***, *mst:* ***Kanada-Gans*** (**magásapa**, *etwa: »Schwarzes Wassergeflügel«, was auf den schwarzen Hals und die allg. eher dunkle Färbung anspielt)*
  => *Ersatz-Produkt:* Europä. Wildgans (Graugans), in Europa

heimisch gewordene Kanada-Gans, Hausgans (Bio, Freilandhaltung), NB: Wildgänse sind viel magerer! Kürzere Garzeit und mehr Begießen mit Fett/Öl!

- ***Eier*** (**wítka**): Vor Einführung des europäischen Hausgeflügels, wie Legehennen, Enten oder Gänse, wurden Eier nur gelegentlich von Wildvögeln gesammelt (etwa Wildgänsen und -enten). Während diese Wildeier bei östlichen Küstenstämmen zum festen Bestandteil ihrer Ernährung dienten, spielen sie bei den Lakota und ihre Nachbarstämmen eine untergeordnete Rolle. Die Küstenstämme hatten Eier in Vogelkolonien gesammelt und stets sehr fest gekocht, damit diese länger haltbar waren. Den Brutkolonien wurde nie mehr entnommen, als von den Tieren nachgelegt werden konnte. – Ein anderer Faktor ist, dass zu Zeiten des Kochens mit heißen Steinen die Eier bestenfalls abgekocht, in Suppe geschlagen und untergezogen oder evtl. auf heißen Steinen als Spiegelei gestockt werden konnten. Seit Einführung von Pfannen und Herd sind auch Eier sowie Eierspeisen fester Bestandteil der Ernährung geworden, wie überall in Amerika jedoch zumeist als Instant-Packungen für Pancakes beliebt.

Rupfen? Geflügel rupfen (**yushlá**[107]) sparte man sich früher oft, gerade bei kleineren Vögeln: diese wurden oft einfach in Lehm eingepackt im Lagerfeuer gegart (als eine Art Vorstufe zum »Römertopf« – beim Zerschlagen der Lehmkugel blieben dann die Federn meist einfach im gehärteten Lehm eingebacken stecken. Größere Vögel, etwa Wassergeflügel, wurden oft ebenfalls nicht gerupft, da man den sumpfigen Geschmack der tranigen Haut eh nicht schätzte – so wurden etwa Wildgänse oft einfach insgesamt abgehäutet, so dass Federn und Tran auf einmal entfernt wurden (sehr zur Freude der hungrigen Hunde ...), die Kehrseite ist dann allerdings, dass man eine gehäutete Gans praktisch nur noch kochen kann (was ja damals eh üblich war), da man sie zum Braten andauernd mit

107 **Yushlá** = »glatt/kahl machen«, ausrupfen (Federn, Haare, Kräuter usw.), 1. Sg. blushlá, 1. Pl: unyúshlapi

anderweitigem Fett bepinseln müsste, damit sie weder anbrät noch austrocknet.
Bei erlegtem größerem Federwild (etwa Truthähnen, Gänsen) wurden früher oft auch die Handschwingen abgehackt und getrocknet, um sie als Fächer oder auch Handfeger zu verwenden, etwa zum Asche kehren – diese Verwendung der noch befiederten Handschwingen von Gänsen gab es ja früher auch in Europa (selbst die Autorin hat als Kind auf dem Lande noch weiße, etwas mottenzerfressene Gänseschwingen gesehen, mit denen etwa Spinnweben aus den Ecken gefegt wurden.). Das Entfernen der Handschwingen hat auch den Vorteil, dass die fleischarmen Flügelspitzen sonst beim Grillen oder Braten im Backofen rasch schwarz werden und anbrennen, im Gegensatz zu den dickeren, langen Armschwingen, die zum Braten am Gargut belassen werden können oder getrennt als Gänseklein zubereitet werden.
Marinierte Flügel (bes. ***Chicken***) werden heutzutage auch als sog. ***»Buffalo Wings«*** zubereitet, wobei natürlich Büffel ja keine Flügel haben, sondern die scharf gebeizten Hähnchenflügel gegrillt und mit einer »typischen« Western-Sauce (BBQ-Sauce, die mit gegrilltem Büffel in Verbindung gebracht wird) serviert werden, und das überall in den USA als billige Delikatesse.- Heutzutage wird Geflügel dort ebenso wie in Europa zubereitet.
Gänseklein: Hals, Magen, Leber und Herz, evtl. auch die Flügel (dann auch komplett mit Spitzen möglich, weil sie beim Kochen ja nicht anbrennen sollen.
Früher wurden auch Kopf und Füße, gerupft und zerkleinert, meist mitgekocht, sodann das spärliche Fleisch von den Knochen abgeknabbert.
Gänseklein eignet sich auch als Füllung (Farce), dann aber natürlich ohne die knochenhaltigen Teile wie Hals und Flügelspitze usw.
NB: Geflügelknochen übrigens nie an Hunde oder Katzen verfüttern, da sie beim Zerbeißen spitz splittern! Also knochenhaltige Geflügel-Teile nicht als Tierfutter geeignet!

Als **Beilage** zu Geflügel eignet sich besonders:
(Wild-)Gänse/Enten > (Wild-)Reis, Rohrkolben (in jeder Form, je nach Saison; Ersatz-Produkt: Bambus-Sprossen), *Arrowhead-plant* (Pfeilwurz, Achtung: giftige Doppelgänger), also Pflanzen des jeweiligen Ökosystems, in dem das Wild erlegt wurde.
Präriehühner/Truthahn > Topinambur, Prärierübe, Indian Potato

Fisch

Naturgemäß ist die Weite der Prärie kein klassisches »Fisch-Land«. Fische gibt es eigentlich nur in den großen Flüssen (z. B. Missouri, **Mnishóshe** = »Schlammwasser«) oder den Bergbächen (etwa der Black Hills, **Pahá/He Sápa** = »Schwarze Hügel/Berge«), sowie in wenigen Seen bzw. Stauseen. Fische stehender Gewässer schmecken leider oft sumpfig. Im Gegensatz zur ausgefeilten Jagd-Technik bei der Bisonjagd (**wanáse**) gab es bei den Lakota, im Gegensatz zu Stämmen an der Küste oder den Großen Seen oder auch der Inuit, naturgemäß auch keine besondere Art zu fischen (**hoícuwa,** < **hogán** = Fisch + **kuwá** = jagen). Ob das Angeln mit Haken[108] (**hoíyupsice** = »womit man den Fisch springen macht«) erst mit den Weißen in die Plains kam, konnte die Autorin nicht eruieren; für Reusen waren die Gewässer zu schlammig. In den He Sápa gibt es einen Ort namens »***Spearfish*** = Hocápe«, offenbar wurden dort früher an den Stromschnellen größere Fische (Forellen) gespeert (< **capá**).

Erbeuteter Fisch: kleinerer Fisch wurde entweder auf Stöcke gespießt über dem Feuer geröstet oder, bei größeren Exemplaren, die sonst beim Garen zerfallen würden, in Blätter gewickelt in der Ascheglut gebraten oder auch gekocht. Ein Filetieren war wohl nicht üblich, da bei kleineren Fischen die Gräten, Flossen usw. beim Braten krosch werden, bei gekochten Tieren weich, große

108 Angelhaken indigener Völker bestanden mst. aus Horn oder Knochen, die Schnüre aus Sehnen oder feinem Flechtwerk von reißfesten Pflanzenfasern.

Fische waren selten (Hechte, kleinere Welse). Beim Schuppen **(yushlá**[109]) ist darauf zu achten, von hinten nach vorn mit dem Messer zu arbeiten, also »gegen den Strich« der Beschuppung (sofern vorhanden). Bei Barschen empfiehlt es sich, die stachlige vordere Rückenflosse mit der Schere kurz abzuschneiden. Möchte man einen Fisch filetieren, so schneide man zunächst hinter dem Kopf/der Brustflosse sowie am Schwanz (vor der Schwanzflosse) möglichst senkrecht ein, sodann beginne man den Fisch im Nacken (der dicksten Stelle), mit dem Messer einstechend, oberhalb der Wirbelsäule (Mittelgräte) entlang das Fleisch abzuheben. Frischen Fisch erkennt man übrigens daran, dass natürlich er kaum riecht[110], vor allem aber auch an den noch roten Kiemen und nicht eingesunkenen Augen, beim Kauf ist also darauf zu achten.

– ***Katzenwels*** (**hogánsapa**, *wörtl.: »Schwarzfisch«*, **hohásapa/howásapa**, »Schwarzhautfisch«, *auf dessen dunkle Färbung anspielend). »Catfish«* genannt wegen seiner schnurrhaarartigen Barteln. Hat keine Schuppen. Das Fleisch der Welse ist grätenarm, gut und lieblich, es ergibt ein gelbliches Filet. Besonders im Missouri und anderen schlammigen, trüben und langsam fließenden Gewässern zu finden.
  => *Ersatz-Produkt*: Der Amerikanische Katzenwels ist in Europa teilweise ausgewildert worden. Auch andere Wels-Arten können sehr gut als Filet verwendet werden, so der europäische Wels oder ***Waller*** sowie der ***Pangasius*** aus der Zucht in asiatischen Aquafarmen; letztere sollten allerdings Bio-zertifiziert sein, da sonst oft ein hoher Einsatz von Pestiziden und Medikamenten in Massentierhaltungsbecken erfolgt.

109 **Pashkú** = » glatt schaben«, d.h. Tätigkeit wie Fisch schuppen, 1. Sg. wapáshku, 1. Pl. unpáshkupi; vgl.: Fisch-Schuppe = **hopáshku**, (das o.g. Verb wird übrigens auch für »Nüsse knacken« verwendet, was ebenfalls als eine Art des »Schälens« interpretiert wird), nicht zu verwechseln mit der Lautsymbolik sinnverwandter Wörter wie »**paskú** = pellen, abschaben, Rinde entfernen, 1. Sg. wapásku, 1. Pl. unpáskupi.

110 **Hogánmna** = »Fischgeruch«; solchen stark riechenden Fisch nicht mehr verwenden!

- ***Regenbogen-Forelle*** (**hehogan,** *wörtl: Gebirgsfisch, a.:* **hogán gleglέga,** *»Gefleckter /Gesprenkelter Fisch« – NB: so wird aber verwirrenderweise auch der ebenfalls gesprenkelte => Hecht genannt -, die Forelle wird zuweilen wegen ihrer lebhaften Art-neigt bekanntlich zum Springen – auch als »***hogánwicashashni** *= quirliger/unruhiger Fisch« bezeichnet*). Bevorzugt klare Gebirgsbäche, die Regenbogenforelle begnügt sich auch mit trüberem Wasser. Grätenarm und recht mager. Geschätzter Speisefisch.
=> *Ersatz-Produkt:* Die ***Regenbogenforelle*** ist hier längst eingebürgert (ebenso wie die europäische ***Bachforelle*** in den USA, die dort als »*Brown trout*« stellenweise verbreitet[111] ist). Wahlweise lassen sich natürlich auch Bachforellen oder ***Saiblinge*** verwenden (auch in Amerika gibt es ja mehrere Forellen-Arten, wobei manche davon leider einen dramatischen Bestandsrückgang verzeichnet haben und durch Umweltzerstörung sogar teils vom Aussterben bedroht sind, wie die *Cutthroat*-Forelle, benannt nach ihren roten Kiemendeckeln. Daher lieber auf Bestände aus nachhaltiger Zucht ausweichen. Forellen ergeben ein sehr gutes und zartes Filet und haben als Frischwasserfisch den Vorteil, nie sumpfig zu schmecken.
Die übrigen Fischarten spielen keine große Rolle – das Land der Lakota ist eben kein »Fischland«. Erwähnt werden sollen hier daher die übrigen Fischarten, die auch in den Flüssen der *Great Plains* vorkommen, nur der Vollständigkeit halber wegen ihrer gelegentlichen Nutzung, auch heutzutage:
- ***Aal*** (**zuzéca hogán** = Schlangenfisch«, sehr fetter Fisch, grätenarm (praktisch nur Mittelgräte der Wirbelsäule), allerdings heutzutage oft schadstoffbelastet, zudem leider weltweit gefährdete Spezies. Die am Gewässergrund lebenden Aale werden eher mit Reusen als mit Angeln (Grundangelei) gefangen, beides bei den Lakota praktisch bedeutungslose Fangmethoden. Zudem kann

111 Während die Regenbogenforelle sich auch mit sauerstoffärmerem, trüberem Wasser begnügen kann, kommt die Bachforelle in Amerika mit etwas höheren Temperaturen klar als einheimische Arten wie die *Cutthroat*-Forelle, doch auch ihr setzt der Klimawandel Grenzen, denn ab einer bestimmten Temperatur wird auch warmes Wasser sauerstoffärmer.

es sein, dass der Aal aufgrund seiner Schlangenform als Speisefisch unbeliebt war, trotz seines festen und fettreichen Fleisches, zumal Aalblut giftig ist, was zwar beim Garen neutralisiert wird, jedoch zuvor beim Hantieren mit dem Fisch bei der Zubereitung zu Entzündungen im menschlichen Auge führen kann, wenn es versehentlich durch Berührung ins Gesicht gelangt.

- ***Am. Zander,*** »Glasaugenbarsch«, *wall-eye,* (**hozízila** = »Gelblicher Fisch«, wg. seiner olivgrün-gelblichen Tarnfärbung), hechtartig gestreckt, sehr gutes Filet, festfleischig. Flussfisch in größeren Flüssen wie dem Missouri, von Kanada südwärts verbreitet; wegen seiner Häufigkeit im Missouri (**Mnishóshe**, »Trübwasser«) und Umgebung zu *»state fish of South Dakota«* erkoren. Der merkwürdige Name »Glasaugenbarsch« bzw. *»wall-eye«* bezieht sich auf seine speziellen »glasigen« Augen[112], mit denen er wie eine Katze in der Dämmerung sehen und folglich auch in trübem Wasser (s. o.) jagen kann. Dieser Zander kann 70–90 cm lang werden, wird mit einem knappen Meter also recht groß. Das Fleisch ist von dem des Europäischen Zanders, mit dem er eng verwandt ist, geschmacklich praktisch nicht zu unterscheiden.
- ***Sonnenbarsch*** (**hogán blaskála** = »abgeflachter Fisch«, doch kein Plattfisch, da lediglich sehr hochrückig, also seitlich wie zusammengedrückt. Nur 15–30 cm lang, sehr stachlige vordere Rückenflosse schuppig. Wirtschaftlich bedeutungslos, eher ein Zierfisch.
- ***Hecht,*** Grashecht, Kettenhecht (**hoglégega** = »gefleckter Fisch«, NB: Da auch die gesprenkelte Forelle oft so bezeichnet wird, kann es zu Verwechslungen kommen. Mit den Bezeichnungen für Fische nahmen es die Präriejäger nicht so genau, im Gegensatz zu ihrer sonstigen Präzision bei der Artbestimmung.
- ***Weißfische*** (**hogán sánla** = »kleine Weißfischchen«)/***»Elritzen« (hogánscila = Winzfische, Kleine Fischchen«)***. Hierunter fallen verschiedenste kleine Karpfenartige. Auch unter europäischen

112 Die Fisch-Art leidet also nicht unter Linsentrübung, wie die englische Bezeichnung suggeriert.

Anglern herrscht ja eine verwirrende Namensvielfalt für die einzelnen Arten, etwa »Brachsen/Blei« usw. Diese grätenreichen Kleinfische wurden nur in Notzeiten gefangen, oder von Kindern, die Angeln u.a. Techniken des Fischens erlernen.

- Krustentiere: ***Am. Flusskrebs*** (**matúshka**, zu **-shka** = aneinander gebunden, bezogen auf die geringelten Hinterleibs-Segmente und gegliederten Beine). Der stellenweise sehr häufige Amerikanische Flusskrebs erträgt im Gegensatz zum Europäischen Edelkrebs auch schlammiges Wasser. Gelegentlich wird er gefangen und gekocht verzehrt, besonders in Gegenden, in denen auch Wildreis (**psin**) geerntet wird, also eher bei den Stämmen im Südosten.

  Muscheln (**pankéshka** = Schale, Abalone, Porzellan) und ***Schnecken*** (**wahácanka kic'in** = Schildträger) spielten für die Ernährung keine Rolle.

Pilze

Im Lakota ist hierfür kein Sammelbegriff vorhanden, da Pilze eher selten sind, weil diese feuchtigkeitsliebenden Lebewesen in der trockenen Prärie kaum geeigneten Lebensraum finden und nur wenige Arten in den angrenzenden Gebirgswäldern vorkommen, die den Lakota einst als Winterlager dienten, etwa die *Black Hills*, He Sápa.). Dort lebende ***Baumpilze*** (**cannákpa**, »Baumohr«, wegen ihrer seitlich herausragenden Form) wurden früher auch gelegentlich als Nahrung genutzt, sofern die Sorten genießbar waren.- Der einzige Pilz, den die Autorin auf ihren zahlreichen Reisen im Präriegebiet sah, war ein Riesenbovist *(puffball)* im östlichen Grasland nahe Chicago, wo die einst ausgedehnte Prärie beginnt. Da Bovisten auch einen Lakota-Namen haben, treffenderweise »**hokshícekpa**« (»Baby-Nabel«, wegen des nabelartigen Loches bei Freigabe der Sporen), muss es folglich auch dort Vertreter dieser Pilzgattung geben, zumal die Bezeichnung »Bovist« ja bereits auf ein Habitat hindeutet, in dem auch Rinderartige leben, was bei den Bisons ja der Fall ist. Ansonsten gibt es dort wohl fast nur noch Pilze auf verrottendem Holz, sog. **péta yuhála**

(»Kleine Feuerträger«, da oftmals wie Glühwürmchen[113] leuchtend«). **NB:** ***Achtung mit evtl. giftigen Doppelgängern!***

– ***Am. Seitling, »Baumohr«*** (**cannákpa**, wörtl.: »Baumohr«, *bracket fungus, Polypore,* wächst bes. an Stämmen des Eschen-Ahorns, *Box-Elder*),

NB: WARNUNG: Lt. Wikipedia *(Polypore > Uses)* gelte: »*Some species of bracket fungi are edible, such as sulphur polypore*«, als andere Nutzungsformen gilt »*... [it] is used in medicine .../as tinder*«. Die Verfasserin rät dringend, generell vom Sammeln nicht hinreichend bekannter Spezies abzusehen und lieber auf geprüfte Handelsware zurückzugreifen! Inwieweit man den Kenntnissen der Einheimischen vertrauen kann, hängt entscheidend davon ab, ob diese noch in ungebrochener Tradition erworben wurden oder sich erst wieder neu, etwa in Kursen, angeeignet wurden, in einer »*back to the roots*«-Bewegung. In dem Fall – meist ohne Zertifikate als Pilzkundler! – bleibt es reine Vertrauenssache – und somit persönliches Risiko!

=> *Ersatz-Produkt:* ***Austern-Saitling*** (kann ruhig aus Zuchtbeständen sein; auch Zucht-Container für den eigenen Anbau erhältlich)

Gemüse *(allg.),* ***Blatt-Gemüse*** (**watóto,** *wörtl: »Grünzeug«)*

Manches Gemüse (wie etwa Prärierüben) kann als Rohkost verzehrt werden, anderes hingegen (wie z.B. Bohnen) muss durch Garen/Kochen von evtl. Bitterstoffen[114]/ Giftstoffen befreit werden und ist roh ungenießbar! (jew. Rezept-Anmerkungen beachten). Für Grillgemüse gilt: Kompakte Gemüsesorten wie etwa Maiskolben oder Kartoffeln sollten vorgegart werden, bevor sie auf den

113 Glühwürmchen = **wanyéca** sowie Leuchtpilze *(phosphorescent mushrooms)* = **péta yuhála**, sind beide »Feuerträgerchen«, die kaltes Licht aussenden, das enzymatisch erzeugt wird, die Pilze bauen dabei Totholz und darin chemisch gebundenes Sonnenlicht ab, das durch die Fototynthese der Bäume dort gespeichert wurde. Glühwürmchen nehmen die Energie über ihre Nahrung auf.

114 Ein gewisses Maß an Bitterstoffen ist ernährungsphysiologisch wertvoll, da verdauungsfördernd, ein Übermaß hingegen beeinträchtigt den Geschmack.

Grill kommen. Pilze und Kürbis-/Zucchini-Scheiben hingegen können direkt auf den Grill. Bei Tomaten und Paprika muss man beim Grillen aufpassen, dass sie nicht »ankokeln« und schwarze Flecken bekommen, und somit nicht nur optisch weniger ansprechend wirken, sondern auch ihre Vitamine verlieren.

*NB: »**Three Sisters,** Die Drei Schwestern«:* ***Mais, Bohnen & Kürbis***: *Native Americans* wissen schon seit Jahrhunderten, dass sich der gemeinsame Anbau von Mais, Bohnen und Kürbis (s. u.) auszahlt: Die Bohnen finden an den Maisstängeln geeignete Rank-Hilfen, an denen sie emporwachsen können, dafür verbessern sie den Boden (wie man heute weiß, durch Naturdüngung vermittels der Symbiose mit Stickstoff-Bakterien (Rhizobien), die sog. Wurzelknöllchen bilden, in denen sie mit ihrer Wirtspflanze zusammenleben), und der Kürbis wiederum beschattet mit seinen ausladenden Blättern den Boden und schützt ihn so vor Austrocknung, auch er kann sich an den stabilen Maisstängeln emporranken. Die geernteten Früchte werden dann praktischerweise auch gleich zusammen gekocht (außer dem grünen Früh-Mais oder überzähligen Kürbis-Blüten, aus denen man Suppe zubereitet, damit die verbleibenden Früchte umso größer werden) – hier erinnert manches an die Mediterrane Küche, wobei ja jene, etwa die italienische Minestrone auf die ursprünglich amerikanischen Pflanzen zurückgeht und nicht umgekehrt, denn o. g. Pflanzenarten sind echte amerikanische »Ureinwohner«, auch wenn etwa manche Bohnenarten auch in anderen Teilen der Welt verbreitet sind.

NB: Achtung: Manche Wildbohnen-Arten sind giftig! Ohnehin sind alle Bohnen roh giftig, bei den Gartenformen werden die Giftstoffen indes durch den Kochvorgang neutralisiert. Also keine rohen Bohnen in Salate geben!

- Mais (**wagméza/wagmíza**, in diesem Wort scheint ein uraltes indigenes Wort für »Mais« – mis–, drin zu stecken!)
- Bohnen (**omníca**, etwa: »Ansammlung [von Kernen]«, da diese ja zumeist zu mehreren, teils zahlreich, in einer Schote liegen

- Kürbis (**wagmú**, etwa: »Verzwirnter, also: Ranker«, zahlreiche lokale Sorten: *pumpkin, squash*)
- **Wildreis** (**psin**, *nicht zu verwechseln mit:* **»pshin** = Zwiebeln«) *NB:* typisch für die Stämme weiter östlich, in Minnesota, die teils Wildreis bei der Ernte ins Kanu droschen und damit handelten
- *Art* **Wilde Pastinake, Shahíyela tatínpsila** = »Cheyenne-Prärierüben«, *White-flowered parsley* //**pangí hánska**, »lange Wurzelknolle«, *Wild Parsnip/a.:* (Garten-)**Petersilie** (*parsnip*) => *Ersatz-Produkt:* Pastinake *(für den Wurzelteil)*/Stauden-Sellerie *(für die oberirdischen Teile),* **NB**: Achtung: in Amerika wie Europa oft ***giftige (!) Doppelgänger*** solcher Doldenblütler! (z.B. Verwechslungsgefahr Wilde Möhre – Schierling!) Zudem oft wildwachsende Kräuter-Arten unter Naturschutz! Nicht selber sammeln, besser nur aus dem Handel/aus Gärtnereien beziehen! **NB:** Allgemein bei Kräutern, Früchten und Pilzen ***Achtung mit evtl. giftigen Doppelgängern!***

Wurzeln & Knollen **(huté & pshitó)**

Hier werden nur handelsübliche und nicht etwa artengeschützte oder nur schwer zugängliche Arten geführt, daher auch keine Wurzeln oder andere Bestandteile von Rohrkolben, Kalmus usw.

- ***Prärierübe***[115] **(tínpsila)**
  Die ca. radieschengroßen, hellen, nussig schmeckenden Prärierüben stammen von einer lupinenartigen Pflanze, deren Ernte[116] im oft trockenharten Boden der Plains sehr mühselig

115 Vgl. Wikipedia, Prärierübe *(Psoralea esculenta)*: https://de.wikipedia.org/wiki/Pr%C3%A4rie-R%C3%BCbe

116 Geerntet wurden die Prärierüben im Juni, der darum auch »**Tínpsila itkáhca Wi** = Prärierüben-reif-Mond« heißt. Die Reifezeit muss gut abgepasst werden, denn nach Ausreifen auch der Samenkapseln (nicht zum Verzehr geeignete, strohige Hülsenfrüchte mit kleinen, braunen Kernen) welkt der oberirdische Teil der Pflanzen zunächst ab und wird brüchig, und die Knollen sind dann schwer zu finden, auch wenn die Pflanzenbestände mehrjährig sind und im folgenden Jahr erneut austreiben. Die niedrige, krautige Pflanze (ca- 15–30 cm hoch) ist als Verdunstungsschutz leicht silbrig behaart und blüht blass lavendelblau, die handförmig zusammengesetzten, schmal-elliptischen Blättchen sind 5zählig gefingert und ähneln denen der Lupine.

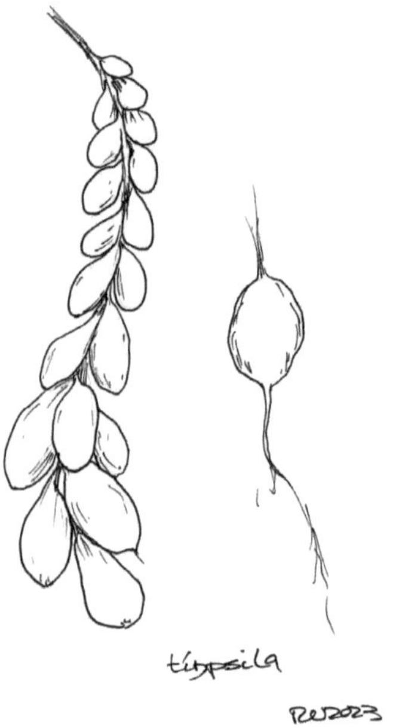

war, zumal sie früher anfangs mit Spaten aus Bisonschulterblättern ausgegraben werden mussten (Frauensache). Erst die weißen Siedler brachten Metallgeräte wie Spaten und Hacken mit, die dann im Tauschhandel erworben wurden. Prärierüben können frisch oder getrocknet und dann eingeweicht verzehrt werden; gedörrt wurden und werden sie als Dauerproviant zu »Zöpfen« geflochten, (**súnpi**), genau wie hierzulande auch Zwiebeln oder Knoblauch. Getrocknete Knollen wurden früher oft auch zu Mehl zerstampft. Daher wichtiges pflanzliches Grundnahrungsmittel für die Vorratswirtschaft. Da sie so typisch ist, wurden kurzerhand die von den Europäern eingeführten Nutzpflanzen mit Knollen oft ebenfalls als eine Art »**tínpsila**[117] (***turnip***)« bezeichnet: so z. B. **tínpsila shashá** = Radieschen (< **sha** = rot)/a.: Rote Bete[118], **tínpsila skaská** = (weißer) Rettich, Radi (< **ska** = weiß), zuweilen a.: **tínpsila zizí** = Karotte, Gelbe Rübe (< **zi** = gelb), diese jedoch mst. => **pangí zizí.**

=> *Ersatz-Produkt:* gewürfelte Steckrüben, etwa in Walnuss-Format zerkleinert entspricht das der Durchschnittsgröße der Prärierüben, a. (milder) Kohlrabi, geschmacklich mit Hasel-

---

117 Das Wort »**tínpsi(n)la**« leitet sich von < **tínta** = Ebene, Prärie her, einem archaischen*) Begriff für »**obláye** = Prarie, Plains«; + **psin** = stärkehaltige Körner, etwa Reis + -**la** = klein, also etwa: «Kleine Prärieknollen«. (*) Ein weiteres Wort für »Prärie, Wildnis« ist »**manítu**« – ob das wohl mit dem Algonkin-Wort »***Manitou*** = Großer Geist«, auf Lakota »**Wakán Tánka**« verwandt ist …?)

118 Rote Bete jedoch mst. => **pangí shashá**, zur besseren Unterscheidbarkeit der Knollenarten (vgl. a. Bsp. »Karotten«)

nuss-Schrot verfeinert, um die nussige Komponente zu erreichen. NB: Nicht geeignet sind Weiße Radis oder Radieschen! Nur die Form ist ähnlich! Alle scharfen Wurzeln passen geschmacklich nicht, dann notfalls schon eher weiße Mohrrüben (Pastinaken) oder Steckrüben (gewürfelt).
Frische Prärierüben können gewaschen und geschält entweder roh oder gekocht verzehrt werden. Prärierüben werden auch heute noch zu Zöpfen geflochten und getrocknet (ähnlich wie Knoblauch), in dem Fall sollten sie vor dem Kochen eingeweicht werden (das verkürzt dann auch die Garzeit).

- ***Topinambur***[119] **(pangí)**
  Diese mehrjährige Sonnenblumenart bildet Knollen; die Kerne hingegen spielen bei der Ernährung keine Rolle, im Gegensatz zur ***Einjährigen Sonnenblume*** (**wahcázi tánka** = »Große Gelbe Blume«), deren Kerne bekanntlich essbar oder auch zu Öl pressbar sind. (Dieser werden ebenfalls in der Prärie verzehrt, roh oder geröstet.)
  Ersatzprodukte sind nicht nötig, da Topinambur (»Jerusalems-Artischocken«) inzwischen schon regelmäßig auf europäischen Märkten angeboten wird und in Süddeutschland schon längst in den Gärten eingebürgert ist.
  NB: Von dieser Sonnenblumen-Art werden die kartoffelähnlichen Knollen verwendet, im Gegensatz zur Einjährigen Sonnenblume liefert sie dafür keine ölhaltigen, essbaren Kerne – die Biomasse wird eben entweder ober- oder unterirdisch als Vorrat gespeichert!
  NB: Analog wird die Karotte (aus Europa eingeführt) als »**pangí zizí** = wörtl.: gelbe Rübe« bezeichnet.

  Übrigens: ***Topinambur & BBQ:***
  Traditionell wurden verschiedenste Wurzelknollen BBQ-artig in einer ausgehobenen Grube im Boden gegart, die mit Steinen ausgelegt wurde, auf denen ein kleines Holzfeuer entfacht

119 Vgl. Wikipedia, Topinambur *(Helianthus tuberosus), benannt nach den Tupinambá (Brasilien):*
https://de.wikipedia.org/wiki/Topinambur

Topinambur, Blüten
(Art Sonnenblume)

Topinambur, Knollen (Ballaststoffe statt Stärke)

wurde. Sobald das Feuer heruntergebrannt war, verteilte man die Glut etwas ringsum mit einem Stock, legte das Gemüse hinein und bedeckte es mit der Glut. Obendrauf konnte man noch einige große Blätter als Abdeckung legen. Diese Grubengarung war bei vielen indigenen Völkern verbreitet, man kannte sie nicht nur in Mexiko (*barbacoa*!), sondern auch etwa auf Hawaii.

Die Saison für Topinambur (inzwischen auch in Süddeutschland angebaut, darüber hinaus auch z. B. in Italien) beginnt je nach Gegend ca. im September/Oktober. Sie ist inzwischen auch schon im Supermarkt erhältlich. Die Knollen sollten noch knackig sein, also nicht runzlig, dann sind sie noch frisch. Leider ist sie nur begrenzt haltbar, man sollte sie daher nach dem Kauf alsbald aufbrauchen, sie lässt sich im Kühlschrank auch einige (wenige) Tage lagern, am besten locker in ein feuchtes Tuch eingeschlagen. Da die Knollen unglaublich leicht ausschlagen, kann man sie sogar im eigenen Garten oder auch großen Pflanzen-Container nachziehen, es langt schon, ein paar Stücke mit den Vegetationspunkten (»Augen«) in die Erde zu legen und ca. 2 cm hoch mit Humus zu bedecken. Allerdings braucht sie zum Reifen recht sonnige und warme Standorte, ist aber in Süddeutschland frostfest. Auch Stauden, die nicht blühen, setzen Knollen an, zuweilen sogar kleinere Brutknollen dicht oberhalb der Wurzeln am Stängel; im Spätherbst geht der oberirdische Teil ein, die Pflanze ist jedoch unterirdisch ausdauernd und kann, ebenso wie die Kanadische Goldrute, die ebenfalls jedes Frühjahr wieder neu ausschlägt, auf diese Weise viele Jahre alt werden (frische Triebe etwa ab April/Mai, und das über mehrere Jahrzehnte hinweg!). Im Hochsommer bei Temperaturen über 30°C braucht sie allerdings recht viel Wasser, ist ansonsten aber anspruchslos. Topinambur ist eng mit der (Einjährigen) Sonnenblume verwandt, doch im Gegensatz zu dieser nicht nur mehrjährig, sondern auch etwas kleinblütiger. Dennoch kann die Pflanze etwa 3 m hoch werden und bildet dichte Bestände. Die sonnengelben Blütensterne sind sehr dekorativ.

Topinambur ist sehr vielseitig[120], kann roh oder gekocht verzehrt werden und enthält (anders als die Karoffel) keine Stärke, sondern viel ***Inulin*** (nicht: *Insulin, sondern ein Ballaststoff, daher auch für Diabetiker geeignet, da das im Magen aufquellende Inulin sättigt), der Blutzuckerspiegel jedoch dabei konstant bleibt). Zwar ist sie auch roh essbar, jedoch schmeckt sie dann leicht bitter und ist etwas glitschig, gekocht hingegen entfaltet sie einen leicht nussig-lieblichen Geschmack. Topinambur kann mit oder ohne Schale verzehrt werden, genau wie Kartoffeln (z. B. als Backkartoffeln zubereitet). Möchte man sie schälen, dann die Schale mit einem Gemüsemesser entfernen, man kann sie aber auch einfach mitsamt Schale dünn raspeln, da sie sich zuweilen recht schwer pellen lässt. Sie kann gekocht, auf dem Grill gegart oder auch in der Suppe püriert werden. Aus dünn gehobelten Scheiben, die mit Öl bepinselt werden, lassen sich im Backofen auch Chips machen (bei ca. 200°C, herausnehmen, sobald knusprig). Ganze Knollen kann man auch wie Kartoffeln weich dünsten und als Beilage servieren.

- ***Indian Potato, Groundnut***[121] (**blo**)
  Die Wurzelknollen dieser Wildpflanze wurden traditionell für die Vorratshaltung genutzt, sind aber heute schwer erhältlich und kommen auch nicht überall vor. Zumeist wurden sie getrocknet und wohl auch zu einer Art Mehl vermahlen, auch sollen sie in Ahornsirup (*maple syrup*, **canhánpi**) eingelegt worden sein, vor allem von Stämmen des Ostens, denn Zuckerahorn wächst ja nicht in der Prärie (nur weiter westlich, im Vorland der Rocky Mountains, der weniger ergiebige Eschen-Ahorn, der auch von den Lakota entsprechend verwendet wurde.) Natürlich konnten diese Knollen auch gekocht werden, ein Verzehr roher Knollen ist nicht zu empfehlen, da sie dann schwach giftig sind, was erst durch Kochen oder Trocknen neu-

120 Vgl. z. B. ndr.de/ratgeber, Topinambur: Vielseitige Knolle mit viel Geschmack

121 Vgl. Wikipedia: https://en.wikipedia.org/wiki/Apios_americana

tralisiert wird. Überhaupt ist bei vielen Wildpflanzen von einem Verzehr in roher Form abzuraten.

Heutzutage werden in der modernen Küche anstelle der ***Indian Potato*** die Kartoffeln aus dem Supermarkt oder eigenen Gemüsegarten verwendet, dieses Nachtschattengewächs stammt aus Peru und wurde bekanntlich schon von den Inkas kultiviert. Die Bezeichnung »blo« wurde dann einfach auf diese »neuen« Kartoffeln übertragen (das Wort bedeutet ohnehin einfach »Knolle«, egal, ob es sich um einen knollenförmigen Hügel, knoll, oder eine rundliche Wurzel handelt).

Zubereitung: Wie Kartoffeln und Süßkartoffeln (bei Topinambur ist die Garzeit oft anders), in reinem Wasser oder Salzwasser kochen oder auf dem Grill garen.

- ***Wildzwiebel*** (**pshin**, in Amerika zahlreiche Arten, sie gaben sogar der Stadt »Chicago« ihren Namen, in einer der dortigen indigenen Sprachen soll der Ortsname »Zwiebelfeld; Ort, wo [Wild-]Zwiebeln wachsen« bedeuten! Auch in der Prärie sind an feuchteren Stellen, etwa Bachufern, diverse Wild-Laucharten verbreitet, besonders zahlreich sind sie allerdings im Südwesten, wo sich einige Stämme direkt auf das Sammeln und Verarbeiten stärkehaltiger Knollen und Zwiebeln spezialisiert haben.
=> *Ersatz-Produkt:* Lauchzwiebeln, »Frühlingszwiebeln« (sehr gut ersatzhalber geeignet)

} Diese Arten sind alle traditionell, also seit früher – **ehánk'ehan** – bekannt und genutzt, neu – **téca** – hinzukommen natürlich heutzutage Sorten, die aus dem Supermarkt bezogen werden, etwa:

- ***Broccoli*** (**yuh'íya to** = »runzlig-gekräuseltes Grün(zeug)«
- ***Blumenkohl*** (**yuh'iya san** = runzlig-geräuseltes Helles (Kraut)«

Beide werden natürlich in der auch hierzulande üblichen Art und Weise zubereitet, also in Salzwasser oder Brühe ca. 20 Min. geköchelt, sodann ist der Sud mit Muskat (*nutmeg*) und evtl. auch Saurer Sahne (**asánpi niní**) abschmeckbar. Allerdings ist zu bedenken, dass die Armut oft dazu führt, wirklich den ganzen (!) Kohlkopf zu verwerten (was aus Umweltschutz-

Gründen auch generell empfehlenswert ist und den Geldbeutel schont), nämlich dass nicht nur die Kohlröschen (Blüten) gekocht und serviert werden, sondern auch der Strunk (Stängel) wie Spargel geschält wird und dann entweder in Scheibchen oder Würfel geschnitten mitgekocht (der Geschmack ähnelt dann Kohlrabi), sogar die Blätter werden gelegentlich noch mit verwendet, sofern sie nicht bereits gelb und welk sind; zumindest die inneren, zarten Blättchen werden wie Weiß- oder Grünkohl mitgekocht, die äußeren können, von evtl. vergilbten Stellen befreit, noch zerpflückt und ihre dicken, mittleren Blattnerven von zähen Fasern befreit werden (ähnlich wie bei der Zubereitung von Rhabarber), so dass sie Staudensellerie-Stangen ähneln (und auch ähnlich schmecken), die Zubereitung der äußeren Kohl-Blätter ist allerdings entsprechend mühselig und sollte sich nur auf nicht bereits ledrig gewordene, allzu faserige Blätter beschränken! Strunk und Blätter können dann mit den Blütenständen gemeinsam, aber auch separat gekocht und serviert werden (quasi als Kohlsuppe oder Kohlrabi-ähnlichem Gericht, auch mit angesehmter Brühe und einer Prise Muskat.

Auch ***Karotten*** (**pangí zizí** = gelbe Knollen), ***Gurken*** (**kunkún**), ***Tomaten*** (**unjínjintka**, *wörtl:* »Hagebutten), ***Radieschen*** (**tínpsila shashá**, »rote Prärierübe«[122]), ***Staudensellerie*** *(***canhlógan yulpíca**, »essbare Stängel«), ***Kopfsalat*** (**mashtínca-tawote**, wörtl: Kaninchen-Futter!), ***Erbsen*** (**omníca gmigmí**, *also:* »Kugelförmige Bohnen«) sowie andere als die einheimischen ***Bohnen***-Sorten (**omníca**) usw. sind im Handel erhältlich, haben aber nicht immer eigene Lakota-Namen, sondern werden unter den englischen Bezeichnungen verwendet (*celery usw.).*

Tomatensauce: **unjínjintka hanpí**, recht beliebt!

---

122 Aufgrund des viel schärferen Geschmacks der Radieschen werden sie allerdings auch als »**pangí pepé** = scharfe Knollen« bezeichnet, also einmal nach Aussehen und einmal nach Geschmack. Welche Bezeichnung sich letztlich einbürgern wird, bleibt abzuwarten, oft werden verschiedene Begriffe auch in den einzelnen Reservaten regional unterschiedlich verwendet.

Wildfrüchte:

- ***Am. Wildkirsche, Virginische Traubenkirsche***[123] (**canpá**) *Chokecherry* (= an der man sich leicht verschlucken kann, wg. der Kerne und des oft sauren Fruchtfleisches) Als einer der – relativ wenigen – pflanzlichen Vitaminspender der Prärie galt und gilt die Virginische Traubenkirsche als so wichtig, dass selbst ein Monat nach ihr benannt wurde: »**canpásapa wi** = Traubenkirschenmond, d.h. Juli[124], »der Monat, in dem die Traubenkirschen reif sind« – auch für Zeremonien eine bedeutende Zeit, da dann oft rituell Kirschkompott (**canpá wójapi**) gereicht wurde!

  NB: Achtung: einige andere Traubenkirschenarten sind wegen ihres hohen Blausäure- Gehalts giftig! Zudem potentielle Verwechslungsgefahr mit Tollkirschen, besonders, wenn Kinder Wildkirschen sammeln wollen, wovon unbedingt abzuraten ist. – Wildkirschen waren und sind Haupt-***Vitamin C***-Lieferant der Lakota, *siehe a.* => **wasná.** Sogar der Natur-Kalender der Lakota richtete sich nach der Reifezeit der Wildkirschen, so im »Wildkirschen-Mond = **Canpá sápa wi** = »Kirschen- schwarz-Mond«, wichtige Zeremonien wie der Sonnentanz (wiwányang wacípi) wurden und werden dann abgehalten. Die Kirschen werden bis heute vor allem zu => Kompott verarbeitet, auch als feierliches Essen für Zeremonien verwendet. Die ***Kirschkerne*** wurden früher auch oft einfach aus den Gerichten ausgespuckt, die ähnlich wie der Schwäbische »Kersche-Plotzer« kurzerhand aus nicht entsteinten Früchten gemacht waren, um keinen Saft zu verlieren und mühsamen Aufwand zu sparen.
- ***Amerikanische Wildpflaume***[125]***, Am. Wildmirabelle*** (**kánta**) > frisch oder als Kompott, Kerne wurden von den Kindern auch als Spielsteine verwendet – daher heißen heute noch

123 Vgl. Wikipedia: https://de.wikipedia.org/wiki/Virginische_Traubenkirsche

124 In nördlicheren Gegenden oder in kühleren Jahren reifen die Traubenkirschen erst im August.

125 Vgl. Wikipedia: https://de.wikipedia.org/wiki/Amerikanische_Wildpflaume

die Spiel-Chips bzw. *gettoni* in den reservatseigenen Kasinos »**kánsu** = Pflaumenkern«!

- ***Büffelbeere, Buffalo Berry***[126] **(mashtíncapute,** *wörtl.:* »Kaninchenschnauze«, da sehr weich), frisch oder als Gelee, => *Ersatz-Produkt: Sanddorn (= sein europäisches Pendant)*
- ***Kanadische Felsenbirne, »Kanadische Felsmispel«, »Junibeere«, Saskatoon,* wípasukan** Die unterschiedlichen deutschsprachigen Bezeichnungen für diese nordamerikanischen Beerensträucher bezieht sich auf unterschiedliche Eigenschaften: »Kanadische Felsenbirne« verweist auf das rundliche Laub, wie bei Birnen; »Kanadisch« deutet auf das Hauptverbreitungsgebiet, doch findet sich dieser anspruchslose Strauch in mehreren nahe verwandten Unterarten[127] von Mittelkanada südwärts auch in der Prärie, sofern es dort nur hinreichend feucht und nicht zu heiß ist (bei Hitze vertrocknen die Beeren), also etwa an bewaldeten Hügeln oder in grünen Flusstälern. Die kleinen, kugeligen Früchte indes sind keineswegs birnenartig geformt, sondern ähneln viel mehr winzigen Mispeln oder eben Blaubeeren, die an langen, dünnen Stielen wachsen. Auch Geschmack und Konsistenz erinnern an Blau- oder Heidelbeeren. Sie sind reif, sobald sie blau bereift und nicht mehr rötlich aussehen (also mindestens dunkelviolett bis blauschwarz). Dann sind sie auch weich und saftig. Sie schmecken sogar ähnlich wie Blaubeeren, allerdings mit einer Marzipan-Note in den kleinen, mit essbaren Kernen. NB: Diese enthalten, wie z.B. auch Apfelkerne, geringe Mengen Blausäure, beim Verzehr in üblichen Mengen jedoch in unschädlicher Konzentration.- Die »Junibeere« wird hierzulande häufig als Zierstrauch gepflanzt, weil sie bereits Ende März blüht, in weißlichen, zierlichen Blütentrauben, bald danach erscheint das zunächst oft kupferrote, später frisch grüne Laub. Die blaubeerartigen Früchte

---

126 Vgl. Wikipedia:
https://de.wikipedia.org/wiki/B%C3%BCffelbeeren

127 Vgl. z.B. Wikipedia:
https://de.wikipedia.org/wiki/Felsenbirnen

reifen (je nach Jahr und Gegend) in der Tat meist um den Juni herum (daher bezeichnen viele Lakota diesen Monat auch als »Junibeeren-Mond«: **Wípazukan Washté Wi**). Auch das rötlichgelbe Herbstlaub ist ansprechend (laubwerfend). In den Plains werden Beeren von Wildbeständen gesammelt, während sie in Kanada teils sogar in Plantagen angebaut werden. Gegessen werden sie roh, auch als Kompott, als Ersatz für Blaubeeren in »Blueberry Muffins«, leider sind sie nicht lange haltbar. Frisch verzehren oder verarbeiten ist also angeraten. NB: Die Autorin kann dazu eine Anekdote berichten, die durchaus nachdenklich machen sollte. Als sie einmal hierzulande Junibeeren erntete, die als herrenlose Ziersträucher häufig in Parks und Grünanlagen gepflanzt werden, sprach sie ein älterer Herr besorgt an: »Wollen Sie sich vergiften?« Worauf sie seelenruhig entgegnete: »Nein, sehe ich so aus? Doch danke für Ihren Hinweis – nicht jeder ist ja so sachkundig, um essbare von giftigen Beeren unterscheiden zu können!« Worauf der Herr erleichtert meinte; »Dann ist ja gut! Ich hatte diese komischen Beeren immer für giftig gehalten! Ich wusste gar nicht, dass man die essen kann!« (Das unbedarfte Sammeln von Beeren und Pilzen ist naturgemäß nicht zu empfehlen – es ist vielmehr dringend davon abzuraten, solange man sich nicht bestens auskennt, da die Arten von Beerensträuchern natürlich genau bestimmen können muss. Auch die heutigen Apps sind nur eine Bestimmungshilfe, keine Garantie! Außer für »sattelfeste« Kenner ist also vom Sammeln generell abzuraten!)

- ***Amerikanische Blaubeere*** (**háza**[128]), selten, spielt in den Great Plains praktisch keine Rolle, nur in angrenzenden Waldgebieten. Heutzutage jedoch bes. in *Blueberry Muffins* beliebt.
- ***Wildapfel,** a.: **Weißdorn*** (**taspán**[129]). Besonders gedörrte Prärie-Äpfel und auch Weißdorn-Beeren (die aufgrund ihrer Ähnlichkeit auch einfach als »Äpfelchen« bezeichnet wurden, dien-

128 Zu: < **ha**, Haut, Pelle, Oberfläche; evtl.: »leicht aufplatzende Pelle« (< -za: »in Stücke«)

129 Zu: < **span**, dunkelrot

ten als vitaminreicher Wintervorrat. Später wurden auch im Backofen getrocknete Apfelringe (**taspán pusyápi**) verwendet, die man entweder so als gesunde Delikatesse verzehren oder auch in Wasser einweichen kann. Allseits beliebt ist der klassische »***Apple Pie*** (**Taspán opémnipi** = »Eingewickelter Apfel«).

- ***Hagebutte*** (**únjinjintka**[130]), Frucht der Prärierose. Wichtiger Vitamin-C-Lieferant (Hagebutten, a. getrocknet, in Tee). Allerdings ist die Wildrose der Prärie sehr klein und unscheinbar, die niederwüchsigen (oft kaum kniehohen) Sträuchlein liefern dementsprechend auch nur wenige und kleine Früchte.
- ***Sandkirsche***/(**tamníohpi hu/aúnyeyapi,** ***Ground Cherry,*** Bed. des 2. Lakota- Wortes unklar, angeblich sollte man sie nur »*facing the wind* = gegen den Wind« ernten, weil sie andernfalls bitter würden) => *Ersatz-Produkt:* handelsübliche sog. »Inka-Pflaume«, a. »Kap-Stachelbeere« genannt, da dort heute eines der Haupt-Anbau- Gebiete.
  NB: Achtung: einige dieser Nachtschatten-Gewächse sind ***giftig!*** Verwandt mit der reinen Zierpflanze »Lampion-Blume«.
- ***Wilde Johannisbeere*** (**wicágnashka**, wohl wg. der »froschförmigen« Blätter so benannt, ***gnashká*** = Frosch, vor Ort mehrere Arten, etwa Ochsenfrosch)
- ***Wilde Erdbeere*** (**wajúshteca, wazhúshteca, wazískeca,** *offenbar:* »Nordbeere«, selten, eher im nordöstlichen Waldland verbreitet), NB: viele Wild-Sorten im Gegensatz zur europäischen Walderdbeere und den veredelten Kultursorten nicht essbar
- ***Cranberry, Kranichbeere*** (**háza sha**, *etwa:* »rote Heidelbeere«, NB: eher im Osten verbreitet, in den Black Hills u. a. westlichen Gebirgen gibt es nur wenige preiselbeerartige Fruchtsträucher, doch sind *Cranberries* heute in jedem Supermarkt erhältlich, nicht nur in Amerika. So gehören sie auch heute zum festen Bestandteil der Kochkunst, etwa in Muffins. Auch als Ersatz für gedörrte Wildkirschen verwendbar. Vor der Verwendung

---

130 Entweder zu: < **jin** = aufrecht stehend, also die Hagebutten, oder zu < **jing** = niesen, da die Kernhärchen Allergien auslösen können («Juckpulver!«)

werden getrocknete Kranichbeeren zumeist kurz eingeweicht. **NB:** Achtung: in den Black Hills **(Pahá Sápa, He Sápa)** teils auch ***giftige*** Beerenarten, so die Bärentraube (**háza**), aus der als Medizinpflanze ein wertvoller Nieren- und Blasentee gewonnen wird, der allerdings nur im Bedarfsfall, maximal ca. ein halbes Dutzend Mal im Jahr für ca. eine Woche getrunken werden sollte (siehe Beipackzettel von Tees u. a. Medikamenten mit *uva-ursi*-haltigen Bestandteilen).

- ***Wilde Trauben*** (**cunwíyapehe,** *mehrere Arten, Fox Wine etc,* spielen im Lakota-Gebiet nur eine untergeordnete Rolle, häufiger indes als Rosinen => Ersatz-Produkt: normale Rosinen (Handelsware) (**cunwíyapehe púza** = *wörtl.*: »getrocknete Trauben«, oft scherzhalft auch als »**itúnkala ishtá** = Mausaugen« bezeichnet).
- ***Himbeeren/Brombeeren*** *(Black Raspberry)* – Da die Prärie eben waldarm ist, so sind dort auch nicht viele Beerensträucher beheimatet. Immerhin kennt man die **takánhecahu** = »Sehnenartige Rankenpflanze«.
- ***Nüsse und Beeren*** (**watókeca** = Wildbeeren, etwa: »Allerlei«, **waskúyeca** = Früchte, etwa: »Süßigkeiten«, für »Nüsse« existiert kein Sammelbegriff, da die Lakota bekanntlich nicht (mehr) im Waldland wohnten, wie ihre fernen Vorfahren; es gibt nur folgende Bezeichnungen für einzelne Arten:
- ***Erdnuss*** (nicht traditionell in den Plains, aber heutzutage allgegenwärtig): **yahúgapi** »mit dem Mund zu Knackendes«, zuweilen auch als Sammelbegriff für »Nüsse« allg. verwendet
- ***Eichel*** *(acorn,* Früchte verschiedener Eichen-Arten östlich und westlich der Prärie, doch so gut wie keine Vorkommen dort in den Plains): **úta**
- ***Haselnuss,*** *deren Fruchtfleisch:* **úmacho** (eher als Produkt, etwa gemahlen, denn als Sorte)
- ***Kiefernkerne,*** *Art* kl. »Pinienkerne« (**wazí can su**), wurden gelegentlich in strengen Wintern mühsam aus den Kiefernzapfen (**wazípinkpa**) geholt, wie es auch Wildvögel machen, und verzehrt. Da die Kerne zwar fettreich sind, im Gegensatz zu mediterranen Pinienkernen jedoch sehr klein, da es leichte, geflü-

gelte Samen sind, war der Verzehr dieser Kerne eher eine Hungerration[131].

- ***NB: Achtung** mit evtl. **giftigen Doppelgängern!*** Nicht alle Beeren sind essbar, neben ungenießbaren gibt es teils auch giftige Arten.

Sonstiges

- ***Ahorn-Sirup*** (**canhánpi**, *wörtl: »Baumsaft«*), von vielen Indigenen genutzt
  NB: Ahornsirup wurde (z.T. evtl. noch wird) im Lakota-Gebiet traditionell aus dem Eschen-Ahorn (*Box-Elder,* **canshúshka**) gewonnen, der Sirup ist indes weniger süß und ergiebig als der des Zuckerahorns, der allerdings nur im Osten der USA sowie nördlich, in Kanada, vorkommt
  NB: Bei Ahorn-Sirup sollte man auf Qualität und Reinheit achten – billige Ware wird oft mit Mais-Sirup gestreckt!
- ***Baumharz*** (**canshín**), früher kauten Kinder das austretende Harz der Bergkiefern als Kaugummi. Quasi auch natürliche Hustenbonbons wegen der ätherischen Öle. => *Ersatz-Produkt:* Pinien-Harz, in den Vogesen werden heute noch *Sève-de-Pin*-Bonbons angeboten!
- ***Echte Marsh mallows:***
  Während heutzutage fast jeder »*Marsh Mallows*« nur noch als Süßigkeiten kennt, weiß kaum einer, dass es sich ursprünglich, ganz wörtlich, um eine Art Malven (= »Mallows«) handelte. Diese wurden sowohl in der Alten wie der sog. Neuen Welt schon damals gern von Kindern verzehrt, fanden aber auch als Hustenmittel Verwendung, aufgrund ihrer Schleimstoffe. In Amerika wurde vor allem die Prärie-Malve oder Scharlach-Malve *(Hibiscus coccineus)* verwendet, in Deutschland bzw. Mittel- und Osteuropa vorwiegend die Art Echter Eibisch oder Sumpf-Malve *(Althaea officinalis)*, ferner die Wilde Malve, a. Käsepappel oder Rosspappel *(Malva sylvestris)*. Sowohl die

131 Bei den südamerikanischen Araukanern (***Mapuche***) hingegen stellten die Samen der dortigen Andentanne (Araukarie) ein Grundnahrungsmittel dar und wurden sogar zu Mehl vermahlen.

Blüten, Blätter samt Stängeln und Wurzeln, als auch die unreifen Fruchtstände sind essbar (und schleimig), von mild-nussigem Geschmack. Während die Pflanze gekocht u. teils anschließend gebraten wird, wurden die unreifen Fruchtstände (»*marsh mallows*, Pappelkäse«) früher von Kindern auch roh geknabbert. Wurzeln, Früchte oder eine daraus zubereitete Paste konnten auch auf Stöcken gespießt über den Feuer geröstet werden, daher die Tradition der »*marsh mallows*« als Süßigkeiten (heutzutage fast nur noch aus Schaumzucker). Sie sind übrigens weitläufig mit den ***Okra***-Schoten verwandt, die im Süden der USA in der karibisch beeinflussten Küche als Gemüse gegessen werden. In Europa erinnern sich ältere Leute (wie mein Vater, Jahrgang *1927) zuweilen noch an die sog. »Käsepappel« und deren Früchte, den »Pappelkäse«, was nichts anderes ist als die essbaren, käselaibartigen Fruchtstände der *Malva silvestris*. Die Früchte wurden früher oft auch zu Kinderbrei (»Papp«, daher »Pappel«, sie hat – außer ähnlicher Blattform – nichts mit dem gleichnamigen Baum zu tun) verarbeitet. Früher wurde sogar Konfekt daraus zubereitet (ein Rezept, das bereits den alten Ägyptern bekannt gewesen sein soll[132].

NB: Das Wort »Papp(-iger Brei) ist vielmehr sehr entfernt und weitläufig mit dem Lakota-Wort »**pápa** [**sáka**] = [gedörrtes] Fleisch« verwandt, denn zermahlenes Dörrfleisch war und ist ein Grundbestandteil für **wasná** = Pemmican[-paste]; es handelt sich hier also um ein uraltes Wort für ein breiartiges oder sonstwie »pappiges« Grundnahrungsmittel! Solche Jahrtausende alten Wortrelikte (sog. Kognate) aus einer gemeinsamen Ursprache in grauer Vorzeit lassen sich über alle Sprachfamilien und Kulturgrenzen hinweg immer wieder nachweisen (etwa Lallworte wie »Mama«, aber auch typische Laute wie das »schluckende« /l/oder /gl, g/etwa in »Milch«, »schlucken«, »Glottis = Kehle« usw. – letztere heißt übrigens auf Lakota ganz ähnlich wie im Lateinischen: »**loté**«!

132 lt. Wikipedia

Bei den Lakota wächst beispielsweise die damit verwandte o.g. *Scarlet mallow*, **heyóka tapéjuta** = Medizinkraut der Heyoka-Schamanen«, deren Schleimstoffe es diesem ermöglichen, unerschrocken Fleischbrocken aus der rituellen **shungóhanpi**-Brühe zu fischen, weil er sich mit dem schleimhaltigen Saft als Schutzfilm die Hände eingerieben hat. (NB: bei den Lakota war früher in gewissen Fällen ein (ritueller) Verzehr von Hundefleisch üblich, wie auch in Mexiko oder China, die Tiere wurden jedoch nicht eigens als reine Fleischlieferanten gezüchtet, sondern nur selten als Opfertiere verwendet, um durch die Spürhund-Fähigkeiten der Hundeseelen Kontakt zur Geisterwelt aufnehmen zu können.)
Die Früchte der meisten Malvenarten (sofern fleischig genug) können, auf Stöcke gespießt, über dem Feuer gegart werden, daher der Brauch. Beim Grillen von *Marsh mallows* ist darauf zu achten, dass der Stock/die Grillgabel ca. gut 20 cm über den Flammen gehalten werden muss und zum Bräunen gleichmäßig gedreht werden. Dabei aufpassen, dass die Marshmallows nicht in hochzüngelnde Flammen geraten und anbrennen. Darauf achten, dass sie weder direkt ins Feuer noch in Flugasche kommen. Die Garzeit von echten *Marshmallows* und den gleichnamigen, schmelzenden Süßigkeiten ist unterschiedlich! Sobald leicht goldbraun, vor dem Genuss kurz abkühlen lassen.

– ***Wüstenbeifuß, »Büffelsalbei«*** als Gewürz, vor allem aber als »Lakota-Weihrauch«, zum Abschrecken böser Geister (wird büschelweise getrocknet und abgebrannt)
– ***Süßgras*** (nur in Europa auch selten als Gewürz, etwa für Wodka, in den Plains vielmehr als »Lakota-Weihrauch«, zum Anziehen guter Geister (wird zu Zöpfen geflochten abgebrannt).

Und nun hinein in die gute Lakota-Küche und den Köchinnen und Köchen über die Schulter geschaut ...!

*

III.
Rezepte

Wild und Gemüse, Fleischgerichte

TIPPs zur Fleisch-Zubereitung:

A) *gekocht* (**shpanyánpi**)

Traditionell wurde frisches Fleisch (**taló**[133]) in den – wie auch immer beschaffenen – Kochtopf geworfen (**iyóhpeyapi**) und gegart (**shpanyánpi**). Beim Kochen (**ih'án**) sind folgende Dinge zu beachten:

Fleisch unter fließendem, lauwarmen Wasser kurz abspülen und ins kochende Wasser geben. Dann bildet sich eine Kruste, die den Fleischsaft drinhält, das Fleisch laugt also nicht aus. Wenn es mehr auf eine kräftige Brühe ankommt, dann kann man natürlich das Fleisch auch in kaltem Wasser ansetzen. (Früher wurde es wohl ins bereits von Steinen vorgewärmte Wasser gelegt). Kleingeschnittenes Suppengemüse (etwa Lauchzwiebeln, Karotten usw.) werden gleich mitgekocht, um der Brühe Würze zu verleihen (NB: Damals gab es ja kaum Möglichkeit zum Salzen[134], die Brühe hatte nur den Eigengeschmack der Zutaten, das muss heutzutage natürlich nicht mehr 1:1 umgesetzt werden.

Beim Kochen setzt sich oben ein Schaum aus Eiweiß ab, der wurde früher entweder mit einem flachen Hornlöffel abgeschöpft und gleich verzehrt oder untergerührt. Heutzutage kann man ihn entweder mit einer Lochkelle (Sieb) abschöpfen oder ebenfalls

---

133 **Taló** = Frischfleisch, im Gegensatz zu **pápa** = Dörrfleisch, **cogín** = Fleisch, a. Fruchtfleisch, Mark und natürlich zu **cehpí** = lebendem Fleisch/Körper. Das reine Muskelfleisch vom Wild usw. wird oft auch als **coníca** bezeichnet. Früher wurde auch das Ausgeschabte (**tahúwapahpe**) vom Gerben (**kpanyánpi**) der Häute (**tahá**) gegessen: Nichts wurde verschwendet.

134 Ob u. in welchem Umfang damals etwa Tauschhandel mit Salzbrocken von den Salzseen in Utah bestand, konnte nicht eruiert werden.

unterrühren; zum Wegwerfen ist das kostbare Eiweiß jedenfalls zu schade! (Wer mag, kann es ja mit Senf und Curry zu einer Paste mischen und als Brotaufstrich verwenden).

Das Fleisch bei starker Hitze ankochen und dann bei mittlerer Hitze weiter garen, dann wird es nicht trocken und faserig. Es ist gar, sobald es beim Drücken mit einem Kochlöffel nicht mehr nachgibt. NB: Nicht mit einem Messer o.Ä ins Fleisch stechen, weil ja sonst Fleischsaft aus dem Inneren ausläuft und es dann fade und hart wird.

B) ***gegrillt*** (**pasnúnpi**)

Früher wurde ja Fleisch über dem offenen Lagerfeuer geröstet (**guyápi** = gebräunt), zumeist auf einem spitzen Stock aufgespießt (**pasnúnpi**), zuweilen aber auch auf Kohlenglut (**kceyápi**) oder in heißer Asche (dann etwa in Maisblätter eingewickelt). Später wurde auch in Eisenpfannen gebraten (**ceúnpapi**). Wichtig ist, Folgendes zu beachten:

Wie beim Kochen, sollte das Fleisch sofort kurz größerer Hitze ausgesetzt werden, damit sich eine Kruste bildet und der Fleischsaft (**wahánpi**) erhalten bleibt (und auch nicht auf den Grill tropft)! Der Grillrost sollte zuvor gut mit Öl eingepinselt werden, damit das Fleisch nicht anklebt. Den Grill bereits vorwärmen, etwa 5–10 Min. vor Gebrauch einschalten (je nach Gerätetyp). Besonders authentisch werden die Gerichte mit dem Holzkohlegrill, doch auch ein Steingrill kann gute Dienste leisten.

Das Fleisch zuvor bestmöglich von Sehnen, Bindehautstreifen usw. befreien, auch Knorpel möglichst entfernen. Etwaige Fettränder (bes. von kotelettartigen Stücken) in regelmäßigen Abständen einschneiden (ca. alle 1–2 cm), damit das Fleisch sich nicht beim Grillen aufwölbt und ungleichmäßig wellt, wegen der unterschiedlichen Textur. Das erleichtert auch ein gleichmäßiges Durchgaren auf dem Grill. NB: Weder Fleisch noch Geflügel oder Fisch vor dem Grillen salzen oder mit salzhaltigem Grillgewürz bestreuen, denn sonst zieht das Salz den Fleischsaft heraus (Salz zieht Wasser!), und das Grillgut würde dann trocken, hart und zäh! Also: Salzen immer erst vor dem Servieren! (Pfeffer/Knoblauch hingegen kann schon vorher zugegeben werden, bei Paprikapulver muss man drauf achten, dass es nicht bei zu langem Grillen schwarz wird, das Gleiche gilt für getrocknete Kräuter (etwa Rosmarin).

Grillgut trocken (= entweder gewaschen u. sorgfältig mit Küchenrolle abgetupft oder notfalls/bei sehr frischer Ware ungewaschen), ungesalzen (s. o.) und etwas mit Öl bestrichen (am besten Maiskeimöl, Sonnenblumenöl) auf den (ebenfalls eingeölten) Grillrost legen. Nach der halben Garzeit wenden, möglichst erst würzen, sobald fertig (u. sofern nicht bereits mariniertes Grillgut; dies war früher eh unüblich).

Die ***Garzeit*** ist abhängig vom Fleischtyp (Rind, Geflügel, Fisch) und richtet sich auch nach der Größe und Dicke der Stücke. Auch hier gilt, wie beim Kochen: Nicht mit einem spitzen Gegenstand hineinstechen, damit nicht unnötig Fleischsaft austritt und auf dem Grill verzischt. (z. B. mit einer Gabel/Messerspitze/Stricknadel erst dann testen, wenn man schon ziemlich sicher ist, dass der gewünschte Garungsgrad erreicht ist; dann immer an der dicksten Stelle testen, denn wenn die durch ist, dann ist es der Rest ja auch); Geflügel muss stets ganz (!) durchgegart sein, während Liebhaber eines »blutigen« Steaks nicht so lange warten müssen … (je nachdem: *half done, well done*).

Richtwert (»Pi mal Daumen): Fleischstücke, die ca. 1 cm hoch sind, etwa 4 Minuten von jeder Seite grillen; Fisch ca. 3 Min. pro Seite, Geflügelstücke von ca. 100 g ca. 6 Minuten von jeder Seite grillen; die Richtwerte hängen aber stark vom Grillgerät ab, man sollte also möglichst ein Gerät verwenden, mit dem man bereits gearbeitet hat, um die genaue Gardauer besser einschätzen zu können (als Test kann man ja zunächst Gemüse grillen, etwa Maiskolben).

Rib-eye-Steak: die Knochen blieben dran

Kompaktere Fleischstücke müssen in sich geschlossene Muskulatur haben und daher möglichst länglich-tropfenförmig sein, damit keine locker herabhängenden Teile (etwa Fett/Bindegewebe) bereits verbrennen, während das Innere noch roh ist. Rückenstücke oder Keulen kann man am Spieß grillen oder auch zu Filets zurechtschneiden (was den Garprozess beschleunigt und vereinfacht.) Ob am Spieß oder auf dem Rost, hängt auch vom Gewicht des Grillguts ab, als Faustregel kann man sagen: Fleischstücke bis um 1 Pfund herum können noch auf den Rost (sofern erfahrene GrillmeisterInnen am Werk sind), schwerere Portionen hingegen lassen sich besser am Spieß garen (was allerdings Erfahrung benötigt, damit es auch richtig saftig durchgart).

*

***Bison-Steak, Büffelbraten vom Grill* – pte kceyápi, wakcéyapi,** auf Holzkohle/über dem offenen Feuer
Ersatz-Produkt: Bio-Steak vom Hausrind/Veggie-Steak.
NB: Auf solche Finessen wie »Steak weichklopfen« wurde früher verzichtet: War ein alter Büffel zäh, so hatte man wenigstens etwas zu kauen ...!

Zutaten:

für den Holzkohle-Grill werden benötigt:

- ca. 1,5 kg Holzkohle

Grillgut:

- 1,5 kg Bison-/Rindfleisch (z. B. *Rib-eye*, Lende usw.) in Scheiben oder im Stück
- 6 Lauchzwiebeln/kl. Gemüsezwiebeln (weiß oder rot)
- 1 EL Pflanzenöl (z. B. Sonnenblumen; NB: Raps kommt in der Prärie nicht wild vor)
- 1 TL gemahlener Salbei[135] (als Ersatz für Wüstenbeifuß)/zer-

135 Gartensalbei trifft den authentischen Geschmack genauer, obwohl er nicht näher mit Wüstenbeifuß verwandt ist, im Gegensatz zum Europäischen Beifuß. Man muss also abwägen, was einem lieber ist, die vergleichbare Geschmacksnote oder möglichst ähnliche Zutaten.

riebene Zweiglein Beifuß (ist mit dem Wüstenbeifuß verwandt, schmeckt aber etwas bitterer)
- eine Prise Salz, gemahlener Pfeffer (schwarz), beide erst am Schluss zugeben, beide sind bereits moderne Verfeinerungen
- evtl. etw. Knoblauch(-saft), auch früher kochte man ja mit knoblauchartigen Wildzwiebelgewächsen

Zubereitung:

Holzkohlegrill in Gang setzen. Sobald ein gleichmäßiges Feuer entfacht ist und die erste Flammenglut etwas heruntergebrannt, den ohne Salz, doch mit Salbei und oft auch Knoblauch gewürzten und mit Öl eingeriebenen Braten auf den Grillrost oder – bei großen Batzen – direkt auf die Glut legen (die rotglühende Holzkohle muss dazu mit dem Schürhaken gleichmäßig verteilt sein). Nach 10 Min./pro 500 g ist der Braten innen gewiss noch roh, bei eher 15 Min., dann immer noch blutig bis rosig, eben wie Roastbeef. Solange weiter garen wie bevorzugt. Dabei den Braten mit der Grillzange alle ca. 3–4 Min. wenden, damit er gleichmäßig gart und eine braune Kruste bekommt, ohne schwarz zu werden. Wer weniger scharf gegrilltes Fleisch bevorzugt, lieber auf den Grillrost legen – das vermeidet auch schädliche Rußstoffe!

Tipp 1: Besonders geeignet: *Rib-eye*-Steak, am besten als sog. »*Tomahawk*-Steak« (Hochrippe) mit dem armlangen Rippenknochen – das macht sich besonders rustikal und authentisch[136]!

Tipp 2: Am besten (wirklich authentischsten) vom Holzkohle-Grill!

Tipp 3: Als Beilage besonders geeignet: gegrillte Topinambur, gegrillte Maiskolben (vorgegart) oder auch gegrillte Kartoffeln (ebenfalls vorgegart, als »*patatas bravas*« grob zurechtgeschnit-

136 »Authentisch« und »stilecht« sollten eigentlich genauer unterschieden werden: ganz authentisch ist ein echtes Bison-Steak (auch vom hiesigen, europäischen Züchter), »stilecht« ist ein treffsicher nachempfundenes Gericht ja auch, wenn es bsp.weise vom heimischen Bio-Rind stammt (sei es nun Deutsch-Angus, Hereford, Schottisches Hochlandrind oder eine sonstige Fleischrind-Rasse, wichtiger ist die Weidehaltung.

ten[137]) oder grüner Spargel (gekocht, bestenfalls sodann ganz leicht angegrillt), als Ersatz für junge Goldruten-Stängel. – Tipp: Obwohl nicht ganz »stilecht«[138] (doch es soll ja auch nicht dogmatisch sein, sondern kreativ): Zu Steak eignet sich wunderbar ein Stück zerlassener Kräuterbutter!

Garzeit: Sehr abhängig von der Dicke des Steaks und auch dem Grilltyp (etwa Holzkohle-Grill) sowie der gewünschten Garung (innen noch roh/nicht), als Faustregel kann man sagen, dass ein *Rib-eye*-Steak ca. 10–15 Min. benötigt, mit Knochen (*Tomahawk*-Version) entsprechend länger. (Auch vom Knochenteil lässt sich noch Fleisch abschaben, also darauf achten, dass es nicht zu früh durch und dann bald schwarz ist, entsprechend wenden. Selbst kompakte Steakstücke als Braten sollten nicht dicker als max. 15 cm sein und dann am besten mehrfach durchstochen und mit Lauchzwiebel »gespickt« sein oder in dicke Steakscheiben geschnitten werden. Bei einer Garzeit von ca. 10–15 Min.

---

137 *Patatas bravas* (»Wilde Kartoffeln«) als BBQ-Beilage werden (ähnlich wie Orangenscheiben geformt) längs geschnitten, in etwa fingerdicke Stücke, mit Öl überträufelt/gebeizt und nach dem Grillen großzügig mit Steakgewürz bestreut. Die sauber von Erde reingewaschene Schale kann dabei ruhig dranbleiben und mit verzehrt werden. Ungeeignet hingegen sind Kartoffeln in Alu-Folie, da das Aluminium beim Erhitzen ungesunde Substanzen freisetzen kann.

138 Als die Indigenen um die Jahrhundertwende 19./20. Jh. in die ihnen zugewiesenen Reservate abgedrängt wurden, versuchte man, bei den Lakota die – von den Weißen fast ausgerotteten – genügsamen Bisons durch anspruchsvolle »Hochleistungsrinder« zu ersetzen und die nun sesshaft gemachten Lakota auf kleinen Farmen zur Land- und Milchwirtschaft zu bewegen. So erzählen Oglála Lakota-Älteste in Pine Ridge, ihre Großeltern seien in die Produktion von »*Cottage cheese*« (Hüttenkäse, »**asánpi sutá** = geronnenen Milch«) und Butter (»**asánpi wígli** = Milchfett«) eingewiesen worden – mit nur mäßigem Erfolg, denn die ständig durstigen Milchkühe (etwa Holsteiner Friese) brauchten einfach zu viel Wasser, um genügend Milch zu liefern (lt. rinderreich.de durchschnittlich ca. 60 Liter pro Tag, bei einer Milchleistung von ca. 30–50 Litern/Tag). Heutzutage ist man auf den Reservats-Farmen daher auf die Haltung von robusten Fleischrindern (bes. *Black Angus*) und Pferden (Mustangs) umgestiegen, die weniger Wasser benötigen, und hat sich natürlich wieder auf die Bisons rückbesonnen, die nun halbwild in stammeseigenen, geräumigen Bisonfarmen gehalten werden.

pro 500 g wird das Fleisch dann von außen schon kräftig dunkel, innen sollte es dann noch rosig bis im Kern blutig sein. Wer das nicht mag, lieber gleich als Scheiben auf den Grill legen!

TIPP der Co-Autorin: »Steaks scharf angrillen und dann indirekt grillen (mit Deckel), d.h. nicht über der Flamme, ziehen lassen, je nach nach Gargrad 10 bis 20 Minuten« (das gilt für »normale« Steaks, die dicken Batzen brauchen natürlich länger).

Tipp: Zuvor evtl. Fettrand in regelmäßigen Abständen einschneiden, damit sich das Steak nicht wellt. Würzen erst nach dem Grillen, weil Salz sonst Wasser zieht und Paprika/Blattgewürz zu schnell bräunen oder sich gar schwärzen könnte.

Marinieren ist in der Prärie übrigens nicht üblich, da oft keine Kühlschränke zur Verfügung stehen, in denen das Grillgut in der Lake durchziehen könnte.

TIPP: *Vegetarische/vegane Küche:* Wer ein Veggie-Steak auf »Büffel« trimmen möchte, wird natürlich keinen authentischen »Bison-Geschmack« erzielen, jedoch lässt sich ein veganes Steak durchaus auch etwas auf den »Wild-Geschmack« der Weiten der Prärie einstimmen: etwa durch Zugabe von Rosmarin-haltigem Steakgewürz (meist eine Mischung aus Rosmarin, Thymian, Paprika, Pfeffer, Salz und Zwiebelpulver und/oder Knoblauch). Der aromatisch-herbe Rosmarin-Geschmack (und Duft!) sorgt für eine entsprechend rustikale Note (ähnlich wie auch beim provenzalischen Kräuter-Lamm).

Übrigens kommen ja immer raffiniertere Veggie-Steaks auf den Markt, etwa mit Rote-Bete-Saft rotgefärbte Stücke, die durchaus in Textur und Geschmack echten Fleisch-Steaks ähneln.

Geänderte Garzeiten bei veganen Produkten beachten!

*

Büffelschwanz-Suppe – **tasínta hanpí**

=> Ersatz-Produkt: »Ochsenschwanz«, NB: Hausrinder haben wesentlich längere Schwänze[139], d. h. am Bisonschwanz ist nicht so viel Fleisch dran! Vermutlich wurde er daher früher gemeinsam mit anderen, fleischarmen und eher knochigen Teilen, wie den Beinen (**hu**), zusammen gekocht. Das Abnagen und Aussaugen der Knochen verlängerte den spärlichen Essgenuss.

Zutaten:

- 1–2 Bison-Schwänze, abgehäutet/1 Rinderschwanz vom Bio-Weiderind (ca. 500 g)
- ca. 30 g Rindertalg/Sonnenblumenöl od. Maiskeimöl
- 1 Lauchzwiebel/kl. Zwiebel
- ca. 1 ¼ bis 1 ½ l Wasser (am besten gleich als Gemüsebrühe)
- eine Prise Salz sowie frisch gemahlener Pfeffer (schwarz) oder Paprika
- optional: 50 g (möglichst frische) Champignons, geschnitten
- optional: 60 g Mehl (zum Abbinden als Sauce)
- optional: 1 »Schuss« Rotwein (ca. ½ Gläschen)

Zubereitung:

Bisonschwanz so biegen, dass er in den Kochtopf passt/längere Rinderschwänze evtl. mehrfach kleinschneiden (an den Wirbelgelenken) und im Fett mit der gehackten Zwiebel kurz im Topf anbraten, sobald leicht angeröstet mit dem gesalzenen Wasser/der Gemüsebrühe ablöschen. Kochen lassen, bis sich das Fleisch lockert und von den Knochen zu lösen beginnt. Weitere Zubereitung: klassisch (**ehánk'ehan**) = Knochen einfach drin lassen, Fleisch im Sud zum Abknabbern servieren. Modern (**téca**) = Das Fleisch von den Knochen lösen (in dem Fall kann man die

139 Vermutlich sind die verkürzten Schwänze eine Anpassung an ein ausgeprägtes Herdenleben: Wenn die lange Schwanzquaste des »Vordermannes« dem folgenden Tier vor dem Kopf herumwedeln würde, so würde das diesem bei der Flucht die Sicht versperren.

Schwänze zuvor schon mehr zerkleinern), Knochen herausnehmen und abgelöstes Fleisch im Topf zerschneiden (in mundgerechte Streifchen oder Würfel), Champignons dazu geben und mit Gewürz abschmecken, evtl. ein wenig Rotwein zugeben.

Europäische Variante: mit einem Lorbeerblatt kochen und Sauce mit untergerührter Creme fraîche verfeinern.

Kochzeit: ca. 3 Stunden (daher rationeller im Schnellkochtopf)

*

Buffalo Burger – **taló yukpánpi** = »gehacktes Fleisch, Hack«

Ersatz-Produkt: Bio-Hack vom Rind/Veggie Hack/(NB: kein gemischtes Hack!)

Ehánk'ehan: In der traditionellen Küche spielte Hackfleisch keine besondere Rolle, Fleischreste wurden meist einfach als Einlage mit in eine Suppe geworfen. (Zudem war Frischfleisch, zumal zerkleinertes, damals ohne Kühlmöglichkeiten ja leicht verderblich.)

Téca: Berühmt durch einen Hamburger Koch, der Auswanderer mit Bouletten in Brötchen versorgte, hielt der »***Hamburger***« mit den Einwander-Wellen in Amerika Einzug. Die US-Küche ist ohne Fastfood mit Beefsteak und Pommes frites (**blo ceúnpapi**, *French Fries*) kaum noch denkbar – mit allen Konsequenzen.

Bouletten oder Burger? Während Bouletten (Frikadellen) zumeist mit Ei und Semmelmehl gemacht werden, setzt der *Burger Patty* rein auf den Fleischgeschmack und verzichtet daher auf die Beimischung von Mehl, zumeist auch auf die Zugabe von Ei. Zu bedenken ist aber, dass Fleisch von Hausrindern[140] haltungsbedingt fetter ist (ca. um die 25% Fettgehalt) und daher die Patties von alleine besser zusammenhalten als beim mageren Bison, daher sollte besser bei Büffelhack pro 500 g Hackfleisch 1 Ei als

140 Für Patties aus Hausrindern werden meist ältere Milchkühe verwendet, deren Milchleistung nachlässt und deren Haltung sonst unrentabel würde. Das Fleisch ist daher immer noch recht mager.

Bindemittel untergemengt werden, damit die Patties nicht auseinanderfallen. Semmelbrösel haben im echten Buffalo Burger allerdings nichts zu suchen.

Hier mal ***Buffalo Burger, taló yukpánpi,***
mit der Variante **blo ikcéguguyapi**, »***patatas bravas***« = wild (geschnitzelte) Kartoffeln« (statt Pommes frites) als Beilage, wie sie in der Tex-Mex-Küche (**Spayóla wóyute**) bekannt sind:

– *für 4 Portionen* –

Brötchen:

– 4 Burger Brötchen (*Bun*, gekauft, oder selbst gemacht, *siehe* => Brot-Rezepte)

Burger Patties:

– 1 kg Hack* (Bison/Ersatzprodukt: Bio-Rinderhack, Weidehaltung (NB: kein gemischtes Hack verwenden! Das Rinder-Hack kann z. B. aus der Keule oder Schulter sein.)
*entweder fertig kaufen oder noch besser selbst durch den Fleischwolf drehen.
– Veggie: aus Sojahack, Linsen u./o. Haferflocken, a. Kidneybohnen sind geeignet, schon durch ihre rote Farbe). Auch Gemüsebratlinge (fertig erhältlich) sind geeignet.
– 1 gestrichener EL Salz (wichtig: erst nach Formen der Patties salzen!)
– 1 gestrichener EL Pfeffer (schwarz, frisch gemahlen)
– 1 EL Zwiebeln (fein gehackt/granuliert)
– 1 EL Knoblauchsalz/Selleriesalz

Belag:

– 1 kl. Kopfsalat
– 4–6 Fleischtomaten (in dünne Scheiben schneiden)
– 1 große Gemüsezwiebel (*evtl. a.* Röstzwiebeln), optional: frische/eingelegte Gurken (in feinen Scheibchen)
– optional (als eine Art »Cheeseburger«): 500 g Cheddar-Käse

(dieser ist typisch!/Ersatzweise: z.B. a. Emmentaler *oder* Edamer[141])
- BBQ-Sauce oder Ketchup (als Dressing), a. etw. Senf u. Mayonnaise
- Pfeffer und Salz (*am besten:* Steak-Gewürzmischung)
- Oregano, Estragon, Glattpetersilie/Korianderkraut, Knoblauchpulver (europäisch: a. Rosmarin, Thymian)
- 4 Holz-Spießchen (z.B. solche für Schaschlik)

Zubereitung:

a) Patties anfertigen:

O.g. Zutaten (Hack, Zwiebeln) noch ohne Salz u.a. Gewürze mischen u. Patties als Rohlinge formen, diese erst nach dem Formen salzen, das Innere soll ja den unverfälschten Fleischgeschmack behalten und keinen Fleischsaft durch das Salz ziehen. Dann gleichmäßig flache, runde Scheiben formen/pressen (ca. 1–2 cm dick und ca. 10 cm Durchmesser, das entspricht etwa 120–150 g Fleisch pro Patty). Erst dann an der Oberfläche würzen (Pfeffer und Salz).

TIPP: zum Formen eine Burgerpresse (Hamburgerpresse) verwenden.

Möglichst Patties noch für 1 Stunde im Kühlschrank kaltstellen, am besten erst danach würzen.

Die Patties bei hoher Hitze entweder grillen (bei ca. gut 220°C, pro Seite ca. 3–4 Min.) oder in wenig Öl krosch braten (ca. 5 Min. pro Seite, als Öl ist bes. landestypisches Sonnenblumenöl geeignet, auch Maiskeim, notfalls auch Raps (untypisch in der Prärie), jedoch nicht leicht rauchendes Olivenöl oder schnell schwarz werdende Butter, bestenfalls Butterschmalz. Am besten in einer Edelstahlpfanne). Da sich die Patties beim Garen wölben, am besten in der Mitte etwas dünner machen (ganz leicht eindrücken).

141 Edamer zerfließt bei Wärme weniger schnell als der ähnliche Gouda.

b) *Burger zusammenstellen:*

Frische oder kurz aufgebackene Brötchen aufschneiden, zuerst ein paar große Salatblätter als Unterlage auf die Unterhälfte des Brötchens, sodann ein noch warmes Patty (notfalls auch mal eine Boulette, s. u.), mit Zwiebelringen/Röstzwiebeln und Tomatenscheiben dazu, etwas Sauce darangeben, darauf optional eine Scheibe Cheddar, auf alles die Oberseite des Brötchens als Deckel legen und diesen mit einem Holzspieß fixieren.

NB: Wer oben mit Käse abschließen möchte, kann zunächst das Salatblatt auf die untere Brötchenhälfte hinlegen und den Patty darauf betten. Wer oben nicht mit Käse abschließen möchte, der kann auch das Salatblatt oben hinlegen, in dem Fall eignet sich besonders krauser Salat (z. B. Lollo bianco, hellgrün/Lollo rosso, rötlich), da dieser dekorativer ist.

(für 4 Personen)

Veggie-Variante: vorgefertigte ***Veggie-Burger*** statt Fleischpatties verwenden und nach Prärie-Art mit Salbei würzen.

Hier vollständigkeitshalber auch das Grundrezept für ***Frika(n) dellen/Bouletten*** (ebenfalls als »**taló yukpánpi** = Hackfleisch« bezeichnet):

Durch den Fleischwolf gedrehtes Rindfleisch, pro Pfund plus ein Ei sowie einige EL Semmelmehl/Semmelbrösel. Der Fleischanteil muss in jedem Fall eindeutig überwiegen. Gehackte Zwiebel sowie Petersilie/andere Kräuter untermengen, nach Belieben mit Pfeffer und Salz würzen. Sodann flache, runde Teigstücken formen und in der Pfanne in heißem Fett beidseits anbraten (es muss bis innen durchgegart sein).

Zutaten:

- 1 kg Büffel- oder Rinderhack
  (Tipp: aus dem evtl. Rest Frikadellen als Vorrat machen, warm oder kalt verzehrbar)
- 2 Eier

- 3–4 EL Mehl/Paniermehl/Semmelbrösel, frisch gerieben
- Pfeffer u. Salz nach Geschmack
- evtl. a. Prise Rosmarin oder Chili oder Knoblauchsalz, je nach Präferenz
- Öl zum Braten (z. B. Sonnenblumen-/Maiskeim-Öl)

Zubereitung:

a) Hackbraten (Bouletten) zubereiten:

Hackfleisch mit Eiern und Mehl zu einem Teig verarbeiten, hier – im Gegensatz zum Patty – bereits die Masse pfeffern und salzen, die Hälfte der Gemüsezwiebel feinhacken und unterheben (die andere Hälfte für den Belag als Zwiebelringe aufbewahren, Tipp: schöne Ringe aus der Mitte als Deko aufheben und festere runde Randstücke kleinwiegen). Der Teig darf nicht zu klebrig oder bröckelig sein, sondern muss sich gut mit dem Löffel abstechen und zu Kugeln formen lassen, die auf einer Arbeitsfläche vorsichtig flach gedrückt werden, auf ca. ½ cm Dicke. Die Bouletten in der Pfanne beidseits anbraten, bis sie braun sind und beim Gabeltest kein klebriger Sud an den Zinken hängen bleibt. Mit dem Pfannenwender umdrehen, möglichst von jeder Seite nur einmal, damit sie nicht zerfallen. Sodann herausheben und Fett auf einem Küchentuch aus Papier abtropfen lassen.

Veggie-Variante: Die Bouletten bestehen aus Weizen, evtl. angereichert mit Erbsen- oder Lupinenmehl, als vegetarische Variante auch mit Hühner-Eiweiß, bei veganer Rezeptur ausschließlich aus Pflanzenstoffen, mit Zusatz von Pflanzenfasern (Zellulose) für die Konsistenz)[142]. Sogar Falafel-Bällchen sind oft geeignet, auch wenn sie eine typisch-orientalische Gewürznote haben,

142 Allg. werden für vegetarische Produkte ja hauptsächlich Weizen-, Erbsen- und Sojaproteine verwendet, dazu oft auch Reismehl, Kartoffelstärke, Hefe, Pflanzenöle wie etwa Raps-, Sonnenblumen- oder Kokosöl sowie div. Gewürze und Fruchtfasern (Zellulose), oft auch etw. Zitrone, gelegentlich zudem natürliche Farbstoffe wie Rote Bete als Zusätze. Vegane Rezepturen verzichten naturgemäß auf den Zusatz von Hühnereiweiß und Milchprodukten.

die zunächst wenig mit den Weiten der Prärie zu tun hat. Doch pikante Gewürze wie Kreuzkümmel kommen oft dem starken Wildgeschmack recht nahe. Zu beachten ist lediglich, dass Falafel-Bällchen nur zum Anbraten oder Frittieren, aber ja nicht gut zum Kochen geeignet sind, da sie dann rasch in Krümel zerfallen. Dennoch lassen sie sich kreativ statt in herkömmlicher Weise auch mal anders einsetzen.

Tipp: Auch Frikadellen (Bouletten) lassen sich notfalls für improvisierte Burger verwenden, obwohl ja Zutaten wie Mehl/Semmelbrösel in echten Patties (s. o.) eigentlich nichts zu suchen haben.

*

Bison-Eintopf à la Kyle (»Rindfleisch mit Nudeln«, Rinder-Ragout) – **pte taló wahánpi, agúyapi pagmún un kágapi**

Zutaten:

- ca. 500 g Bison/Bio-Rindfleisch (gewürfelt)
- 1 Packung Nudeln (am besten Schraubennudeln, a. im Reservats-Store erhältlich)
- 1 Suppenbund (Karotte, Porree, Sellerie, Petersilie)
- optional: 1 Handvoll Prärierüben (sofern verfügbar)
- ¾ l – 1 l Salzwasser/Gemüsebrühe

Zubereitung:

Das Fleisch mit dem zerkleinerten Suppenbund garkochen (je nach Beschaffenheit des Fleisches ca. 2 Stunden köcheln lassen). Nudeln erst dann hinzugeben, sobald Fleisch halbwegs gar, weil sie sonst zerkochen. Auch die empfindlicheren Teile des Suppengrüns, wie etwa Petersilie/zarte Grünstängel, lieber erst gegen Ende der Kochzeit hinzugeben, Sellerie und Porree/Lauchzwiebel sowie dicke Karotten hingegen können gern von Anfang an mitkochen.

*

Bison-Gulasch (europäisch inspirierte Variante) – **taló shpanyánpi**

Zutaten:

- 500 g Bison/Bio-Rindfleisch (gewürfelt)
- 200–250 g Lauchzwiebeln (kleingeschnitten)/Zwiebeln (gehackt)
- ca. 4 EL Öl (Sonnenblumen, Maiskeim)
- ca. 1–2 gestrichene El Paprika (edelsüß, bei Chili entsprechend weniger!)
- 1 gute Prise Salz
- etwas Salbei
- ¼ l Wasser
- optional: etw. Tomatenmark (2–3 EL)
- optional: 1/8 l saure Sahne

Zubereitung:

Fleischwürfel und gehackte Zwiebel in Öl anbraten, Fleisch sollte allseits etwas gebräunt sein, damit sich eine Kruste bildet. Gewürze und evtl. ein paar EL Tomatenmark dazugeben. Solange weiter braten, bis Zwiebeln gebräunt sind (nicht zu dunkel). Mit Brühe ablöschen und das Gulasch ca. 2 Stunden durchschmoren lassen, bis es gar ist. Sahne hinein rühren und mit dem Sud verquirlen, bis glatte Sauce entsteht.

Als Beilage eignen sich z. B. gekochte Topinambur oder Kartoffeln.

*

Büffelherz – **tacánta** (= »Herz des Wildes«)

NB: Bisonherzen (**tacánta**) sind größer und wirken kräftiger als die von Hausrinden, da die Tiere ganzjährig draußen freilaufend und (halb-)wild gehalten werden. Schon ein handelsübliches Rinderherz wiegt über 1 Kilo! (Das ist schon mal eine ganze Schüssel voll!) Das Büffelherz ist besonders muskulös, da Bisons als wandernde Herdentiere ein besonders leistungsstarkes Herz benötigen, vor allem,

Rücken (Hirsch, Reh, a. Lamm): zum Grillen gut geeignet

wenn sie auf der Flucht vor Wölfen oder Jägern im Sprint bis zu 50 km/h erreichen und auch im Dauerlauf Kondition zeigen.

Früher, so heißt es, wurden die Herzen eventuell wohl auch für Zeremonien (**wicóh'an wakán**) verwendet, sicher handelte es sich dabei um Dankgebete an die Büffelherden, wie auch beim Sonnentanz (**wiwányang wacípi**) und gewiss wurden die Herzen dann auch anschließend in einer rituell geweihten Suppe (wakán wohanpi) verzehrt. Mit Gewissheit überliefert[143] ist hingegen, dass die Herzen, zusammen mit anderen leicht verderblichen Innereien, zumeist gekocht und dann getrocknet wurden, evtl. auch geräuchert, um sie haltbar zu machen: »**Ehánni, taníga na tashúpa ko naínsh tapí na tacágu na tacánta kin lená kablápi na cosyápi**. = *In the old times, the buffalo pounch and also the intestines or the liver and lungs and hearts were sliced and preserved by boiling all of it all first and then drying it in the sun or in smoke*«[144]. NB: **cosyá** = »der Hitze aussetzen« kann sich sowohl auf »durch Kochen erhitzen« als auch – meist im Anschluss – auf Dörren oder Räuchern beziehen, ein Kombi-Verfahren, was besonders die empfindlichen Innereien haltbar machen konnte, also: »it was preserved by boiling and smoking«. Also wurde offenbar auch Herzfleisch damals vor allem in Scheiben gekocht und dann getrocknet oder geräuchert.

NB: Für den riesigen ***Pansen***[145] gilt das nur, soweit dieses geräumige Organ nicht zunächst als Kochtopf verwendet wurde, die

---

143 So hat die Autorin notiert; Feldtagebücher 2004/2005/2006: jew. August in South Dakota (vor allem Pine Ridge Indian Reservation sowie Chamberlain SD/Lower Brulé/Crow Creek Reservation), zudem daraufhin weiter Kontakte zu indigenen Freundinnen per E-Mail und Sozialen Netzen.

144 So u. ähnlich vor Ort bei Befragung von Informanten mitnotiert, vgl. a. div. Einträge im *New Lakota Dictionary* vom LLC, etwa zu den Stichworten »taníga«, »tacágu«, »cosyá« usw. (in der dort vorgeschlagenen Rechtschreibung), als empfohlener Abgleich mit einschlägiger Literatur (Lexika, Internet).

145 Der Pansen ist der 1. der 4 Mägen von Wiederkäuern, diese sind: 1. **taníga**, Pansen (»Wampe«), 2. **tíhamnamna**, Netzmagen (»Der Gekräuselte und Riechende«), 3. **tatápo**, Blättermagen (»Büffelkropf«), 4. **imnáhanhan**, Labmagen (»Der Sättigende«, wo ja z. B. auch die Milch gerinnt).

übrigen Teile hatten keine weitere Funktion, außer gereinigte Darmhäute und Blasen zur Herstellung von Würsten oder anderen Behältern. Rinder-Magen und essbare Teile des Darmes wurden (und werden in geringem Umfang) auch hierzulande als sog. »***Kutteln***« verzehrt (s. u.), allerdings ist es dann wenig üblich, sie mit Herz oder Lunge zu mischen, diese werden in der europäischen Küche eher separat zubereitet (z. B. Herzwurst, Lungenhaschee).

Die ***Herzen*** sind von groben Adern (gummi-artig zäh) sowie inneren Sehnen (Herzklappen) zu reinigen, auch das Fett sollte man abnehmen und diese Fettklümpchen lieber separat als Beigabe zubereiten (früher kam alles in einen Topf). Auch sollte das Herzfleisch erstmal ein paar Stunden gewässert werden, um es von Blutresten zu reinigen. Sonst können Geschmack und Konsistenz der Gerichte beeinträchtigt werden. Da Herz sehr feinfaserig ist, gehört es als Muskelfleisch zu den wertvollen Fleischtypen.

Prinzipiell kann man Rinderherz braten oder schmoren, als Steak oder Ragout zubereiten.

Variante: ***Büffelherz, Gulasch***

Zutaten:

- 1 kg Büffelherz/Ersatz: Rinderherz vom Bio-Weiderind
- optional: 50 g Rindertalg/fetter Schweinespeck (*zum Einreiben bzw. Spicken*)
- 100 g Talg/Butter/Margarine/Pflanzenöl (*zum Anbraten*)
- 3 Lauchzwiebeln/Zwiebeln (gehackt)
- Pfeffer und Salz (der Pfeffer möglichst frisch gemahlen)
- 1–2 Tassen Wasser/Brühe
- optional: ¼ l saure Sahne/Crème fraîche, 2 EL Mehl
- optional, europäische Variante: + 2 Lorbeerblätter, 1 Tasse Weißwein, 1 Spritzer Worcestersauce/Sojasauce zum Verfeinern

Zubereitung:

Kochfertig zubereitetes Herzfleisch in Streifen oder Würfel schneiden. Talg oder Margarine im Schmortopf erhitzen und die Fleischstücke im Fett anbraten (europäische Variante: Herzstücken zuvor mit Speck spicken). Gehackte Zwiebeln, Pfeffer u. Salz sowie gg.falls Lorbeerblätter (europäisch!) und Würzsauce hinzugeben und mit Wasser (europäisch: Weißwein) aufgießen. Das Herzfleisch zugedeckt bei gelegentlichem Rühren ca. 1–1½ Stunden gar schmoren (bei großen, kompakten Stücken kann es länger dauern). Zwischendurch kontrollieren, ob bei Bedarf noch weiteres Wasser nachgegossen werden muss, da der Sud beim Schmoren eindampft. Optional: Zum Schluss den Bratenfond mit in Sahne verquirltem Mehl/1 Becher Crème fraîche zu cremiger Sauce binden.

Variante: ***Büffelherz, gefüllt***

Üblicherweise werden Rinderherzen halbiert und gewässert, sodann von Adern, Blutresten und harten Herzklappen befreit. Sodann wird das Herz für gewöhnlich zerkleinert, so dass sich etwa steakartige Portionen ergeben, die dann im Ganzen, in Streifen oder gewürfelt weiter verarbeitet werden. Es gibt jedoch Vermutungen (die Überlieferung ist da nicht mehr so genau), dass früher ganze Herzen, ähnlich wie => Pansen, als natürliche »Koch-Beutel« verwendet wurden, in die dann die übrige, zarteren Innereien (wie Lunge, Milz, Brieschen = Thymusdrüse usw.) eingefüllt und dann mitsamt Herz in geräumigen Kesseln gegart wurden. Aufgrund der Größe eines Büffelherzens dürfte dies heutzutage eher unpraktikabel sein.

*

Bison-Suppe mit Kutteln **– taníga lolóbyapi**

NB: Kutteln wurden nicht wie hierzulande als »Saure Kutteln« zubereitet (Schwäbische Küche), sondern, da sonst zäh und geschmacksarm, nach dem notwendigen Vorkochen kurz mit Zwiebeln/Lauchzwiebeln und Talg/Speck angebraten und dann mit Gemüsebrühe abgelöscht und gargekocht. Beim Anbraten kann man zum Verfeinern etw. Knoblauchzehe hinzugeben, auch wenn es dann nicht mehr ganz »stilecht« ist, doch wurden ja früher auch knoblauchartige Wildkräuter gesammelt und zum Kochen verwendet.

Kutteln (= Rindermagen, vor allem Pansen, auch Netz- u. Blättermagen[146]) waschen, dabei gründlich reinigen, auch von anhaftendem Talg, und mehrere Stunden wässern. Tipp: vorbereitete Kutteln (Kaldaunen) beim Metzger kaufen, gg.falls vorbestellen. Kutteln in Salzwasser weichkochen (das kann mehrere Stunden dauern!), sodann in Streifen schneiden. Kuttelstreifen in Talg/Schmalz/mit Speck sowie den Zwiebeln/Lauchzwiebeln (u. gerne auch Knoblauch) andünsten, sodann mit Fleischbrühe ablöschen und mit Pfeffer und Salz abschmecken. Wer mag, kann mit einer dunklen Mehlschwitze mit Zwiebel abbinden und so zuende garen.

Europäische Varianten: mit Lorbeerblatt und Weinessig angesäuert (»Saure Kutteln«), als »Königsberger Fleck« hingegen mit Wurzelgemüse (Karotten, Petersilienwurzel) und optional Sellerie und mit Markknochen gekocht. Italienische und ungarische Variante auch mit Gemüse-Paprika.

*

Büffelzunge, gekocht – **tacéji lolóbyapi**

Die zarte, doch muskulöse Zunge gilt als eines der besten Teile, die Zubereitung erfordert etwas Zeit, damit das zarte, feinfaserige Fleisch nicht zäh wird, ein wenig Geduld ist also gefragt, um qualitativ gute Kochergebnisse zu erzielen.

146 In Europa gelegentlich auch Euter (**táza**)

Zutaten:

- 1 Büffel- oder (Haus-)Rinderzunge (möglichst von einer Bisonfarm[147] oder einem Bio-Bauernhof mit Weiderinderhaltung; Gewicht ca. 1,8–2 kg[148])
- 1 Markknochen (Krausknochen)
- 1 Bund Lauchzwiebeln (Frühlingszwiebeln)
- 1–2 l Wasser (je nach Größe der Zunge, muss beim Kochen bedeckt sein)
- evtl. (wer mag) 2–3 Wacholderbeeren

Zubereitung:

Markknochen mit gehackten Lauchzwiebeln (u. evtl. Wacholderbeeren, **hanté itká**[149]) aufkochen, bis Zwiebeln glasig. Dann Knochen (u. Wacholder) aus der Brühe entfernen und Zunge hineingeben, je nach Größe der Zunge durchkochen lassen, bis gar (Einstichtest, Abziehbarkeit der Haut). Zunge mit Schöpfsieb herausheben, auf tiefem Teller abtropfen und auskühlen lassen, dann die raue Haut vorsichtig abziehen (am besten geht es von hinten zur Spitze, am schlechtesten von unten her, wo die Haut dünner ist; von der Spitze her lässt sich zwar die Hautpelle gut abziehen, doch die zarte Zungenspitze könnte dabei einreißen). Dann je nach Wunsch in Scheiben schneiden oder würfeln und warm oder kalt servieren (Zungen-Stücken in der Suppe oder diese separat als Vorsuppe).

---

147 Bisonfarmen gab u. gibt es in Deutschland z. B. im Siegerland, am Bodensee, im Odenwald, in der Lüneburger Heide, nahe dem Steinhuder Meer – da sich die Anzahl der Bisonfarmen mit Direktvermarktung gelegentlich ändert, einfach aktuell im Internet recherchieren unter »Bisonfarmen in Deutschland«. Auch im europäischen Ausland gibt es »Treffer« bei der Internetsuche.

148 Gewichtsangabe gilt für das Schlachtgut ausgewachsener Rinder, die Zunge von Jungrindern ist dementsprechend nur halb so schwer.

149 NB: Zwar verwenden die Natives gelegentlich Virginischen Wacholder, dieser gilt jedoch, im Gegensatz zum europäischen, als giftig! Der europäische Wacholder ist hingegen in der üblichen Menge bedenkenlos verwendbar, sofern keine Allergie vorliegt.

Natürlich auch mit Instantbrühe, Pfeffer und Salz abschmeckbar, falls jemandem das Ur-Rezept zu fade erscheinen sollte (obwohl Zunge eine herzhafte Brühe ergibt). Vielen Gourmets gilt die zart durchgegarte Zunge als die größte Delikatesse, was Fleisch betrifft.

Garzeit: ca. gut 3–3½ Stunden! (= muss kontinuierlich durchkochen)

TIPP: Moderne, europäische Variante (wer der Rindszunge generell wieder auf den Geschmack kommt): gegarte und gewürfelte Zunge eignet sich exzellent für ***Zungenragout***, und dieses wiederum für ***gefüllte Pasteten***!

Die Mutter der Autorin pflegte eine alte, Königsberger Variante von gefüllten Blätterteig-Pasteten mit Zungenragout zuzubereiten.

Zutaten:

- 1 Rindszunge (ca. 1,8 kg)
- 1 Bund Suppengrün (Stück Sellerieknolle, 1–2 Karotten, 1–2 Porreestauden, mst. 1 weiße Pastinakenwurzel, frische Petersilienzweiglein)
- 1 Zwiebel (mittlere Gemüsezwiebel, weiß)

für die Mehlschwitze:

- ca. 30–40 g Butter
- 60 g Mehl

für die Füllung:

- gut 100–150 g Champignons (frisch/in Scheiben geschnitten oder 3. Wahl aus der Dose)
- oder: 50 g Champignons, 50 g Spargelstücke (Glas/Dose), 50 g Erbsen & Karotten (Dose)
- 1 Weinglas Rotwein/Madeira (optional)

Für die Pasteten: Am besten beim Bäcker vorbestellen! Es gibt auch Blätterteig-Pasteten aus Fertigteig zu kaufen, natürlich kann man sie auch selber machen, doch ist es schwer, die runde Hohlform mit den Hütchen selbst hinzubekommen.

Zubereitung:

Zunge (gewaschen, nicht abgezogen[150], ungesalzen) mit Suppengrün/Instant-Gemüsebrühe (oder Rindsbrühe) kochen (kalt aufgesetzt!). Erst nach 3 Stunden langsamen Durchkochens Zwiebel hinzugeben und mit etwas Salz (sowie passend a. Muskat) abschmecken. Garprobe: Wenn sich die raue Haut gut abziehen lässt, dann ist die Zunge gar. Gekochte Zunge dann beiseite stellen.

NB: Das mit der Zunge mitgekochte Suppen-Gemüse vor dem Zerkochen herausheben und mit etwas Brühe als Gemüsesuppe (Vorspeise) servieren, es können auch Pellkartoffeln oder Backerbsen hineingegeben werden.

=> *Für Ragout:* Zunge in fingerdicke Scheiben schneiden und in der Sauce (s. u.) leicht durchwärmen. NB: Die Zunge darf auf keinen Fall in der Sauce kochen, da sie sonst hart wird und sich die Zungenscheiben unschön krümmen.

=> *Für Pastentenfüllung:* Zunge in mundgerechte Würfel schneiden, diese dann ebenfalls in der Sauce (s. u.) nur noch leicht durchwärmen.

=> *Sauce:* Aus etwas Fett und Mehl eine helle Einbrenne machen/oder einfach: Fertig-Saucenbinder[151] verwenden (möglichst in Bio-Qualität), Mehlschwitze mit etwas Brühe ablöschen und auffüllen. Die Champignons, Spargelstücken und Erbsen-Karottenmischung dazu tun und in der Sauce langsam ziehen lassen. Die braune Sauce je nach Wunsch evtl. mit Madeira abschmecken.

=> *Pasteten:* Das Set Pasteten (mst. 6, d. h für 3 Personen je zwei) auf ein Backblech setzen, vorsichtig mit der Füllung bis knapp

---

150 Das Abhäuten der Zunge geht erst nach dem Kochen. Die besonders vorn rau-stachlige Zungenhaut lässt sich dann einfach abpellen. Nicht wundern: Im Gegensatz zu den hellen Hausrinder-Zunge ist die von Bisons meist lila, das ist keine »Blauzungenkrankheit«, sondern einfach die Farbe der Wildform.

151 Fertigsaucen haben meist den Nachteil, Palmöl aus Monokulturen zu enthalten. Darauf achten, dass das Palmöl aus nachhaltigen Kulturen stammt.

unter den Rand auffüllen, die Hütchen separat ebenfalls aufs Backblech legen (sie werden erst vor dem Servieren locker auf die Pasteten aufgelegt), und alles gemäß Backanleitung im Ofen backen (meist ca. 35–45 min; Füllung ist ja vorgegart, es geht hier nur noch um das Durchbacken und gleichmäßige Bräunen des Blätterteigs. Da dieser ja gefüllt ist, dauert das Durchbacken entsprechend länger als bei flachem Blechkuchen (dort mst. 30 min.).

TIPP: Wenn Füllung übrig bleibt, so kann sie ruhig auch als allein Ragout serviert werden. Einmaliges Aufwärmen nach ordnungsgemäßer Lagerung im Kühlschrank schadet dabei nicht.

Ehánk'ehan (traditionell): Früher wurde nach dem Erlegen eines Bisons oft großzügig portioniert. Besonders im Sommer musste alles schnell gehen, damit das Fleisch in der Hitze nicht verdarb und nicht von Fliegen befallen wurde. Der von den Männern (mit Pfeil und Bogen) erlegte und von den Frauen (anfangs mit Knochenwerkzeugen, später Metallmessern) zerlegte Büffel wurde oft in seiner abgezogenen Haut wie in einem Sack zum Lager gebracht (mst. auf von Hunden gezogenen Zugschlitten oder mit Packpferden) und dann gerecht an die ganze Großfamilie verteilt. Da wurde auch schon mal die ***Zunge*** samt Unterkiefer gekocht: »**Tacéji na iyóha kin lená nakún hená pihyápi.**« (= »Die Büffelzunge wurde mitsamt Unterkiefer gekocht, alles miteinander.« Erst dann wurde zum Essen aufgeteilt, woraus sich folgendes Sprichwort über Großzügigkeit (**wacántognakapi**) ergab: »**iyóha sanní ok'ú**« = mit jemandem teilen (*to share*), großzügig etwas abgeben, wörtlich: »den halben Unterkiefer abgeben«, gemeint ist die eine Kieferhälfte des Wildes, wobei zunächst das gekochte Fleisch davon abgenagt wurde und der Kieferknochen (mitsamt den Zähnen) früher anschließend oft noch als klingenartiges Werkzeug (**wahínpahpe**[152]) diente, etwa zum Abschaben[153] von Häuten.

152 »Zum-Fell-entfernen« (hingegen: »Werkzeug« allg. = **wíkicanye, icáge)**

153 Selbst diese abgeschabten Fleischrestchen (**oshpúla**) wurden noch in Suppe gegessen!

Téca (modern): Heute, im Zeitalter der Kühlschränke/Tiefkühltruhen (sniwógnake, fridge), die selbst im Reservat inzwischen meist zum Standard gehören (sofern der betreffende Trailer bereits elektrifiziert ist und dessen Bewohner den Strom bezahlen können ..., in Zeiten erster stammeseigener Solaranlagen[154] verbessert sich diese Situation langsam), können Fleisch-Portionen auch entsprechend länger aufbewahrt werden, oft in den unvermeidlichen Plastik-Behältern oder Tüten[155].

NB: Da Zunge besonders empfindlich ist und ohne Kühlung nicht haltbar, wurde sie vor Einführung des Kühlschranks[156] (**sniwógnake**, »Behälter zum Kaltstellen«) möglichst gleich verzehrt und galt als Delikatesse, besonders bei großen Feiern und auch im Rahmen von Zeremonien wie dem Sonnentanz (**wiwányang wacípi**). Im Winter konnten leicht verderbliche Nahrungsmittel bestenfalls im Schnee konserviert werden, ansonsten wurde alles, was nicht frisch verzehrt werden konnte, möglichst getrocknet oder gelegentlich auch geräuchert[157]. ***Pökeln*** (**mniskúyetun**[158]) kam erst mit Einführung von => Salz (**mniskúya**) als Handelsware auf. Das Pökeln von Bison-Zungen als Delikatesse (sofern weiße Sportschützen nicht einfach die Kadaver insgesamt verrotten ließen!) hat übrigens die riesigen Büffelherden fast an den

---

154 »Anpétu wi un wakángli kágapi = mit der Sonne Strom erzeugen«

155 »**wógnake janján shni** = *etwa:* glasartiger Behälter« (d.h. aus Plastik), »**waléga zigzíca wógnake** = Behälter wie aus dünner => Büffelblase (Plastiktüte); ein allg. Wort für »Plastik« (auch im Rez ein allgegenwärtiges Übel) konnte bisher noch nicht eruiert werden.

156 Selbst heutzutage sind noch nicht alle Trailer (die häufigste Wohnform im Reservat) elektrifiziert, weshalb auch nicht überall die Kühltechnik Einzug halten konnte. Viele Bewohner von kleinen Siedlungen oder entlegenen Gehöften müssen sich daher weiterhin allein mit traditionellen Konservierungsmethoden wie etwa Dörren behelfen.

157 Räuchern (**cosyápi**) war ursprünglich nicht sehr verbreitet, da erstens in der trockenen Luft der Plains eh alles schnell trocknet und sich dörren lässt, zudem war es nicht nur unnötig, sondern der Rauch konnte in der offenen Weite der Prärie möglicherweise auch Feinde auf sich aufmerksam machen, als ungewollte »Rauchzeichen«.

158 »Salz hinzufügen, salzen«, 1. Sg. mniskúyewatun, 1. Pl. mniskúyeuntunpi; ***Salzstreuer*** = **mniskúya ognáke**

Rand der Ausrottung gebracht. Dies war von den früheren Siedlern und Soldaten meist durchaus beabsichtigt, da es den *Native Americans* zum einen die Nahrungsgrundlage entzog und sie in die Reservate (**owákpamni oyánke**) trieb (wo sie zu bittstellenden Wohlfahrts-Empfängern wurden), zum anderen wurden die wilden Bisons dann durch zahmes Nutzvieh ersetzt, auch dienten die Büffel oftmals als billiger Proviant für die Eisenbahn-Arbeiter. Da die Tiere zu Tausenden niedergemetzelt wurden, verwendete man ansonsten bestenfalls noch das robuste Leder für Keilriemen in der Industrie. Dieses Umweltverbrechen brachte Häuptling ***Sitting Bull*** (**Tatánka Íyotake**) zu seiner berühmten Frage, wer denn nun eigentlich die »unzivilisierten Wilden« seien – sie selber, die Ureinwohner der *Great Plains*, oder nicht vielmehr die Weißen ...?![159]

Variante: ***Büffelzunge, Aufschnitt/Ragout***

Zubereitung: wie oben, **téca** = modern

Die abgekühlte Rinderzunge in knapp daumendicke Scheiben schneiden und auf Baguette-Canapees mit Remoulade oder Mayonnaise servieren, mit frischem Basilikum oder Dill garniert. Zunge gewürfelt eignet sich auch sehr gut als Füllung für Blätterteig-Pasteten (s. o.), zusammen mit Erbsen, Karotten, Champignons, Spargel (geschnitten, Glas/Dose) und heller oder brauner Sauce.

*

159 Dieser Ausspruch wird drüben in verschiedenen Versionen überliefert, z. B.: »Itáncan/nacá Tatánka Íyotake kin/k'un heyé, »Ho ca, tuwá wicáshashniyan oh'án ka, ikcé wicásha kin naínsh washícu kin hená épi ca hécecapi hwo?!«, eyé. = Also, wer führt sich denn hier unmöglich auf, sind es wir Leute im Naturzustand oder die weißen* Einwanderer?!« (*NB: »**washícu**« enthält keinen Hinweis auf die weiße Hautfarbe, sondern den Beigeschmack von »Leute, die sich stets das Beste nehmen«.)

Lunge – tacágu

Spezielle Rezepte für Lunge sind offenbar nicht überliefert, diese empfindliche Innerei wurde wohl schnellstens irgendwo mitgekocht. Übrigens wird auch eine Scheibe Brot, wegen ihrer lungenähnlich-schwammigen Konsistenz mit kleinen Bläschen im Teig »**tacágu**« genannt! Also je nach Kontext bedeutet dieses Wort etwas anderes, wie es auch in anderen Sprachen häufiger ist, als man denkt, weil man sich z. B. in der Muttersprache längst dran gewöhnt hat, etwa im Deutschen: »Gericht« (= »Essen, Rezept« oder »Instituion der Rechtsprechung«)! In der Kochkunst wird Lunge hierzulande auch als »Beuschel« oder »Lüngerl« (Bayerisch) bezeichnet. Meist wird Lunge auch hier mit anderen Innereien (z. B. Herz und Nieren, auch mit Milz oder Zunge) mitgekocht. Hier ein Rezept dazu (ungesäuert, dies nur in Europa, z. B. in der fränkischen und Wiener Küche üblich):

Lungenhaschée

Ehánk'ehan (früher, traditionell): Eine spezielle Zubereitungsform für Büffel-Lunge ist offenbar nicht überliefert, vermutlich wurde die Lunge gehackt mit anderen Innereien vermengt und gekocht, Teile der Innereien auch an Hunde verfüttert.

Téca (modern, heutzutage): Da Lunge sehr empfindlich ist und sogleich zubereitet werden muss, hier ein europäisches Grundrezept, wie es mit der Hauswirtschaftskunde der weißen Einwanderer (washícu) auch nach Amerika gelangte:

Lunge in Salzwasser/besser: Gemüsebrühe mit Zwiebeln garkochen, sodann in feine Streifchen schneiden oder die Lungenstücken möglichst kleinhacken (nicht durch den Fleischwolf drehen! Sonst wird es nur matschig). Den Kochsud kann man mit einer braunen Einbrenne binden. Wer will, kann mit saurer Sahne/Crème fraîche verfeinern.

Europäische Variante: Auch Weinessig, Senfkörner und Lorbeerblatt können mitgekocht werden. Es handelt sich dabei um die ostpreußische Variante, wie die Mutter der Autorin Lungenhaschee zubereitete. Haschee ist besonders aus England und Deutschland bekannt. NB: Da nach dem 2. Weltkrieg auch hierzulande Geld und Ressourcen knapp waren, war dieses »Arme-Leute-Essen« noch bis zum Beginn des sog. »Wirtschaftswunders« populär, man versuchte, Rezepte mit (billigen) Innereien noch mit Gewürzen geschmacklich zu veredeln und etwas »aufzupeppen« (so etwa durch den Zusatz der Senfkörner, welche Gerichte zugleich auch noch bekömmlicher machen.).

*

***Leber: Gebratene Büffel- oder Hirsch-Leber* – tapí, pte naínsh táhca etánhan**

Ehánk'ehan (früher): frisch roh[160] verzehrt! (Es wird überliefert, früher seien Teile der noch dampfenden Leber eines frisch erlegten Büffels gleich roh gegessen worden, zuweilen sogar die Galle (**tapízi**) getrunken, was neben einer Reinigung des Körpers auch eine spirituelle Reinigung zur Folge haben sollte. Wohl bekomm's!)

Téca (heutzutage): mit Lauchzwiebeln oder Gemüsezwiebeln geschmort oder gebraten.

160 Das gilt nur für Rinder- oder Hirschleber, NIEMALS Schweineleber roh verzehren, wg. Trichinengefahr (bes. bei Wildschwein) u. a. Krankheitsübertragungen. Auch gekaufte Rinds-Leber aus dem Supermarkt sollte keinesfalls roh gegessen werden, da sie ja nicht mehr schlachtfrisch und somit mit Keimen belastet ist, die erst beim Erhitzen auf mehr als 70–100°C abgetötet werden und zudem mit Antibiotika usw. belastet sein kann, die sich ebenfalls erst beim Kochen (weitgehend) zersetzen; Letzteres gilt natürlich nicht bei frischer Bio-Qualität. Dennoch wird vom Verzehr von Leber u. a. Innereien als Rohkost prinzipiell abgeraten. Für die Indigenen damals galt hingegen: Möglichst viele Vitamine zu sich nehmen, ohne diese zu zerkochen, zudem waren die Menschen damals durch ihre abgehärtete Lebensform somit schon immun gegen zahlreiche Keime.

Rezept:

- ca. 650–700 g Rinds- oder Hirschleber (*Tipps für Veggie-Ersatzprodukte, s. u.*)
- 6 Lauchzwiebeln (Frühlingszwiebeln), in Rädchen geschnitten
- 6 Salbeiblätter, feingewiegt/oder: 3 Zweiglein Beifuß
- 50 g Rindertalg/a.: Schweineschmalz/gewürfelter fetter Speck/sonstiges Bratfett

Zubereitung:

Leber in knapp 1 cm dicke Scheiben schneiden. Frühlingszwiebeln, Salbei und zimmerwarmes/leicht erwärmtes Fett in einer Schüssel mit einer groben Gabel/einem Holzlöffel zu einer Paste verarbeiten und die Leberfilets damit bestreichen. In einer großen Pfanne das Fett zerlassen/das Schmalz auslassen und die Leberscheiben bei mittlerer Hitze von beiden Seiten anbraten, jew. ca. 4 Minuten, sie müssen in jedem Fall »durch« sein! (Gabeltest).

NB: Leber mit Bedacht langsam durchbraten, damit sie nicht hart wird! (Leber stockt ähnlich wie Ei durch.)

Beilagen: gekochte => Topinambur oder => Prärierüben sind besonders geeignet. Doch auch Kartoffeln (bes. als Püree) ergeben eine gute Beilage. NB: Sauce war ursprünglich nicht üblich, bestenfalls wurde der Sud über das Gericht gegossen.

Tipps für Vegetarier/Veganer: Wer nicht ganz auf solche Rezepte verzichten möchte (etwa weil er/sie vom Flexitarier zum Vegetarier geworden ist und noch »eingefleischte« Gourmet-Gewohnheiten hat, oder weil jemand prinzipiell für größtmögliche Geschmacksvielfalt aufgeschlossen ist), dem seien hier einige Möglichkeiten aufgezeigt, um das ***Geschmacks-Erlebnis*** von »Leber« (u. a. Innereien) zumindest ein Stück weit nachzuempfinden: Zwar gibt es bisher noch keine vegetarische/vegane »Bratleber« (die Nachfrage nach derlei Produkten dürfte auch überschaubar sein), doch sehr wohl Veggie-Leberwurst-Alternativen (sogar in unterschiedlichen Geschmacksrichtungen wie etwa mit

Schnittlauch oder auf Pommersche Art, mit Äpfeln und Zwiebeln), diese Sorten von ***Veggie-Brotaufstrich*** bestehen zumeist aus Erbsen, Linsen oder anderen eiweißreichen Hülsenfrüchten, die zu einer Paste vermahlen, mit Sonnenblumen- oder Rapsöl und Kartoffelstärke vermengt werden, zuweilen auch mit Nährhefe, oft auch mit rötlich färbendem Gemüse wie Karotten oder Paprika, also allesamt gesunde Zutaten, und dazu mit Kräutern (z. B. Thymian), Pfeffer und Salz gewürzt werden. Diese lassen sich nun auch durchaus für warme Gerichte einsetzen, z. B.:

- als Beilage (Kanapees): etwa Brotaufstrich »Leberwurst-Art« auf Puffmais-Waffeln (= sowohl die Bohnen und Sonnenblumen in der Paste als auch der Mais in den Waffeln (Galettes) sind ja »klassische« Zutaten der indigenen Küche! Sogar Puffmais (Popcorn) haben sie bekanntlich erfunden!
- als Bestandteil kreativer Rezepte: So lässt sich vegane Paste »Leberwurst-Art« ja auch etwa löffelweise als Klümpchen auf Wildreis anrichten, oder auch (in Maisschrot oder Haselnussmehl o.Ä. paniert) zu Kügelchen rollen und diese dann beispielsweise mit gedünsteten Lauchzwiebeln, Pilzen, gegrillten/gekochten Topinambur und sogar mit Kranichbeeren und Pekan-Nüssen kombiniert servieren. Einfach mal ausprobieren!

*

Nieren* – tajúntka**, *als **Nieren-Schmortopf, Nieren-Ragout:

Nieren galten früher als besonderer, geheimnisvoller Sitz der Lebenskraft, was ja in Anbetracht ihrer Filtertätigkeit zur Entschlackung auch irgendwie stimmt[161]. Auch sie wurden früher oft gleich nach Erlegen der Beute roh verzehrt. Da heutzutage Innereien stets durchgegart verzehrt werden, hat sich auch ein Rezept europäischer Herkunft eingebürgert (über den früheren Hauswirtschafts-Unterricht), das auch kreativ variiert wird.

161 Man denke nur an Sprichwörter auch im Deutschen wie: »Das geht ihm/ihr an die Nieren«!

Zutaten:

- 500 g Nieren (Bison/Hausrind; im Handel werden mst. Kalbsnieren[162] angeboten)
- 150 g Talg/Räucherspeck
- 2 Lauchzwiebeln/Zwiebeln (weiß)
- etw. Mehl
- ½ l Fleischbrühe
- Prise Pfeffer und Salz
- etw. gerebelter Oregano (als Ersatz für Wildbeifuß)/Thymian (europäische Variante)
- optional: ein Schuss Rotwein u. ein paar Spritzer Zitronensaft (europäische Variante)

Zubereitung:

Rindernieren waschen, vom Fett und Harnsträngen befreien; das Fett kann zum Anbraten verwendet werden. (Europäische Variante: Nieren einige Stunden/über Nacht in Rotwein einlegen oder diesen später zum Verfeinern der Sauce hinzugeben). Die Nieren in Würfel/Scheibchen schneiden. Speck würfeln und mit feingeschnittenem Lauch/Zwiebeln anbraten, Nierenfleisch dazugeben und kurz anbraten, dann mit etwas Brühe ablöschen und schmoren. (Vor dem Ablöschen kann man die Nieren noch kurz mit Mehl bestäuben und vorsichtig leicht rösten.) Sobald mit der Brühe abgelöscht, noch ca. gut 15–20 Min. weiter schmoren lassen, bis die Nierenwürfel durchgegart sind. Die entstandene Sauce mit Pfeffer und Salz sowie Thymian oder Oregano verfeinern (optional auch mit einem Schuss Rotwein sowie ein paar Spritzern Zitronensaft.)

*

162 Schweinenieren sind hingegen für dieses Rezept nicht zu empfehlen, wenn es ansatzweise »Lakota style« sein soll!

Büffelwurst* – tashúpa/*Alternative:* *Veggie-Wurst, als Bratwürste

»Verwurstelt« wurde buchstäblich alles, was gerade an leicht verderblichem Fleisch zur Verfügung stand, daher ist keine genaue Rezeptur angebbar. Hier eine Art »Grund-Rezept« als Standard für Bratwurst[163], das nach Belieben variiert werden kann:

Zutaten:

- entweder 600 g Rinderhack (Büffel/Bio-Rind) oder anteilig auch etw. kleingehacktes Fleisch (Büffel/Wapiti/sonstiges Wild), a. bis zu 200 g fein gewürfeltes Gemüse (Petersilienwurzeln, Kartoffeln, Zwiebeln, gern auch gemischt)
- ca. 2 EL Fett (gehacktes Nierenfett oder ausgelassener Talg oder Pflanzenöl)
- Salz und Pfeffer nach Geschmack (letzterer am besten schwarz u. frisch gemahlen)
- 1 Prise Salbei (Pulver/gerebelt)/wahlweise Estragon
- ca. 2,7 m natürlicher Wurstdarm/naturnahes Ersatzprodukt
- 225 g frischer Salbei (zum Ablegen u. Bedecken der auskühlenden Würste)

Zubereitung:

Hackfleisch, gg.falls Gemüsewürfel sowie das Fett vermengen und würzen. Die Brät-Mischung vorsichtig in den Wurstdarm füllen (die Wursthülle darf nicht beschädigt werden und einreißen. Tipp: Wurstmaschine zum Därme befüllen verwenden, früher ja statt mit Wurstfüller per Hand). Den Wurststrang in gleichmäßigen Abständen von ca. 12–13 cm abbinden, die in etwa fingerlangen Würste a) entweder in Fett durchbraten oder im vorgeheizten Ofen bei 190°C für 15–20 Min. rösten, bis sie gar sind. Man kann sie auch b) erst nur kurz anbraten (anbräunen) und sodann in sprudelnd kochendem Wasser zugedeckt ca. 20 Min. garen. Als

163 Ein Rezept für Bison- oder Hirschsalami scheint sich bislang noch nicht eingebürgert zu haben, obwohl die trockene Luft die Herstellung von Hartwurst begünstigen würde. Es wird eben Jerky bevorzugt.

Kochwurst heiß servieren, als Brat- oder Röstwurst auf eine Salbei-Unterlage betten und sie dann auch mit weiterem Salbei abdecken (früher wurden sie oft auch auf saubere Goldruten-Stängel gelegt, doch sind diese dann schon verholzt und nicht mehr verzehrbar (im Gegensatz zu ganz jungen Sprossen). Den Salbei hingegen kann man beim Servieren der abgekühlten Bratwürste als Dekor verwenden und auch mit verzehren.

TIPP der Co-Autorin: Zum Thema »Fleischbrät«: Ein Cutter macht fein Gemixtes (mit scharfem Messer[164]) und ein Fleischwolf zerkleinert halt durch die Lochscheibe gedreht, also ein völlig anderes Ergebnis. Dies ist bei der gewünschten Konsistenz zu beachten.

Tipp der Autorin: Als Veggie-Alternative eignen sich bes. vegetarische/vegane Bratwürste im Stil »Thüringer Art«, da dort die deftige Kräuterwürze eine passende Geschmacksnote liefert.

Als ***Grillwürste*** (am besten vorgekocht, verkürzt Garzeit):

Kohlen sollten vor Auflegen des Grillguts schon durchgeglüht sein (ca. 160–180 °C); Garzeit Grillwürste: 10–15 Min., dann sollten sie durchgegart und knusprig sein. Zur Sicherheit, ob durch (bes. bei Geflügel): mit Grillthermometer überprüfen. Es langt, den Grill auf zunächst ca. 200°C vorzuheizen und die Würstchen dann auf den indirekten Bereich des Grills zu legen. Dann garen sie schonend durch und bleiben innen saftig. Wer mag, kann sie ja am Schluss noch kurz über dem direkten Bereich des Grills anbraten, damit sie noch knuspriger werden. (Das heißt: Erst langsam im indirekten Bereich durchgaren und dann schön knusprig nachbräunen, nicht umgekehrt! Bei Grillfleisch hingegen soll sich ja zunächst eine Kruste bilden, damit nicht so viel Fleischsaft austritt, daher Fleischstücke erst angrillen und dann langsam durchgaren lassen.)

---

164 Von Engl. *cutter,* < *to cut,* schneiden; auf Lakota: »(mit dem Messer) schneiden« allg.: = **waksá** (1. Sg. wawákse, 1. Pl. waúnksapi), aufschneiden/zerlegen (Tier) = **páta** (1. Sg. wapáte, 1. Pl. unpátapi)

NB: self-made Würste sind alsbald zu verzehren, da/wenn sie keine (ungesunden) Zusatzstoffe wie etwa Nitrit-Pökelsalz enthalten, wie die industrielle Handelsware.

*

Hirschbraten* – taló watógla**/*a. mit* ***Pronghorn-Antilope (**ikpísanla**)

Während Wildbret vom Hirsch ja allgemein erhältlich ist, so sind bei Gabelböcken (Pronghorn-Antilopen) evtl. regionale Schutzmaßnahmen zu beachten. Diese Tiere wurden ja einst von den Weißen, ebenso wie die Bisons, bis fast an den Rand der Ausrottung gejagt und die Bestände haben sind noch nicht überall wieder erholt[165].

Zutaten:

- 1 Hirschrücken (ca. 2 kg, Wapiti größer)/v. Antilope /Ersatz: 1 Rehrücken
- 100 g Rindertalg/(oder, optional, europäische Variante): 100 g Speck zum Spicken
- optional (sehr empfehlenswert) Salz und Pfeffer
- optional (europäische Note) 3 EL saure Sahne/Crème fraîche
- optional: 1 Glas/Dose Pilzmischung (z. B. Pfifferlinge)

Zubereitung:

Enthäuteten und gewaschenen Wildrücken (sog. »Ziemer«) pfeffern und salzen, entweder gut mit Talg einschmieren oder aber spicken oder mit Speckscheiben belegen und in den bereits vorgeheizten Backofen schieben. Bei ca. 200–225°C gar braten, dabei regelmäßig mit Sud/lauwarmem Wasser beschöpfen, damit der

165 Lt. Wikipedia, Artikel »Gabelbock«, gilt der Bestand zwar insgesamt inzwischen als nicht mehr gefährdet, dies trifft jedoch nur auf die USA u. Kanada zu, in Mexiko (Baja California) hingegen ist die Art immer noch vom Aussterben bedroht und benötigt Schutzmaßnahmen, was die Autorin aus eigener Erfahrung bestätigen kann, da ihr dort keinerlei Sichtung dieses Wildes möglich war, im Gegensatz zum Westen der USA.

Braten nicht anbrennt oder trocken wird. Bratzeit (je nach Größe) ca. 1 Std. (Reh) bis 1 ½ Stunden (Hirsch). Optional den Bratensud als Sauce kurz mit saurer Sahne/Crème fraîche aufkochen und mit Pilzmischung bereichern.

TIPP: Antilopen-, Hirsch- u. Rehrücken eignet sich auch zum ***Grillen***, dann ähnlich zubereiten wie gegrilltes Lamm. Auch für den Backofen (s. o.) geeignet: dann die Fettschicht am Rücken (sofern vorhanden) kreuzweise einschneiden, mit Salbei/Estragon u. (modernerweise) etwas Salz einreiben und in den vorgeheizten Backofen schieben, bei etwa 220–230°C. Wenn genügend Fett ausgebraten ist, mit ¼ l warmem Wasser angießen; falls zu fettarm, nachhelfen und das trockene Fleisch mit etwas ausgelassenem Rindertalg o. a. Fett begießen und auch darauf achten, dass es an der Unterseite nicht festbrät (gg.falls anheben und etwas Fett darunter laufen lassen). Nach dem Angießen unter fleißigem Beschöpfen gar braten. Sodann Braten herausholen und warm stellen, Bratensatz mit kalt angerührter Speisestärke (Kartoffel/Maismehl) binden und mit Estragon abschmecken. (Europäische Variante, südländische Art: italienisch, bes. ligurisch: dazu gegrillte/gratinierte Tomaten und auch Paprika, provenzalisch: mit Herbes de Provence).

Grillen: Dazu am besten Koteletts/Steaks verwenden. Rehrücken auf dem Grill: Scharf angrillen und dann »indirekt« (= d. h. etwas ferner von der Glut) garziehen lassen, ca. 20–25 Min. ***Wildsteaks*** kann man auch in Rindertalg/heißer Butter anbraten, dann erst salzen und den Fond mit Wasser/Brühe abkochen, optional ebenfalls Sahne hinzugeben und nochmals abschmecken. Die Steaks mit der Sauce begießen und am besten mit gegrillten Topinambur garniert servieren. Zubereitungszeit: ca. 25 Min.

TIPPS der Co-Autorin (für Rehrücken/Lamm als Grillgut): Scharf angrillen und dann gar ziehen lassen. Gardauer Rehrücken/Lamm: ca. 20 Min., je nach Größe und Beschaffenheit: ob das Grillfleisch noch am Knochen hängt oder ausgelöst ist; am

Knochen ist die Garzeit entsprechend etwas länger (doch auch nicht zu lang). Es kommt aber auch auf die Ziehtemperatur an (zwischen 80–120°C geeignet), am Grill ist auch die indirekte Hitze höher, im Backofen ist sie ja exakt einstellbar. Grillthermometer daher empfehlenswert.

*

***Wildeintopf* – wacónica, *aus Hirsch* (táhca)** oder ***Pronghorn-Antilope* (ikpísanla)**

Zutaten:

- 1 kg. Wildfleisch (Hirsch/Antilope, Ersatz-Produkte: Reh/Ziege), gewürfelt
- optional 60 g Mehl (zum Einmehlen vorm Anbraten)
- 6 EL Pflanzenöl (Sonnenblumen/Mais)
- 1 mittlere Zwiebel/Lauchzwiebel, gehackt
- 120 g Staudensellerie, kleingeschnitten
- 180 g Pastinaken/Petersilienwurzeln (in Ringe geschnitten), ersatzweise: Karotten
- 1 knapper TL Salbei (Pulver/gerebelt)
- 1 Prise Estragon
- optional: etw. Pfeffer und Salz (empfehlenswert)
- 1 l Wasser
- ca. ein halbes Dutzend Topinamburknollen (ersatzweise: 2 Kartoffeln/2 Stück Süßkartoffel), geschält
- ca. eine große Handvoll Prärierüben, geschält, (sofern diese verfügbar, ersatzweise: gewürfelte Steckrüben ca. 120 g)

Zubereitung:

Gewaschenes Fleisch trockentupfen und in ca. 4 cm große Würfel schneiden. Diese Wildbret-Stückchen (zunächst leicht in Mehl wenden und) in einer Pfanne in heißem Öl kurz kräftig anbraten, gehackte Zwiebel hinzugeben (sollte glasig werden und leicht anbräunen, doch nicht zu dunkel). Fleischwürfel ringsum gut bräunen, dann mit Pfannenschaber herausheben und in einen

Schmortopf geben, zum Schmoren aufsetzen. Im verbliebenen Öl sodann das übrige Gemüse (Wurzeln, Sellerie, Topinambur, Prärierüben) ebenfalls kurz anschmoren und unter etwas Wasserzugabe andünsten (darf nicht am Pfannenboden festkleben). Mit den Gewürzen abschmecken, sodann die Gemüse-Mischung zum Fleisch in den Schmortopf geben, restliches Wasser hinzufügen und einmal aufkochen, sodann zugedeckt bei niedriger Temperatur ca. 1–2 Stunden köcheln lassen, dabei häufig Garungsgrad überprüfen und gelegentlich umrühren, damit sich nichts am Boden des Schmortopfes absetzt. Nochmals mit Pfeffer und Salz abschmecken. Tipp: mit der Zugabe des Gemüses zum Fleisch warten, bis dieses halbwegs gar ist, wenn man nicht möchte, dass das Gemüse zerkocht. Besonders beim empfindlichen Sellerie sollte man dies vermeiden. Wer will, kann die Suppe mit Mehl/Maismehl binden.

Suppen & Eintöpfe: => Siehe auch: Dörrfleisch (*Jerky*), Pemmican, Prärierüben!

*

Hasen-/(Wild-)Kaninchenbraten – mashtíncala shpanyánpi

Verwendet werden meist Keule, Rücken und gelegentlich Hasenklein (Pfoten, Bauchlappen, ursprünglich auch der Kopf).

Tipps: Hasenrücken mit einem Bratspieß längs durchstechen, da er sich sonst leicht beim Braten/Schmoren krümmt. Wildbret zuvor gründlich (!) nach evtl. Bleischrot durchsuchen. Da selbst bei abgehäuteten Hasen/Kaninchen oft Reste ihrer sehr feinen Wolle am Fleisch haften, gründlich abspülen, will man feine Härchen in der Sauce vermeiden.

Zutaten:

- 1 Hasenrücken
- optional: 60 g Speck (zum Spicken/Umwickeln)
- eine Prise Salbei (gerebelt/Pulver) u./o. Estragon

- Salz und Pfeffer (möglichst weißer Pfeffer)
- 75 g Rindertalg/Butter (falls ganz zünftig-ursprünglich kein Speck verwendet wird: auf gut 100–140 g Fett aufstocken!)
- 1 Lauchzwiebel/Zwiebel (gehackt)
- optional (für die Sauce): + 2 Tassen Saure Sahne/Crème fraîche, 20 g Mehl, zum Binden)

Zubereitung:

Zu beachten: Hasenfleisch ist sehr zart und wird daher sehr leicht trocken (das ist ja der Sinn der europäischen Sitte des Spickens, auch von Reh u. a. Wild). Da in der Prärie ursprünglich kein Räucher-Speck zur Verfügung stand, sondern das Schwein und seine Produkte ja erst von weißen Siedlern eingeführt wurden, behalf man sich notgedrungen mit Bisontalg und Wasser. Daher ist hier optional die Variante mit Speck angegeben, weil es auch einfacher sowie für viele Gaumen schmackhafter zu garen ist.

Den bratfertigen Hasen, gespickt oder ungespickt (Achtung: in dem Fall mehr Fett zu verwenden!) würzen und in einer gefetteten Bratform in den vorgeheizten Backofen schieben, bei ca. 200–225°C braten. Wiederholt mit Fettsud beschöpfen, weil das Fleisch sonst zäh und trocken wird[166]. Nach ca. halber Garzeit (ca. 30 Min) das Zwiebelgemüse zugeben und mitgaren. Bratzeit: ca. 60 Min.

Europäische Variante: Den fertigen Braten aus dem Bräter nehmen, auch die Zwiebeln heraussieben (sie lassen sich über dem Braten drapieren) und den Bratensatz mit Wasser/Brühe auffüllen, sodann mit Sahne und eingerührtem Mehl andicken.

Dazu passen Pfifferlinge (frisch zum Mitschmoren oder aus dem Glas zum Unterheben), auch wenn Pilze in der Prärie eher rar waren und sind, immerhin kommen sie in den Black Hills vor. Als Beilage eignen sich gekochte Topinambur oder Prärierüben.

---

166 Vom häufig empfohlenen Umwickeln mit Alufolie wird heutzutage eher abgeraten, da sonst Schadstoffe ins Fleisch übergehen können.

Variante: ***Hasenkeulen***: ebenso zum Schmoren geeignet, die Bratzeit verkürzt sich bei 2 Hasenkeulen, bei ebenfalls ca. 225°C, auf ca. 45 Min.

Übrigens: Ganze (abgehäutete u. ausgenommene) Hasen am Spieß über dem offenen Feuer gebraten war früher zwar üblich, verlangt aber viel Erfahrung, damit der Braten nicht innen roh und außen verkohlt wird. Ein geeigneter Abstand zum Feuer und gleichmäßiges Drehen sind daher unerlässlich.

Was macht man, bei Zubereitung eines Hasenrückens oder der Keulen, aus den übrigen Teilen (sofern ein ganzer Hase zur Verfügung steht und nicht von vornherein nur Rücken oder Keule gekauft wurden)? Traditionell gab es kein Pendant zum europäischen »***Hasenpfeffer***«, da ja ohne Kühlschrank und ohne Milchviehhaltung ursprünglich auch kein Einlegen in Buttermilch o.a. Beize (etwa aus Rotwein und Wasser, mit Lorbeer und Wacholder) möglich war. Teile wie abgehäutete Vorderläufe, der gesäuberte Kopf, Innereien (Herz, Lunge, Leber) sowie Bauchlappen und Rippen wurden zumeist gekocht, ähnlich wie Geflügelklein (=> siehe dortige Suppen).

*

Geflügel

Auch wenn Geflügel mit weitem Abstand nach Bison u. a. Wild erst an zweiter Stelle steht, so sind doch Gerichte wie (wilder) Truthahn oder Präriehuhn (rebhuhnartige Wildhühner der Great Plains) ein typischer Bestandteil der Lakota-Küche, in wasserreicheren Gegenden (entlang der Flüsse) kommen auch Wildgänse und -enten dazu, diese spielen aber eine nachgeordnete Rolle.

Hähnchenschlegel: auch zum Grillen geeignet

***Präriehuhn- oder Fasanenbraten* – shiyó/shiyó sha**[167]

Bei Präriehuhn-Arten lokale Schutzbestimmungen beachten! Gefährdete Spezies[168]! Daher besser auf Fasan ausweichen!

Zutaten:
- 2 Präriehühner[169] bzw. Fasanen oder Freiland-Hühner (Bio-Brathühner), à knapp 1 kg, bratfertig ausgenommen //Veggie-Variante: Chicken-Chunks, Zubereitungs- u. Garzeiten dann entsprechend anders, siehe Verpackung, Tipp: Sogar die leckere Bratkruste lässt sich mit Chips nachstellen, am besten mit Nacho-Chips.
- Prise Salz u. Pfeffer (weiß, frisch gemahlen)
- 250 g Knollensellerie (a. Staudensellerie möglich, sofern nicht zu faserig), gewürfelt
- 4 kl. Frühlingszwiebeln/2 große Gemüsezwiebeln (weiß, gehackt)
- 2 EL Schittlauch, gehackt
- 3–4 EL frischer, gerebelter/gewiegter Salbei/Salbeipulver (als Ersatz für Wüstenbeifuß)
- 1 EL Honig oder Ahorn-Sirup
- 4 mittlere Süßkartoffeln (als Ersatz für Indian Potato)/gewöhnl. Kartoffeln
- 1 EL Sonnenblumenkerne, geschält u. geröstet/a.: Kürbiskerne (geröstet)

---

167 **Shiyó sha** = »rotes Wildhuhn«, wg. der kupferroten Färbung, gelegentlich auch als »**Pecókan hánska zintkála** = »Chinesen-Vogel« oder »**sintúpi hánska** = Langschwanz« bezeichnet. Obwohl der Jagdfasan der »*State bird*« von South Dakota geworden ist (diese Ehre gebührt eigentlich dem Präriehuhn), ist er aus Europa eingeführt und stammt eigentlich aus Asien (daher der Lakota-Name), doch schon die Römer brachten diesen ebenso dekorativen wie delikaten Vogel nach Europa (**mniwánca kowákatanhan**, »Jenseits des Großen Wassers«), von wo er dann zweitausend Jahre später mit jagdfreudigen weißen Siedlern weiter in die Prärie gelangte. »Shi-« ist eine uralte Silbe für »Vogel«, der ansonsten allg. als »**zintkála**« bezeichnet wird; diese Silbe kommt aber nur noch in Wortzusammensetzungen vor, etwa: »**shishóka** = *Am. Robin« (Wanderdrossel)*, »**shiyáka** = *pied-billed grebe (Art Tauchervogel)*, »**shiyátakala** = *Am. Dipper*« (Am. Wasseramsel) u.a.m.

168 Durch Intensivierung der Landwirtschaft sowie Bejagung Bestände stark rücklaufig (*Tympanuchus cupido*).

169 Sofern sie nicht unter die Artenschutz-Bestimmungen fallen! Regelung vor Ort beachten!

Zubereitung:

Backofen auf 175°C vorheizen. Unterdessen Hühner unter fließend Wasser abwaschen und trockentupfen (am besten auf ein Brett mit Küchenrolle legen). Nur innen mit Pfeffer und Salz würzen.

Füllung: Gehackten Sellerie, Zwiebel und Salbei mischen und die Hühner damit füllen. NB: Staudensellerie kann gedünstet oder auch roh verzehrt werden, einige Stängel lassen sich daher auch frisch geraspelt als Deko beifügen.

Backen: Mit einem Bratspieß verschließen, mit je 1 EL Honig/Ahornsirup bestreichen und in einen Bräter legen. Garzeit: ca. gut 20 Min. pro 500 g, es muss unbedingt (!) absolut durchgegart sein (wg. Salmonellengefahr bei Geflügel). Bratgut während des Garens regelmäßig mit Bratensud begießen, damit die Hühner/Fasanen nicht trocken werden. Garprobe: Sie sind fertig, wenn beim Einstechen (Stricknadel o. Ä.) an der dicksten Stelle (Bruststück oder Schenkel) klarer Saft austritt, jedoch kein Blut.

Beilage:

(Süß-) Kartoffeln von Sand abbürsten u. abspülen. Evtl. ein paarmal mit einer Gabel einstechen. Mitsamt Schale (sofern nicht zu dick) zusammen mit dem Geflügel garen, bis sie sich mit einer Gabel bereits zerdrücken lassen. Dann die Schale über Kreuz einschneiden, so dass die Kartoffeln sich wie backende Brötchen aufspreizen. Mit dem restlichen Honig/Ahornsirup beträufeln und mit evtl. verbliebenem Schnittlauch sowie den Sonnenblumen- oder Kürbiskernen bestreuen. Jetzt insgesamt nach Geschmack pfeffern und salzen (auch eine Prise Ingwer, Kurkuma oder Curry ist möglich! Das verleiht dann eine etwas »Kanadische«[170] Note,

---

170 Früher zogen die Lakota/Nakota auf ihren Streifzügen öfters bis ins heutige Kanada hoch, ein kleiner Teil von ihnen lebt noch heute da (seit der Flucht dorthin zu Sitting Bulls Zeiten, als die letzten indigenen Aufstände zur Verteidigung ihres traditionellen Stammeslandes von weißen Soldaten niedergeschlagen wurden (die zugesicherten Reservatsgebiete wurden ebenfalls von den Weißen vertragsbrüchig verkleinert, vor al-

da diese Gewürze/Gewürzmischungen nicht nur in Asien verbreitet sind.

Für 4–6 Personen; natürlich lässt sich die Menge auch auf die Hälfte reduzieren, wenn man den Aufwand nicht scheut.

*

***Präriehuhn/Fasan als Brathähnchen, à la Porcupine SD* – shiyó ceúnpapi**

In den naturnahen Landschaften der Reservate (etwa Pine Ridge) sind Präriehühner noch zu finden, doch auch der Fasan ist ja in den Great Plains von den Weißen eingebürgert[171] worden.

Zutaten:

- 2 Präriehühner/Fasanen/Bio-Hähnchen
- ca. 100 g Margarine (am besten aus Sonnenblumenöl, das ist am »stilechtesten« und zudem wird Margarine nicht so rasch dunkel wie Butter!)
- Gewürzmischung: Salz, Kurkuma/Gewürz für Geflügel

Zubereitung:

Hähnchen waschen, trockentupfen. Innen u. außen mit Würzmischung einreiben. Mit der Brustseite nach unten auf den Brat-Rost/in die tiefe Bratform legen (= damit das dicke Brustfilet richtig durchgart). In die gefettete Bratpfanne etwas Wasser gießen, Hähnchen mit zerlassener Margarine begießen (am besten: aus

---

lem, als um 1874 Gold in den Black Hills gefunden wurde). Die Lakota wurden, wie andere indigene Stämme, teils vertrieben, teils mussten sie sich an ein sesshaftes Leben in den ihnen zugewiesenen Reservationen gewöhnen, in denen sie vom *Bureau of Indian Affairs* (**wóawanyaŋke** = »Aufsicht«) abhängig waren. Erst später erlangten sie einen gewissen Grad an stammeseigener Selbstverwaltung (**iglúhapi** = »Autonomie«).

171 Inwiefern sich beide Wildhuhn-Arten Konkurrenz machen, ist nicht ganz klar, der persönliche Eindruck der Autorin vor Ort war, dass sich Präriehühner vor allem in den entlegenen Reservaten halten konnten, während der Fasan eher ein Kulturfolger ist. Präriehühner benötigen eben eine intakte Prärie!

Bio-Grillhähnchen/ Fasan: guter Ersatz für Präriehuhn

Sonnenblumenöl, Butter bräunt zu rasch). In den vorgeheizten Backofen schieben u. Bei 220–240°C ca. 35–40 Min. braten. Sobald der Rücken gebräunt ist, Hähnchen vorsichtig wenden und weitergaren. Sobald Haut knusprig und Stricknadeltest (an dickster Stelle) keinen Austritt von Blutsaft zeigt, ist es gar. Es kann auch mit der Geflügelschere portioniert werden (vor/nach dem Braten); wichtig ist in jedem Fall (!), dass keinerlei rosaroter Schimmer an den Knochen verbleibt, denn dann ist es noch nicht durch.

(daher: Zubereitungszeit: ca. 50–60 Min. einkalkulieren, kein »Schnellgericht«!)

Beilage: z. B. gekochte/gegrillte => Topinambur, => Maisküchlein, a. (Wild-)Reis, dazu auch mit gedünstetem Lauch, gekochter Pastinake oder frisch gehacktem Schnittlauch garnierbar.

*

***Präriehuhn/Fasan als Grillhähnchen, à la Manderson* – shiyó pasnúnpi**

Zutaten:

- 1 Hähnchen
- Pfeffer u. Salz
- 1 Bund Salbei/Beifuß/Petersilie
- benötigt: Grillspieß, Grillnadeln bzw. Rouladen-Zwirn

Zubereitung:

Hähnchen wie oben zubereiten, nur von innen salzen, evtl. ein Sträußchen Salbei/Beifuß oder Petersilie hineinstopfen. Hähnchen auf den Grillspieß stecken, dabei Flügel und Keulen festbinden (bzw. mit Grillnadeln feststecken). Unter häufigem Einpinseln mit Fett grillen, optional gelegentlich gegen Schluss etwas Paprika o. Ä. draufstreuen (nicht zu früh, Gewürz schwärzt sonst), zuletzt auch von außen leicht salzen. Grillzeit (je nach Größe u. Gewicht der Hähnchen): ca. 45–60 Min. (Temperatur: wie oben).

NB: Grillgewürz mit (ungarischem) Paprika ist eine europäische Variante u. ergibt das klassisch-rötliche Grillhähnchen. In Amerika gehört Paprika, genau wie Chili, zur Tex-Mex-Küche.

Beilage: Pommes frites aus Süßkartoffeln/Kartoffeln, gegrillte => Topinambur, gekochte => Prärierüben/Steckrüben, Reis.

*

***Geschmortes Präriehuhn mit Gemüse* – shiyó shpanyánpi**

Zutaten:

- 2 Präriehühner/Fasanen, Ersatz-Produkt: Bio-Freilauf-Hühner
- 4 EL Butterschmalz/Schweineschmalz/anderes Fett
- 250 g Weißer Gänsefuß (**canhlógan ínkpa gmigméla** = »Kugelspitzenkraut«, wg. der kugelförmigen kleinen Blütenstände)/ Wegerich (**wihúta hu iyéceca** = »wie Rohkolben, wg. der walzenförmigen Blütenstände), NB: beide gelten in Amerika als eingeschleppte Arten[172]/Ersatz-Produkt: Spinat (möglichst Blattspinat)
- 6 Lauchzwiebeln (Frühlingszwiebeln), in Rädchen geschnitten
- 8–10 frische Minzblätter, fein gehackt/oder ½ TL getrocknete Minze (loser Tee)
- Prise Pfeffer und Salz (Pfeffer möglichst frisch gemahlen)

172 Sog. Neophyten; übrigens gibt es bei den *Native Americans* kein Wort für »Unkraut«, sondern nur für »Kraut«. Gänsefuß *(goosefoot)* und Wegerich *(plantain)* gelten unter Weißen dem einen als lästiges Ackerunkraut, dem anderen jedoch als nützliche Heilpflanze (gegen Husten, die Samen auch gegen Darmbeschwerden) oder als Wildgemüse (roh oder gekocht). Breit- u. Spitzwegerich kann auch als Salat zubereitet werden besonders die jungen Blätter; aufgrund der zähen Längsfasern sollte man allerdings die Blätter stets quer schneiden und ältere Blätter besser weich dünsten. Ab Juni/Juli werden sie zu zäh und faserig für eine Nutzung. Wie der Name »Wegerich« schon sagt, kommen diese robusten Pflanzen oft an Feldwegen vor, besonders dort, wo das von den Weißen eingeführte Vieh bereits die übrige Vegetation zertrampelt hat (Trittpflanzengesellschaft) – bei durchziehenden Bisonherden entsteht eine solche Beeinträchtigung der Flora gar nicht erst! Auch die Stiefel der Bauern sowie die schweren Traktoren zerstören weniger zähe Pflanzen. Daher nennen die Natives diese Pflanze auch *»white man's footprint«*!

- Wasser/Brühe (Menge hängt von der Größe der Hühner ab, müssen bedeckt sein)

Beilage: => Maisküchlein oder => Indian Polenta

Zubereitung:

Die bratfertigen Hühner/Fasanen mit 2 EL Schmalz einreiben (bes. der magere Fasan benötigt etwas Fett). In der Schmorpfanne oder, wenn möglich, am Bratspieß anbräunen. Dann die Hühner mit den übrigen Zutaten in einen gr. Schmortopf geben und mit Wasser/Brühe bedecken. Alles einmal aufkochen und dann bei niedriger Hitze 1½–2 Stunden durchschmoren (gleichmäßig köcheln lassen), bis das Fleisch gar und zart ist, doch noch nicht auseinander fällt. Zum Schluss mit Pfeffer und Salz würzen (nicht gleich anfangs, weil Salz ja Wasser zieht). Mit Polenta oder Maisküchlein angerichtet servieren.

*

***Geflügelsuppe mit Lauch und Sonnenblumenkernen* – shiyó/kokóyah'anla hanpí, pshin na wahcázi tánka su un kágapi**

Zutaten:

- Hühnerklein/Hühnerfleisch von 1 Wildhuhn (wenig ergiebig!)/Bio-Haushuhn
- 1½ l Wasser/Gemüsebrühe
- 3 Lauchzwiebeln/Porree, kleingeschnitten
- 1 EL Estragon (gerebelt)
- Prise Salz und Pfeffer (weiß, möglichst frisch gemahlen)
- 300 g Sonnenblumenkerne, geschält (liefern den Fettgehalt, statt Markknochen)
- optional: ein paar Prärierüben u./o. Pastinaken

Zubereitung:

Hühnerklein in Wasser/Instantbrühe (Huhn oder Gemüse) aufsetzen, kurz aufkochen und bald auch den kleingeschnittenen

Lauch sowie gg.falls die Prärierüben und kleingeschnittene Wurzeln hinzugeben, auch die Sonnenblumenkerne recht bald mitkochen, sobald das Fleisch gar wird. Alles ohne Deckel bei zunächst mittlerer, dann niedriger Temperatur ca. 1 Stunde köcheln lassen, sodann den Estragon hinzufügen und alles mit Pfeffer und Salz abschmecken. Das Hühnerklein muss komplett durchgegart sein, wobei in Kauf zu nehmen ist, dass etwa Magen und Leber eher hart werden (weil sie so wie Ei stocken), während Muskelfleisch und Haut eben weich werden. Etwaige Knochen möglichst vor dem Servieren herauslösen bzw. aus der Suppe herausfischen. Zu frischem Brot, z. B. => Fry Bread, servieren. Tipp: Die Suppe lässt sich auch nach Belieben mit Curry und Dill verfeinern.

*

Hähnchensalat, Geflügelsalat – **kokóyah'anla icáhiye**

Die typische Reste-Verwertung, wenn bei einem Familienfest (wo rasch schon mal ca. 200 Personen als **tiyóshpaye** = »*extended family*« zusammenkommen!) oder einer Stammes-Veranstaltung (von **wacípi** = *Powwow* bis **otúh'anpi** = *Giveaway Feast*) die Hähnchen dutzendweise geordert werden (sofern keine heimische Schlachtung) und dann hinterher eine gute Reste-Verwertung stattfinden soll, der Überbleibsel (**watéca**) vom Festessen, welche den Gästen mitgegeben und von diesen noch daheim verzehrt und evtl. zuvor noch weiter verarbeitet werden!

Zutaten:

- vorgegartes Hähnchenfleisch (hier berechnet auf 1 Huhn)/Veggie-Chunks Chicken Art
- 1 kl. Dose Mais (ca. 400 g > Abtropfgewicht ca. 250 g)
- 1 kl. Dose Bohnen (ebenso, wie oben)
- ca. 6–8 EL Ketchup/BBQ-Sauce (NB: Mayonnaise ist unüblich, da in der Prärie ohne Kühlschrank nicht haltbar!)

Zubereitung:

Das vorgegarte (gekochte oder besser gebratene/gegrillte) kalte Hühnerfleisch sorgfältig von Knochen lösen, auf kl. Knochenreste achten (bes. bei den Rippen) sodann würfeln. Die Haut kann ruhig mit klein geschnitten werden, wenn alle das mögen. Hähnchenfleisch mit Mais und Bohnen vermischen, genügend Ketchup/BBQ-Sauce hinzufügen.

Tipp: Wer mag, kann optional noch frische, gehackte Tomaten, gehackten Staudensellerie, auch Dosen-Champignons u./o. frische Kräuter untermengen. Charakteristisch für solche Salate ist ja, dass alle möglichen Reste, sofern geschmacklich und von der Konsistenz her passend, »verwurschtelt« werden!

Europäische Variante:

Mit Mayonnaise und einer Prise Curry, so ist er drüben allerdings praktisch nur in den Städten erhältlich. (Sogar Ananas-Stücke oder Mandarinen aus der Dose kann man dem Hähnchensalat hinzufügen, das entspricht dann natürlich nicht mehr der traditionellen indigenen Küche, schmeckt aber gut.)

*

Truthahn, Pute – **waglékshun shpanyánpi**

Vor Ort wird oft noch der Wilde Truthahn gejagt, hierzulande steht Bio-Pute/Freilandhaltung zur Verfügung; der »*turkey*« ist ja eh ein »Amerikaner« – als typisches »***Thanksgiving***-Essen« (**wópila anpétu**, wörtl.) ja aus dem amerikanischen Osten bekannt, wo einst Indigene den weißen Siedlern zeigten, wie sie in ihrem Land überleben konnten ... Diese Sitte hat sich dann im ganzen Land ausgebreitet, nicht umsonst wird »*Thanksgiving*« bei den Lakota auch als »**waglékshun yútapi anpétu** = Tag des Truthahn-Essens«[173] bezeichnet!)

173 (Wilder) Truthahn gegessen und der Natur dafür gedankt wurde bei den Lakota traditionell ja schon vorher, es handelt sich hier nur um die Übernahme der allgemein-amerikanischen »*Thanksgiving*«-Tradition.

Zutaten:

- 1 Truthahn (ca. 5–6 kg, das langt für 8–10 Personen!)/ NB: Es gibt a. Sog. »Baby-Puten« mit entsprechend geringerem Gewicht.
- Salz & Pfeffer
- ein paar Zweiglein Wüstenbeifuß/Ersatz: Europäischer Beifuß/ Salbei/Geflügel-Gewürzmischung/wer das bei Geflügel nicht mag: Petersilie verwenden (am besten frische)
- etw. Zerlassene Butter

Für die Füllung: Innereien des Truthahns (Leber, Magen usw), sofern ohne Knochen/entbeint, auch die Flügelspitzen können vom Braten abgetrennt werden, damit sie nicht anbrennen, und das anhaftende Fleisch u. die Haut abgelöst und für die Füllung verwendet werden.

- optional: ca. 250 g Hackfleisch (vom Rind, kein gemischtes oder Schweinehack, damit es noch einigermaßen stilecht bleibt)
- optional plus 2 (Hühner-)Eier[174]/
- 65 g Speck, Butter (nach Bedarf)
- ca. 100 g gewürfelte Apfelringe/frische Äpfel, evtl. Backpflaumen (in der Prärie gibt es ja auch Wildpflaumen)/Preiselbeeren
- optional: etwas in Scheiben geschnittene Pastinake
- europäische Note: etwas geraspelte Haselnüsse oder Mandeln, damit die Füllung besser zusammenhält
- optional: 1 Becher Saure Sahne/Crème fraîche für die Sauce

Zubereitung:

Entweder frisch vom Geflügelhof oder tiefgefroren (in dem Fall aus der Packung nehmen, sobald diese von der Oberfläche lostaut, auch Päckchen mit Innereien entnehmen, sodann Truthahn samt separaten Innereien im Kühlschrank auftauen (Achtung: das kann länger als 1 Tag dauern! Es wurde schon von einer Auftau-Dauer von gut 2 Tagen im Kühlschrank berichtet.)

174 Nicht den Truthahn mit Truthahn-Ei füllen, so wie auch als biblisches Tabu gilt, das Lamm nicht in der Milch seiner Mutter zu kochen – einige Menschen halten das aus Pietätsgründen für geboten.

Geflügel und Kleinteile gründlich waschen, abtupfen, Truthahn innen wie außen mit Pfeffer u. Salz einreiben. Kalt beiseite stellen, bis auch Füllung fertig.

Füllung zubereiten: Gehackte Kleinteile (Leber usw) mit den Kräutern und dem Obst vermengen, mit Pfeffer und Salz würzen. Dörrobst kurz in Speckwürfeln/in Butter anbraten und ebenfalls drunter mischen. Die beiden Eier drüber schlagen und unter die Masse unterziehen, gg.falls mit Nussmehl etwas abbinden. (NB: Ohne Hackfleisch wird die Füllung nicht für den großen Truthahn langen, in dem Fall Rinderhack verwenden).

Truthahn mit der Füllung stopfen und die Öffnung mit Bratspießen möglichst dicht verschließen (zunähen ist unüblich). Den Truthahn auf eine ausreichend große Fettpfanne/in einen Bräter legen (Brust ruhig nach unten, damit sie wirklich durchgart) und in den vorgeheizten Ofen schieben. Bei 160° C zunächst für ca. 2½ Stunden garen, dann mit 1 Tasse Wasser übergießen, damit er nicht austrocknet, und abermals ca. 1 Stunde weiterbraten (je nach Größe, Stricknadeltest, ob/wann gar). Öfters mit dem eigenen Bratensud begießen; der Sud kann später auch als Soßenfond verwendet werden. Sobald wirklich durchgegart, Truthahn herausnehmen, den Sud mit etwas Wasser loskochen und Sahne zum Binden unterrühren. Vor dem Servieren evtl. mit Gewürz-Zweiglein und etwas Trockenobst garnieren. (Tipp: Man kann dazu auch Preiselbeeren verwenden, die in Apfelringe gefüllt werden – besonders dekorativ!)

NB: Ein so großes und kompaktes Geflügelstück zuzubereiten ist etwas für Fortgeschrittene! Zudem enthalten die Truthahn-Keulen starke Sehnen, die entweder zuvor von den Keulenenden her umständlich herausgelöst werden könnten (vorsichtig herausziehen) oder eben drin verbleiben. Dem guten Geschmack tut das keinen Abbruch.

*

Wildgans-Braten (Kanada-Gans), gefüllt – **magásapa shpanyánpi**

Veggie-Variante: Chunks mit Geflügel-Geschmack, Zubereitungs- u. Garzeiten dann entsprechend anders, siehe Verpackung, Tipp: Sogar die leckere Bratkruste lässt sich auf Wunsch gg.falls mit Chips nachstellen, am besten mit aufgelegten Nacho-Chips.

Wildgänse lassen sich vor allem zur Vogelzugzeit über der Prärie beobachten, auch an den größeren Flussläufen wie dem Missouri. Meist handelt es sich um die dunklen Kanada-Gänse, gelegentlich jedoch sogar um durchziehende Schneegänse (von der Hausgans an ihren schwarzen Handschwingen unterscheidbar).

Kanadagans = **magásapa**, »Schwarzgans« => Ersatzprodukt: Bio-Hausgans (nicht zu fett!)/Freilandhaltung

Dieses opulente Rezept bezieht auch Wildobst der Prärie ein, doch meist musste es auch ohne gehen.

Zutaten:

- Wildgans/Bio-Hausgans (ca. 4,5–5,5 kg)
- 2 EL Öl (Sonnenblumenöl/Maiskeimöl) NB: Bei Wildgans etwas mehr Öl erforderlich als bei fetterer, gemästeter Hausgans!
- ein paar Zweiglein Wüstenbeifuß/Ersatzprodukt: Salbei (Geschmack wie »*buffalo sage*«)/Europäischer Beifuß (verwandte Art, etwas bitterer)
- Pfeffer und Salz (Pfeffer möglichst frisch gemahlen)
- optional: 1 gestrichener TL Ingwer/Kurkuma (als Ersatz für dortige Ingwergewächse, in der Gegend Richtung Kanada)
- ca. 1 l Wasser (gesalzen, zum Kochen der Innereien)/Gemüsebrühe (a. Instantbrühe)

Für die Füllung:

- 250 g Maisbrot (gewürfelt)/notfalls Polenta-Mehl
- entweder 2 frische Äpfel (geschält u. gewürfelt) oder entsprechende Menge Apfelringe (kleingeschnitten)

- 250 g Pflaumen (frische, entsteint oder Backpflaumen, gewürfelt), am authentischsten sind Wildmirabellen (entsteint) NB: frisches Obst »zieht mehr Wasser«, d. h. frische Früchte produzieren beim Garen ja mehr Saft. Dies ist für die gewünschte Konsistenz zu berücksichtigen, also z. B. durch Maismehl zu kompensieren.
- gg.falls statt/zusätzlich zu Pflaumen auch ein paar Handvoll Kranichbeeren (getrocknete, eingeweicht), NB: die Füllung darf dadurch nicht zu säuerlich werden)
- gg.falls zusätzlich (um die Füllmenge zu erhöhen) auch ein paar gehackte Wildpilze, z. B. Austernseitlinge/Ersatzprodukt: Feldchampignons
- 120 g Lauchzwiebeln (»Frühlingszwiebeln«), in Rädchen geschnitten
- gg.falls das Gänseklein (natürlich ohne Knochen), Innereien, Fleisch u. Haut gewürfelt; also Magen, Leber, Herz usw. kleingehackt, oder aber dieses für die => Sauce lassen (s. u.)

Für die Sauce:

- den Bratensaft der Gans (aus dem Bräter, gg.falls etw. mit Brühe strecken, falls eingekocht)
- 4 TL Maisstärke
- 2 EL Wasser/Brühe (s. o.), kalt (zum Auflösen der Maisstärke)
- gg.falls die Innereien (Gänseklein, s. o.), Tipp: Innereien wie Leber u. Magen für die Füllung, Haut und Hals usw. kochen, Knochen entfernen und als Fleischeinlage kleingeschnitten in die Sauce geben. Auch einige der Pilze (s. o.) können dort wahlweise mit hineingegeben werden.

Zubereitung:

Backofen auf 230 °C vorheizen. Gans (i. d. R. ja schon bratfertig gerupft u. ausgenommen) mit kaltem Wasser abspülen, die ebenfalls gesäuberten Innereien separat in eine Schüssel legen. Gans darauf kontrollieren, ob noch irgendwelche Federkiele verblieben sind, bes. an den Flügeln, diese gg.falls mit einer Pinzette herauszupfen (Wildgans: notfalls noch absengen). Gewaschene Gans trockentupfen, innen wie außen mit Öl und Pfeffer sowie gerne a. mit Ingwer/Kurkuma einreiben (Letzteres rundet einfach den Geschmack besser ab!). Innereien mit dem Wasser/der Brühe in einem Topf aufsetzen und bei mittlerer Hitze gar kochen (benötigt ca. 30–40 Min., je nach Menge und Konsistenz). Innereien herausschöpfen, klein hacken und für die Füllung parat legen, Brühe für die Sauce ebenfalls beiseite stellen.

Für die Füllung: In einer Schüssel das zerbrockte Maisbrot/die Polenta, zerkleinerte Äpfel, Pflaumen, auch gern Kranichbeeren sowie die kleingeschnittenen Lauchzwiebeln u. die Pilze vermengen, 250–450 ml der Brühe dazugießen (je nach Konsistenz der Füllmasse) und alles gründlich durchmischen. Die Füllung mit Pfeffer, Salz u. (typischerweise*) dem Salbei (bzw.) Ingwer/Kurkuma würzen (Letzteres sehr empfehlenswert). *NB: Zuvor jedoch unbedingt entscheiden, ob Würze »Prärie-Typ« (Salbei) oder »Nordland« (Ingwer/Kurkuma) sein soll, d. h. entweder – oder, denn Salbei und Ingwer »beißen sich« geschmacklich etwas! Die Füllung sollte nicht zu wässrig sein, aber auch nicht allzu kompakt, sondern gerade so, dass sie als Klumpen in Form bleibt. Die Gans locker damit füllen und die Öffnung mit Bratspießen sorgfältig zustecken (es wurde nicht zugenäht wie in der europäischen Küche, damals taten es ein paar Holzpflöcke, ähnlich heutigen Grillspießen etwa für Schaschlik. Notfalls bei Holzspießen mit einer Messerspitze Löcher zum Durchschieben vorbohren).

Die so vorbereitete Gans in einen geräumigen Bräter (mit Rosteinsatz) geben, mit der Brust nach oben (da diese flacher ist als beim Huhn oder Truthahn). Temperatur des Backofens jetzt auf 180°C herunterschalten, Gans hineinschieben und zunächst eine halbe Stunde angaren lassen (man rechnet ca. 25–30 Min. pro 500 g). Sodann (oder gleich zu Anfang) die Haut an Brust und Keulen mit einem kl. Messer/spitzer Gabel/Bratspieß mehrmals einstechen, damit das Fett austreten und die Gans im eigenen Fett garen kann. Die Gans während des Garvorgangs wiederholt mit dem

Eigensud beschöpfen (falls dieser zu schnell eindampft, da das Tier mager ist, Öl/Schmalz nachgeben, evtl. auch etwas Brühe). NB: Die Gans muss wiederholt während der ganzen, langen Garzeit regelmäßig mit Sud übergossen werden, damit die Haut nicht verbrennt und das Fleisch etwas schmorend durchbrät, also regelmäßig kontrollieren!). Gartest: Sobald beim Einstechen an den dicksten Stellen (Brust, Keule) kein blutiger Bratensaft mehr austritt, ist die Gans gar. Dann Gans aus dem Ofen holen, auf einer Servierplatte anrichten und warm halten.

Sauce: Den Bratensaft aus dem Bräter in einen großen, hitzebeständigen Messbecher gießen (evtl. dunklere Bratenfond-Ränder dabei ruhig aus dem Bräter losschaben und mit unterrühren, da sie Geschmacksträger sind, es darf nur nicht klumpen), das ölig obenauf schwimmende Fett hingegen abschöpfen (am einfachsten, sobald es etwas abkühlt) und für leckeres Gänseschmalz aufheben! Insges. ca. 450 ml abmessen und wieder in den Bräter/einen Topf geben, evtl. mit etwas Wasser/Brühe strecken. (Evtl. übrig gebliebenen Sud als Bratenfond aufheben, er gibt eine wertvolle Grundlage für Suppen und Saucen, auch kann er abgekühlt und dabei etwas geliert dem Gänseschmalz zugegeben oder so auf Toastbrot gegessen werden.) Den abgemessenen Sud im Bräter/Topf aufsetzen und gg.falls die gehackten Innereien (sofern nicht ganz oder teils für die Füllung verwendet) hinzufügen. Die Maisstärke in dem kalten Wasser auflösen (einrühren) und zum Binden dazuschütten. Die Sauce bei mittlerer Hitze unter ständigem Rühren (Kochlöffel mit Mittelloch, Schneebesen) ca. 2–3 Min. eindicken lassen, zuletzt mit Pfeffer und Salz abschmecken.

Beilage: Bambus-Sprossen (als Ersatz für Rohrkolben) und Wildreis/gemischten Reis (mit Wildreis-Anteil), auch gedünstete => Topinambur, => Prärierüben/Steckrüben, Lauchzwiebeln, Pastinaken, sogar im Bratensud eingeweichte Kranichbeeren möglich. Auch => Maisbrot kann gereicht werden, ist dann eher ein *intertribal*-Rezept.

Das Gericht langt für 8 Personen.

NB: Ähnlich wie hierzulande Gänse mit Dörrobst (halbierte Apfelringe, Dörrbirnen, Backpflaumen, halbierte Trockenaprikosen, gekochte Maronen) gefüllt werden können, so lässt sich eine Füllung auch mit in Sud gegarten Trockenkirschen oder Kranichbeeren usw. zubereiten – nur gab es drüben ja damals kein Hackfleisch für die Füllung, auch heute noch ist Hackfleisch (**taló yukpánpi**) in der Prärie rar und unüblich (außer für Hamburger), wegen der kurzen Haltbarkeit und der nicht immer gegebenen Kühlketten. Als Fleischanteil der Füllung ist daher bestenfalls das entbeinte Gänseklein denkbar, der wirbelreiche Hals kommt dafür eh nicht in Frage, er sollte lieber separat gekocht werden; aus Gänseleber und Magen sowie Herz hingegen lässt sich, kleingehackt und mit Gewürz und Trockenfrüchten gemischt, eine kleine Farce zur Füllung verarbeiten.

*

***Gänsekeule mit Wildkirschen/Kranichbeeren* – magásapa hu canpá un shpanyánpi**

Zutaten:

- 4 Gänsekeulen (Wildgans/Bio-Hausgans)
- 50 g fette Speck-Scheiben (bacon)
- Prise Pfeffer u. Salz
- 250 g Virginische Traubenkirschen/Ersatzprodukt: Sauerkirschen, NB: Keinesfalls (!) Europäische Traubenkirschen verwenden, da diese wg. hohem Blausäuregehalt giftig sind!/als weiteres Ersatz-Produkt sind auch frische (selten zu bekommen) oder getrocknete (u. eingeweichte) Kranichbeeren (*Cranberries*) möglich. Die Sauerkirschen können frisch/tiefgekühlt/aus dem Glas sein.
- ¼ l Wasser
- 1 TL Ahorn-Sirup/Honig/Ersatzprodukt: Zucker (a. Brauner Rohrzucker)
- optional: 1 Prise Kurkuma/Ersatz: Zimt + 1Prise Nelkenpulver (europäisch/asiatisch)

- optional: 3 EL Johannisbeer-Gelee (gibt es auch in der Prärie!)
- optional: ein paar gewürfelte Apfelringe (ebenfalls in der Prärie erhältlich)
- 1 EL Speisestärke (möglichst Maisstärke, damit authentisch)

Zubereitung:

Die Fettpfanne des Backofens mit den Speckscheiben auslegen. Gänsekeulen salzen, mit Pfeffer u. Kurkuma (= ergibt eine leicht »kanadische« Geschmacksnote![175]) würzen und auf den Speck legen. Im vorgeheizten Backofen bei 200°C ca. 1 Stunde braun braten. (Auch in integriertem Backofen unter Grillfunktion. Die Keulen könnten auch auf dem Rost gegrillt werden, doch werden sie dann leicht trocken und müssen stets bepinselt werden).

Währenddessen die Kirschen/Kranichbeeren mit Wasser (g.falls ihrem Einweichsud) und dem Ahornsirup/Honig/Zucker weich köcheln, dabei sonstige Gewürze (etwa Zimt, Nelken) hinzugeben. Auch die zerschnittenen Apfelringe beifügen und das Johannisbeer-Gelee unterrühren. Alles einmal kurz aufkochen und mit der angerührten Speisestärke (Maismehl) binden. Zubereitungszeit: ca. 75 Min. (lieber etwas länger rechnen, Geflügel muss durchgegart sein!)

Tipp: Europäische Note: Mit Saft u. geraspelter Schale einer Bio-Orange sowie einem Schuss Rotwein in die Sauce. Dann kann man auch gleich mit »klassischen« Knödeln servieren … (doch so entsteht ja auch ein internationaler Austausch und eine Bereicherung der regionalen Küchen – wie viele Gewürze und Produkte haben etwa in die europäische Küche auf diese Weise Einzug gehalten? So stammt ja auch der Truthahn (s. o.) etwa aus Amerika … da darf man schon gerne mal Kochstile mischen – Hauptsache, es passt geschmacklich zusammen!)

---

175 Im Norden reicht die Prärie nämlich bis nach Kanada hinein (Saskatchewan), und dort im Norden kommen auch ingwerartige Wildpflanzen vor, deren Gewürz dem ihrer asiatischen Verwandten ähnelt.

Beilage: Geeignet sind Wildreis/gemischter Reis, Bambus-Sprossen (als Ersatz für Rohrkolben) sowie evtl. gebratene/gedünstete Pilze (Austernseitlinge), auch Wasserkastanien/als Ersatz: geröstete u. geschälte Maronen. (Wegen der fruchtigen Geschmacksnote hier keinen Lauch, keine Zwiebeln, keinen Sellerie verwenden).

*

***Wildentenbraten, gefüllt* – pagónta shpanyánpi, ojúla**

pagónta, z. B. Stockente; => Ersatzprodukt: Bio-Hausente/Freilaufhaltung//Veggie-Variante: Chunks mit Geflügel-Geschmack, Zubereitungs- u. Garzeiten dann entsprechend anders, siehe Verpackung, Tipp: Sogar die leckere Bratkruste lässt sich gg.falls mit Chips nachstellen, am besten mit Nacho-Chips.

Enten sind zwar in der Prärie recht selten, jedoch ziehen Wildenten und -gänse zur Zugzeit durch, auch finden sie sich im Gebiet des Missouri und einiger Seen/Stauseen der Great Plains. Daher gehören auch sie zu den traditionellen Gerichten (zumal heutzutage auch auf Farmen neben Hühnern auch gelegentlich einige Enten oder Gänse gehalten werden).

Zutaten:

- 2 Wildenten/Bio-Hausenten (jew. 1500–1800 g, Hausenten wiegen eher um die 2 kg)
- Salz und Pfeffer (möglichst frisch gemahlen)
- optional: ein paar Zweiglein Wüstensalbei/Ersatz: Salbei oder Beifuß, oder (geschmacklich passender):
- optional: Ingwer/Kurkuma (im Stil des Nordostens/Kanadas, dort ingwerartige Gewächse)
- 3 EL Öl (möglichst von Sonnenblumen oder Mais)
- 120 g Lauchzwiebeln (»Frühlingszwiebeln«), in Rädchen geschnitten
- optional: 180–200 Wildpilze (frisch/aus dem Glas)/Champignons (frisch, möglichst braune/aus der Dose, a. 3. Wahl, da schon geschnitten)

Für die Füllung:

- Die Innereien (Entenklein, ohne Knochen, daher Hals besser separat lassen, nur mitkochen und sodann das Fleisch von den Wirbeln knabbern, ein Auslösen der Knochen wäre viel zu umständlich). Die Haut des Halses kann entweder kleingehackt oder wie eine Wurst gefüllt werden.
- 600 g vorgekochter Wildreis/gemischter Reis
- optional, *intertribal* (stammesübergreifend): 120 g Haselnüsse, gemahlen, im Stil des Nordostens, z. B. Chippewa[176])/sonst: gg.falls gleiche Menge Maismehl/Polenta (zum Verfestigen der Füllmasse, da glatter, dunkler Wildreis weniger klebrig ist als gewöhnlicher Kochreis)
- optional: frischer Schnittlauch (kleingeschnitten)/frische Petersilie (gehackt), als Ersatz für dortige Wildkräuter

Zubereitung:

Bratfertige Enten waschen und trocken tupfen. Beiliegende Innereien ebenfalls waschen, gg.falls von den Mägen die zähe Außenhaut abziehen oder zumindest regelmäßig einschneiden, Innereien kleinhacken oder in feine Scheiben schneiden, für die Füllung beiseite stellen. Enten innen wie außen salzen und würzen (Pfeffer u. Salz, dazu gern a. Ingwer/Kurkuma). Das Öl in einer großen Pfanne erhitzen (Test: bis sich am Kochlöffel feine Bläschen bilden) und Innereien kurz drin anbraten, Lauchzwiebelringe und evtl. Pilze sowie Schnittlauch hinzugeben, evtl. a. Haselnuss-Schrot hinzufügen, alles zusammen ca. 1 Min. unter ständigem Rühren weiter braten, bis die Pilze (u. evtl. a. Haselnüsse, nach Art des Ostens der USA/Kanada) zart gebräunt sind. Den Pfanneninhalt pfeffern, salzen und gut durchmischen, dann abkühlen lassen.

176 Die Plains-Chippewa hatten sogar ein mit den übrigen Plains-Völkern überlappendes bzw. angrenzendes Stammesgebiet in der Prärie, die übrigen bewohnten die Wälder des Nordostens. Bis auf gelegentliche Stammesfehden ging man sich möglichst friedlich einfach jahreszeitlich aus dem Wege, auch gab es Kontakte durch Handel und auch Heirat zwischen den Stämmen.

Backofen auf 220°C vorheizen, währenddessen die Enten locker mit der vorbereiteten Mischung füllen, Bauchöffnung mit Bratspießen sorgfältig verschließen[177], damit keine Füllung und nicht zu viel Sud austritt und die Enten nicht austrocknen. Vor dem Einschieben in den Backofen die Temperatur auf 180°C herunterschalten und die Haut der Enten an Brust und Keulen mehrmals mit einem Bratspieß/einer spitzen Gabel/Messerspitze einstechen, damit während des Garens Fett und etwas Bratensaft austreten und den Braten feucht halten kann. Damit die Haut nicht eintrocknet, die Enten auch regelmäßig mit Bratensud übergießen (die Haut wird dennoch knusprig durchbräunen; falls sie noch zu blass und gummiartig bleibt, kann man das Übergießen auch vorübergehend aussetzen und notfalls die Temperatur im Backofen etwas erhöhen. Wichtig ist auch hier: Geflügel muss stets vollständig durchgebraten sein! Als Garzeit berechnet man pro 500 g ca. 30 Min. Gartest: Beim Einstechen an der dicksten Stelle – Schenkel, Brust – tritt nur noch klarer Bratensaft ohne blutig-rötliche Verfärbung aus). Dann Entenbraten aus Bräter herausnehmen und auf einer großen Schüssel servieren (optisch bes, geeignet: rustikale Terrakotta-Keramik), mit Gewürz-Zweiglein garnieren.

Beilage: Bambus-Sprossen (als Ersatz für Rohrkolben) und Wildreis/gemischten Reis (mit Wildreis-Anteil, dann einfach entsprechende Menge für Füllung als auch Beilage vorkochen; pro Person rechnet man 1 Tasse Reis), auch gedünstete => Topinambur, Lauchzwiebeln, sogar im Bratensud eingeweichte Kranichbeeren möglich.

Für 6–8 Personen

*

177 Das häufig für Brat- u. Grillgut empfohlene Abdecken mit Alu-Folie ist aus gesundheitlichen Erwägungen nicht zu empfehlen, da aus dem Aluminium Schadstoffe in die Nahrung gelangen können. Dies gilt auch für Beilagen wie Backkartoffeln usw.

Taube, gedünstet (Wild- oder Haustaube) – **wakínyela lolóbyapi**

Falls doch einmal Taube auf den Tisch kommen sollte (was eher selten der Fall sein dürfte, manche Lakota mögen evtl. auch vor der Namensverwandtschaft der Taube mit dem Donnervogel »Wakínyan« zurückschrecken), hier ein Rezept (europäische Tradition mit Zutaten der Plains):

Zutaten:

- 1–2 Tauben
- pro Taube ¼ l Wasser/Brühe
- pro Taube 10 g Butter/entsprechende Menge Öl
- optional: Speckscheiben (*bacon*) zum Umwickeln
- optional: 1 Bund Suppengrün, jedenfalls aber 1 Zwiebel
- einige EL Mehl (zum Abbinden)
- Prise Pfeffer (möglichst weißer), Salz u. Estragon (gerebelt)

Zubereitung:

Gesäuberte und bratfertig vorbereitete Taube(n) in heißer Butter/in Öl mit Zwiebel anbraten, besser vorher mit Speckscheiben umwickeln, mit dem Wasser bzw. der Brühe angießen, so dass der Schmor-Braten bedeckt ist, gg.falls mit dem Suppengrün leicht andünsten und alles durchgaren. Sud mit angerührtem Mehl als Sauce binden, nochmals ca. 5–10 Min. durchkochen, mit Pfeffer, Salz und Estragon abschmecken. Das Fleisch muss in jedem Fall gut durchgegart[178] sein (darf aber auch noch nicht zerfallen). Garzeit: ca. 30–40 Min. (je nach Größe der Tauben auch etw. länger).

Europäische Variante: Den Sud mit einem Becher Saure Sahne/Crème fraîche zu Sauce aufkochen, evtl. mit Dosenchampignons (1. Wahl) verfeinern, evtl. 1 Schuss Weißwein hinzugeben (europä. Note).

*

178 Bei Geflügel sonst stets Salmonellengefahr

Fisch

TIPPS:
Frischen Fisch erkennt man an den noch roten Kiemen[179] und den nicht eingesunkenen Augen[180]. (Wenn Fisch bereits riecht – nicht mehr zum Verzehr geeignet!) Zu schuppende Fische mit dem Messer vom Schwanz her bearbeiten, um die Schuppen »gegen den Strich« abzuschaben. Es ist auch möglich, bei Brat- oder Räucherfisch die Haut insgesamt abzuziehen (was bei Forelle in zerlassener Butter natürlich schade wäre). Die Innereien sind vorsichtig auszunehmen und die Bauchhöhle zu reinigen (auswaschen, mit Küchentuch nachtupfen), damit keine bittere Galle im Inneren verbleibt! Das Filetieren am besten bei bereits geköpften Tieren, längs der Mittelgräte (Wirbelsäule), dabei sacht von oben her andrücken, damit das Filet nicht verrutscht.

TIPP: Zum Grillen eignet sich eine sog. Fischzange (fischförmiger Klapprost).

Veggie-Variante: bei Rezepten für paniertem Fisch eignen sich gut Veggie-Fischfilets bzw. a. Veggie-Fischstäbchen (vegetarisch oder vegan mit Fischgeschmack), für Räucherfisch könnte man als Ersatz prima geräuchertes Tofu nehmen, nur für gekochten oder unpaniert gebratenen Fisch wird es etwas schwierig, denn Tofu mit seiner etwas schwammigen Konsistenz ähnelt nun mal keinem Fischfilet mit seinen gestaffelt-feinfaserigem Fleisch. Mit etwas gutem Willen und kreativem Geschmack lässt es sich jedoch so »umwürzen«, dass es Fisch oder auch Krabbenfleisch zumindest geschmacklich ähnelt: viel Dill und etwas Curry können da Wunder bewirken, wenn auch diese Zutaten nun wiederum nicht den traditionellen Gewürzen der Prärie entsprechen – doch das können ja dann umso mehr die Beilagen, wie etwa Wildreis oder Topinambur!

*

179 Kiemen = **lohé**, a.: iyóha (eigentl.: »Unterkiefer«)

180 Auge(n) = **ishtá**; **loyá** = frisch, noch feucht; frischzubereitet = **telyá** (< téca = neu)

Forellen (Black Hills): gut zu grillen

Forelle à la Black Hills – **hehógan, He Sápa/Pahá Sápa etánhan**

Die Black Hills sind buchstäblich das, was hierzulande der Schwarzwald ist: ein forellenreiches Gebiet. Die den Natives heiligen Berge, die sie bis heute zurückfordern, sind als Mittelgebirge weit und breit die einzige Gegend, in der Forellen vorkommen (und heute auch gezüchtet werden). Ortsnamen wie »***Spearfish***« (**Hócape**) erinnern daran, dass damals von den Natives nicht (nur) geangelt oder in Netzen und Reusen gefangen wurde, sondern Fisch eben auch gespeert.

Hier: ***Forelle gegrillt***, mit Wacholderbeeren und Cranberries angerichtet

Zutaten:

- pro Person 1 mittlere Forelle
- etw. Öl zum Bepinseln (z.B. Sonnenblumen, Maiskeim)
- *optional;* Prise Salz u. Pfeffer (frisch gemahlen)
- 1 paar Wacholderbeeren
- 1 Handvoll Kranichbeeren (falls gedörrt: in Kirschsaft/Wasser gequollen)

Zubereitung:

Entweder Fische in feuerfester Form im Backofen garen oder in der Fischzange auf dem Grillrost (möglichst Holzkohlegrill). Die Zange auch vorher einölen, damit der Fisch nicht festbrät u. dran hängen bleibt.

Garzeit (je nach Größe der Fische): Während eine Forelle etwa im Backofen bei ca. 180°C/Umluft etwa 25–30 Min. benötigt, kann man bei der Zubereitung von ganzen Fischen auf dem Grill von einer Gardauer von ca. 10–15 Min. ausgehen (bei einer geschätzten Dicke von ca. 4 cm, ebenfalls ca. 180 – max. 200°C, bei dickeren Brocken); Filets hingegen brauchen nur ca. 8–10 Min. (indirekte Hitze), es kommt aber auch auf die Dicke des Fisches an. Da Fisch empfindlich ist, sollte er regelmäßig mit Öl bepinselt werden, damit er saftig bleibt. Wann ist er fertig? Das wässrig-transparente

Fischfleisch wird beim Garen (Stocken des Eiweißes) undurchsichtig und kompakter (Forelle: weißlich, Lachs: rosa) und zudem allmählich blättrig (die Muskelsegmente lösen sich voneinander). Von außen zeigt sich zudem ja eine krosche Bräunung der Haut.

Tipp fürs Grillen: am besten im speziellen Klapp-Grillrost (s.o.) für Fische (dieser verhindert das Auseinanderfallen der zarten Fische/Filets beim Wenden).

*

***Amerikanischer Zander (Wall-eye) auf Indian Polenta (Hominy), mit Gemüse, à la Oacoma* – hozízila shpanyánnpi, wanáshlogyapi un kágapi**

Zutaten:
- 1 großer Am. Zander/zwei kleinere (insges. ca. 1–1,5 kg)
- Prise Salz
- Spritzer Zitronensaft (téca)
- optional: ca. 4 Scheiben Räucherspeck (**washín**, *bacon*) + Rouladen-Schnur/Spießchen
- optional: ¼ l saure Sahne/Crème fraîche
- optional: Dill, Prise Muskat (europäisch)

Beilage:
- pro Pers. 1 Tasse Hominy (Indigenes Polenta-Mehl)
- Brühe (z.B. Instant-Gemüsebrühe)
- 4 kl. Lauchzwiebeln
- ein paar EL Öl u. Mehl für eine helle Mehlschwitze/1 Fertigpackung helle Sauce
- Prise Pfeffer und Salz,

Sauce:
- optional: plus 1 Becher saure Sahne/Crème fraîche (europäische Geschmacksnote, für den hiesigen Gaumen) > in den Kochsud unterrühren
- optional plus Prise Muskat, Kurkuma, plus Dillzweiglein/getrockneter u. gerebelter Dill/frische Petersilie

Zubereitung:

ausgenommenen Zander gründlich schuppen[181] u. abspülen, Kopf u. Flossen entfernen

Variante A): großen Zander filetieren und Filets in ca. brötchengröße Stücke schneiden.

Fischstücke mit Zitrone beträufeln (u. evtl. eine halbe Stunde im Kühlschrank ziehen lassen). Ungesalzen in eine gründlich gefettete, feuerfeste Form geben, die mit den Speckstreifen ausgelegt ist, pfeffern und salzen und in den vorgeheizten Backofen geben (ca. 200°C). Nach ca. 10 Min. mit der Sauren Sahne übergießen und weitere 15–20 Min. garen lassen (Gartest: mit Stricknadel einstechen: Wenn das Filet nicht mehr gummiartig ist, sondern zart, ist es gar). Vor dem Anrichten mit dem übrigen Gewürz überstreuen und mit Dillzweiglein garnieren.

Während des Garens die Polenta zubereiten (Rezept => siehe dort) und das Lauchgemüse in einer Pfanne mit etwas Speck und Butter anbraten und dünsten lassen.

Fischstücke auf der Polenta angerichtet servieren, das Lauchgemüse separat daneben.

Variante B): kleine Zanderfilets im Ganzen lassen, auf Speckstreifen garen und je 1 Schöpfkelle Polenta sowie das Lauchgemüse daneben servieren.

Variante C): Die kleineren Zander im Ganzen garen, in Speckstreifen eingewickelt (dann mit Rouladen-Zwirn umbinden) und am besten kurz anbraten, bevor der Fisch in eine feuerfeste Form zum Durchgaren im Backofen gegeben wird. Sodann neben der Polenta und dem Gemüse auf dem Teller drapieren.

*

181 Zander haben, wie die meisten Barsche, raue Kammschuppen!

Katzenwels, paniert und gebraten, à la Chamberlain – **hogánsapa ceúnpapi**

Zutaten:

- 1 (–2) Katzenwels(e)/Ersatzprodukt: Pangasius
- Salz, optional: etw. Kurkuma
- einige EL Mehl
- ca. 50 g Fett (Butter, Butterschmalz, Schweineschmalz oder Rindertalg)
- optional: ein paar Zweiglein Beifuß oder Salbei /frischen Dill oder Petersilie (europäisch) zum Garnieren

Zubereitung:

Da der Fisch schuppenlos und glatt ist, entfällt praktischerweise das Schuppen. Ausgenommenen Fisch waschen, filetieren (oder zumindest, je nach Größe, Kopf und Flossen entfernen), gründlich in Mehl wälzen und in einer Pfanne mit zerlassenem Fett beidseits goldbraun braten. Erst dabei salzen und würzen. Fische auf einem Teller/einer länglichen Schüssel (Tipp: vorgewärmt) anrichten und mit Gewürz-Zweiglein garnieren. Als Beilage eignet sich Wildreis oder auch frittierte Süßkartoffeln, über die man den Bratensud gießen kann. Garzeit (je nach Größe u. Dicke des Fisches): ca. 10–12 Min.

*

Katzenwels, gegrillt – **hogán sápa kceyápi**

Zutaten:

- ca. 750 g Fischfilet (Katzenwels/Ersatzprodukt: Pangasius)
- Prise Salz
- einige EL Öl (am besten Sonnenblumenöl)
- optional: Zitronensaft

Zubereitung:

Ein Schuppen ist nicht nötig (s. o.). Fisch filetieren (oft bereits als Filet im Handel erhältlich) größere Filets evtl. in grobe Stücke schneiden, waschen, abtupfen, evtl. mit Zitronensaft beträufeln (téca; wird einfach zarter), sodann gründlich mit Öl einpinseln und auf den ebenfalls geölten Grillrost legen. Gg.falls mitsamt der Sudpfanne (Fettpfanne) in die erste oder zweite Schiebeleiste von oben in den Backofen mit Grillfunktion setzen (vorheizen) oder zünftig auf dem Holzkohlegrill beidseits grillen, zwischendurch salzen und je nach Bedarf mit Öl nachpinseln. Grillzeit: (je nach Grilltyp) je Seite ca. 6–8 Min. , also insges. ca. 16 Min. – Als Beilage eignen sich gegrillte => Topinambur/Kartoffeln/Süßkartoffeln (alle am besten leicht vorgegart).

NB: Eine Zubereitung als Kochfisch war früher wohl eher selten, da der Fisch leicht zerfällt. Er wurde zumeist am Spieß oder auf Kohlenglut gebraten. Evtl. wurde er gelegentlich mit Reis mitgekocht (dies eher im Osten, wo Wildreis vorkommt). Braten in gusseisernen Pfannen kam ja auch erst mit Einzug der europäischen Küche auf, ebenso das Dünsten in feuerfesten Formen.

*

Flusskrebse auf Reis mit Gemüse **(matúshka na psin na watóto), *»Indian Paella«***

Dieses Gericht sei der Vollständigkeit halber erwähnt, weil heutzutage auch viel *intertribal*-Austausch herrscht, so werden häufig auch Kochrezepte in den Sozialen Netzwerken geteilt oder aus dem Internet heruntergeladen. Das Gericht, basierend auf Krebsen, Wildreis/gemischtem Reis und Rohrkolben/Ersatz: Bambus-Sprossen stammt eher aus dem Gebiet der ***Menominee*** (Algonkin-Volk, »Reis-Leute, Reis-Esser« in Wisconsin, Eigenbezeichnung: *omäqnomenewak*), doch auch bei den benachbarten ***Winnebago*** (Eigenbezeichnung: ***Ho Chunk***, »Leute mit lauter Stimme«, auf Lakota: **Ho Tánka**, einem Sioux-Stamm im Gebiet der Großen

Seen wurde traditionell auch Wildreis gegessen. Geerntet wurde er von den ansässigen Stämmen meist einfach, indem vom Kanu (**wáta**) aus die Ähren des Wildreises (**psin**) direkt über die Bordwand gedroschen wurden. Über die ***Ho Chunk*** (**Ho Tánka**) wiederum wurde die Beliebtheit von Reis – der ja heutzutage leichter überall verfügbar ist – auch an die westlicheren Nachbarn, die Dakota, Nakota und Lakota vermittelt.

Zutaten:

- Flusskrebse (gekocht und geschält; oft bereits vorgekocht[182] erhältlich), z. B. ca. 1 kg ganze Krebse, entspricht ca. 500–700 g geschälte, da viel als Abfall zu verwerfen ist (Schale, Beine, Kopfteil). Es sollten pro Pers. Mindestens ein halbes Dutzend Krebsschwänze sein.
- Wildreis/gemischter Reis (pro Pers. ca. 1 Tasse Reiskörner abmessen)
- statt Rohrkolben: Bambus-Sprossen,
- optional: dazu Lauchzwiebeln, evtl. a. Entenfleisch u./o. Fisch – also eine Art »*Indian Paella*«.
- 1 Prise Pfeffer & Salz (weißer Pfeffer, frisch gemahlen)
- 1 Prise Ingwer/Kurkuma/a.: Curry-Gewürzmischung

---

182 NB: Während Kleinkrebse/kl. Garnelen in sprudelnd kochendem Wasser offenbar schockartig durchkochen und in ca. 4 Min. bereits gar sind, ist das bisher übliche Verfahren auch für große Krebstiere eine inzwischen zu Recht umstrittene Quälerei, da Hummer, Langusten und Taschenkrebse usw. eben nicht sofort im heißen Wasser verenden, weil ihr Körper zu kompakt und ihr Panzer zu dick ist, und daher noch minutenlang leiden (Garzeit hier mindestens ab 8–10 Min., je nach Größe). Auch die Unsitte, Krustentiere auf dem Markt an Land »lebend-frisch« zu halten, ist in Zeiten moderner Kühlketten nicht mehr vertretbar (Krebsfleisch verdirbt zwar rasch, lässt sich aber heutzutage problemlos kühlen). Wer nicht von vornherein Vegetarier oder Veganer ist, sollte daher erwägen, auch für wirbellose Tiere – übrigens auch die zunehmend in Mode kommenden Insekten – schonende Verfahren anzuwenden, um die Tiere unter Tierschutzbedingungen zu »schlachten«, also etwa Krebse nicht bei lebendigem Leibe kochen, sondern Produkte zu kaufen, bei denen sie z. B. elektrisch betäubt oder schockgefrostet werden. Auch das Tierschutzgesetz (Tierschlachtverordnung) berücksichtigt diese ethischen Aspekte inzwischen (§ 12 TierSchlV).

Zubereitung:

Geschälte Krebsschwänze auf dem Reis anrichten. Der Reis ist gg.falls mit dem Kochsud der Krebse verfeinerbar, auch die Bambus-Sprossen usw. können darin noch kurz mitgewärmt werden.

Tipp: Flusskrebse können auch als »Krabbensalat« mit Mayonnaise/Dressing + Dill zubereitet werden, eine Prise Curry rundet den Salat ab.

*

Sonstiges: *Pilze, Dörrfleisch, Pemmican, Suppen*

***Dörrfleisch, Buffalo Jerky* – pápa sáka**

Neben *Buffalo Jerky* gibt es auch Hirsch-*Jerky*, meist vom Wapiti, oder auch *Beef jerky*, von – im Reservat meist freilaufenden – Hausrindern (Black Angus, seltener Hereford, öfters hingegen auch *Texas Longhorn* oder *Mexican Corriente*). Da die freilaufenden Tiere Wildkräuter fressen, erhalten auch sie einen wildartigen Geschmack, der dem *Jerky* eine besondere Note verleiht.

Das frische, rohe Fleisch (schieres Muskelfleisch, Filetstreifen) wird in möglichst dünne Scheiben[183] geschnitten (**wakáblapi**) und mit Salz und Gewürzen gebeizt, sodann auf traditionellen Trockengestellen aus Ästen (**cúnkshu**) im Präriewind und an der Sonne trocknen gelassen, bis es hart und trocken ist (**pápa sáka**). Dann kann es, trocken gelagert, praktisch unbegrenzt aufgehoben und auch weiterverarbeitet werden (s. u., => *Pemmican*, **wasná**).

Dörrfleisch wurde also traditionell vor allem vom Bison, aber auch Wapiti-Hirsch u. a. Wild hergestellt, heutzutage oft auch von Fleischrindern (bes. Angus, Hereford; das wird indes von tradi-

183 *Jerky* wird also, im Unterschied zu Bündner Rauchfleisch u. a. luftgetrockneten Fleischkonserven, von vornherein fein aufgeschnitten und nicht erst hinterher gehobelt. Das hängt mit dem damals möglichen Herstellungsverfahren zusammen: es musste schnell gehen, damit das Fleisch nicht etwa verdarb.

Dörrfleisch (Jerky, hier: Beef Jerky)

tionellen Lakota meist als »Nachahmer- oder Ersatz-Produkt« empfunden), es kann aber praktisch auch aus allen anderen, vergleichbaren Tierarten hergestellt werden (etwa Reh, Rothirsch, Lamm[184]).

Zu bedenken ist, dass aufgrund des Wasserverlusts beim Dörren, zum Haltbarmachen, sich die Menge des Produktes gegenüber dem Ausgangs-Material um fast die Hälfte reduziert (der Rest verdunstet halt): So erhält man aus 188 g (ca. 200 g) Rindfleisch nur 100 g *Jerky* als Endprodukt, durch den Gewichtsverlust beim Wasserentzug durch den Verdunstungsprozess. Entsprechend konzentriert sich aber naturgemäß auch der Eiweiß-Gehalt! Dadurch war **pápa sáka** bei den Lakota u. a. Native Americans als Proviant und Dauerkonserve äußerst beliebt. Es wurde in Lederbeuteln aufbewahrt, kann zu Fleischpulver für Suppen zerrieben werden und auch als Bestandteil des legendären ***Pemmican*** (**wasná**) dienen (s. u.).

Auch hierzulande ist zumindest ***Beef jerky*** als Delikatesse erhältlich (bes. im Großhandel und Discounter), doch auch Ersatzprodukte wie *Bündner Rauchfleisch* oder teilweise (nicht für Dauerkonserven, nur für frische Speisen) auch *geräuchertes Tofu* (für Vegetarier/Veganer) können für entsprechende Kochrezepte verwendet werden. Auf europäischen Bison-Farmen kann man neben Frischfleisch evtl. auch Dörrfleisch erhalten, einfach mal nachfragen lohnt sich! Außer bei *Native Americans* und einigen weißen Farmern ist Jerkey gelegentlich auch bei sog. *mountain men* (trapperartigen Typen, die *outdoor* leben) erhältlich, also am besten auch nach der nächsten ***Trading Post*** (**mas'ópiye**) fragen!

Beim Zurechtschneiden der Fleischstücken für Dörrfleisch sollte darauf geachtet werden, dass die ca. fingerlangen Scheiben möglichst dünn sind sowie frei von Sehnen, diese sollten weggeschnit-

184 Das aus Europa eingeführte Lamm/Schaf wird als »**táhca shúnkala**« bezeichnet, also in etwa »hundeartig-zahmes, rehartiges Huftier«. »Lamm« als Jungtier generell: »**tacíncala** = Junges vom Wild, Kleines, Kitz, Zicklein«

ten werden, damit das ohnehin feste Dörrfleisch nicht zäh wird. Man bedenke: Dörrfleisch muss mit Bedacht gegessen werden (ähnlich wie Räucherschinken auch). So wie die Beduinen auf ihren langen Karavanenreisen extra lange getrocknete Datteln wie Bonbons lutschten, um möglichst lange daran gut zu haben, so haben auch die Lakota-Scouts und -Krieger unterwegs lange auf ihren Dörrfleisch-Stücken gekaut, um das Hungergefühl zu dämpfen. Erst dann entfaltet sich auch der ganze Geschmack.

NB: Die traditionelle Herstellung von Dörrfleisch (= also noch ohne Pökelsalz!) kann bis zu 5 Tagen erfordern und sollte erfahrenen Spezialisten vorbehalten bleiben.

Zutaten:

- 1 kg. sehr mageres Bison-/Rindfleisch (schieres Muskelfleisch)
- 2 EL grob gemahlenes Steinsalz (moderne Zugabe, doch sehr empfehlenswert, um Haltbarkeit zu gewährleisten!)
- ½ TL Chili-Pulver (nach Art des Südwestens, Richtung Mexiko)/etw. Ingwer- oder Kurkuma-Pulver (nach Kanadischer Art, wo wilder Ingwer verwendet wurde)

Zubereitung:

Fleisch in möglichst dünne Scheiben schneiden (mit einem scharfen Schlachtermesser, die Scheiben sollten wirklich hauchdünn werden, ca. 3 mm dick, und in ca. 10 x 2,5 cm lange bzw. breite Streifen. Diese dürfen ruhig etwas unregelmäßig in der Form sein, nicht jedoch in der Dicke). Mit Gewürzmischung bestreuen, Gewürze einreiben. Auf einem Rost über einem Backblech (früher auf Holzgestellen im Freien[185]!) im Backofen dörren, der Backofen sollte auf 65°C vorgeheizt werden und muss für 8–10 Stunden (!) in Betrieb bleiben, also erfordert die Überwachung des Backofens

185 Dabei waren Insekten wie z. B. Fliegen und auch Vögel wie Krähen zu vertreiben, meist fuchtelte ein Aufpasser (Kind oder Frau) mit einem Büffelschwanz als Wedel die hungrigen Tiere davon und wehrte so die Nahrungskonkurrenz ab.

eine Präsenz über lange Zeit hinweg. Das Fleisch darf keinesfalls feucht bleiben, sondern muss richtig trocken durchdörren. Danach auskühlen lassen (es darf dabei keine neue Feuchtigkeit ziehen!) und in Kühlschrank aufbewahren.

Bei den Lakota und sog. »Mountain Men«[186] in den Plains wird Jerky auch in Vakuum-Folie eingeschweißt angeboten, doch auch dann sollte es gekühlt sein. Solche Produkte findet man vereinzelt in Hofläden oder Trading Post-Stationen. Die dortigen Waren sind zumeist aus eigener Produktion und es lohnt sich immer, sich das Sortiment dort einmal anzuschauen!

*

Pemmican, aus Dörrfleisch – **Wakápapi**

Dörrfleisch (*Jerky*) wurde entweder durch Trocknen feiner, flachgeklopfter Fleischstreifen an der Luft hergestellt oder, wenn die Sonne nicht genug schien, um Fleisch im Freien dörren zu können, dann wurden die Fleischstreifen über glühender Holzkohle (**petága**[187]) gebraten. Später wurde das Dörrfleisch je nach Bedarf mit Mörsersteinen (**icútu**[188]) zu einem etwas pulverig-faserigen Brei zerrieben und dienten als Grundlage für verschiedene Gerichte: typischerweise, mit Knochenmark oder Tierfett sowie Trockenbeeren vermengt, als => ***Pemmican*** (**wasná**), im Alltag aber oft einfach auch als Suppengrundlage, dazu wurde das zerriebene Trockenfleisch mit etwas kochendem Wasser übergossen und verrührt oder direkt in die Suppe gegeben. Hier ein Rezept für Dörrfleisch als Suppen-Einlage (s. u.):

*

186 Solche »Hofläden« fand die Autorin etwa in Scenic, SD.

187 »**petága**« kommt von »**péta** = Feuer« und bezeichnet *»burning/live coals«*, Holzkohle allg. *(charcoal)* ist »**cahlí**«.

188 »Stein« allg. ist »**ínyan**«

Dörrfleisch-Suppe **(pápa wahánpi/wahánpi pápa sáka un kágapi)**

Dieses Rezept gehört zum Traditionellsten und somit Authentischsten, was die Lakota-Küche zu bieten hat!

Zutaten:

- 450 g Dörrfleisch (buffalo/beef jerky, a. von Wild, sofern erhältlich), grob gewürfelt
- 150–180 g Frühlingszwiebeln, kleingehackt
- ca. 700–800 g getrocknetes Hominy (= Indian Polenta-Mehl), mindestens 3 Stunden eingeweicht, Einweichwasser aufheben
- oder, optional (Variante): 350 g getrocknetes Hominy plus 450 g mehlige, rohe oder vorgekochte Kartoffeln, gewürfelt
- Prise Pfeffer und Salz

Zubereitung:

Dörrfleisch, Frühlingszwiebeln und Polentamehl samt dem Wasser zum Einweichen in einen gr. Topf geben und zum Kochen bringen. Beim Aufkochen muss das Fleisch u. Gemüse komplett mit Wasser bedeckt sein. Danach zugedeckt/mit Kochlöffel unterm Deckel bei verringerter Hitze ca. 2 Stunden köcheln lassen, bis der Maisschrot gar ist. (Variante: jetzt Die mehligen Kartoffeln hinzufügen). Den Eintopf mit Salbei, Pfeffer und Salz würzen (abschmecken) und weitere ca. 30 (bei rohen Kartoffeln: ca. 40 Min) sacht schmoren lassen. Darauf achten, dass sich nichts ansetzt (anbrennt), daher rühren und gegebenenfalls weiter Wasser/Brühe zugeben.

Variante: Die Zwiebeln im Topf in Fett/Talg glasig andünsten, sodann Fleisch und Maisschrot hineingeben und mit ausreichend Wasser/Brühe ablöschen. Wer mag, kann auch etwas Curry hinzugeben (neue, aber passende Geschmacksvariante).

Für 4–6 Personen

*

Pemmican, aus Talg (Wasná)

Die indigene Dauer-Konserve schlechthin!

Zutaten:

- 175 g sehr fein gehacktes/zermörsertes Dörrfleisch (Jerky), vom Bison/Hausrind/Wild
- 125 g getrocknete Kirschen (Virginia-Traubenkirschen oder Gartenkirschen, a. gehacktes Dörrobst aus Kranichbeeren)
- 6 EL Rindertalg[189] (Bison/Hausrind)/notfalls Butterschmalz

Zubereitung:

Alle Zutaten bei Zimmertemperatur miteinander vermengen (das Fett muss durch Kneten verarbeitbar sein). Aus der Masse 6 knödelartige Klumpen formen. Bis zum Servieren kalt stellen/kühl aufbewahren (damit das Fett nicht zu warm wird und aus der Form gerät, auch darf es natürlich nicht zu lange draußen stehen, damit es nicht ranzig wird).

NB: Ein kurzer kulinarischer und kulturhistorischer Exkurs als »Schmankerl«: Selbst in der rustikalen europäischen Küche finden sich noch Anklänge bzw. Relikte dieser früher allgemein verbreiteten uralten Dauernahrung: So etwa im traditionellen spanischen »***Mantecado***« (= Fettkugeln, Art Schmalzbällchen), z.B. »*Mantecado de Limón« (sin azúcar añadido), Zitronen-Fettkugeln (ohne Zucker)*, das aus dem Schmalz der in extensiver Weidewirtschaft freilaufenden Iberischen Schweine[190] hergestellt wird, vermischt mit Weizenmehl und Zitronenraspeln – also vergleichbar der Rezeptur Büffeltalg – Maismehl – Kirschpulver. –Es lässt sich also eine kontinuierliche, weltweite Entwicklung über die Jahrhunderte hinweg erkennen: vom geradezu prähistorischen Pem-

---

189 Rindertalg wird auch hierzulande in traditionellen Rezepten für Christstollen verwendet! Zusammen mit dem Mehl und den Rosinen/Korinthen ergibt das ja auch eine Art »Pemmican-Mischung.

190 Die sich in den sog. *Dehesas*, Hutewäldern, durch Eichelmast ernähren und daher fast wildtierartig aromatisches Fleisch liefern.

mican über Rezepte wie dem Mantecado und den ursprünglichen Stollen mit Rindertalg bis hin zu heutigen Rezepturen. Es gab im Laufe der Zeit also immer mehr Zutaten, plus Mehl sowie Hefe, was somit dann erst zu backen ist. Die Pointe dieser interessanten Kulturgeschichte: Auch ursprüngliche Rezepte kommen wieder zu Ehren!

*

***Mais-Pemmican* – wagméza wasná**

NB: Diese Kugeln haben eine gewisse Ähnlichkeit mit den tibetischen Tsampa-Kugeln, die aus gerösteter Gerste, Butter und Grünem Tee als Teig angerührt und gerollt werden. In diesem Fall ist es eben Rindertalg und kein Zusatz von Tee, doch eine ähnliche Kombination von Fett und Getreideschrot, als recht haltbare und direkt verzehrbare Essensrationen. Es scheint sich also in der Tat um eine uralte Tradition zu handeln, die weltweit nachweisbar ist und in der die vorhandenen Zutaten in ähnlicher Weise verarbeitet wurden und werden.

Und hier gleich noch ein weiteres »Schmankerl«, nämlich:

***Pemmican-Rezept auf Lakota*[191]:**

Hier ein Originalrezept[192] für ***Pemmican*** (die Zutaten variieren je nach Region und Verfügbarem, z.B. zerkleinertes Büffel-Trockenfleisch), zu den Standard-Zutaten gehören festes Tierfett und pulverisierte Trockenfrüchte oder auch Maismehl[193]:

---

191 Erstabdruck in: Rebecca Netzel, Lakota Lexikon Landeskunde, Trier 2008, S. 1111

192 nach: ***Rood/Taylor***, *Colorado Lakhóta Project, Beginning Lakhota, Volume 2, p.* 12-26 (Orthographie an den ***Buechel***-Standard angeglichen, jedoch zum Erleichtern des Browsens ohne Sonderzeichen; es wurden folgende Sonderzeichen vereinfacht wiedergegeben: ŋ = n, š = sh)

193 Dieses Gericht hat erstaunliche Ähnlichkeit mit dem tibetischen ***tsampa***, das aus geröstetem Gerstenmehl und Yak-Butter besteht – ein weiteres Indiz für die Herkunft der Native Americans aus den Tiefen Asiens, zwischen Tibet und Ostsibirien.

Wasná

- **Wagméza yukpánpi, wíyatke num**
- **Asánpi wígli, tke'íyutapi okíse (Tájuntka washín nakún unpi okíhipi)**
- **Canhánpi gi, wíyatke num**
- **Canpá kashkípi naínsh canpá maswógnaka, wíyatke shókela (Itúnkala ishtá shpanyánpi nakún únpi okíhipi)**

*

Pemmican

- 2 Tassen Maismehl *(cornmeal)*
- ½ Pfund Butter (es kann auch Nierenfett sein = traditionell: Nierenfett vom Büffel)
- 2 Tassen brauner Zucker
- ¼ Tasse pulverisierte[194] (gemahlene trockene) Wildkirschen *(chokecherries)* oder Kirschen aus der Dose (es können auch gekochte [eingeweichte] Rosinen sein)

*

Zubereitung

Das Maismehl in einer Pfanne leicht anrösten (**giyá**). Dabei ständig umrühren (**icáhiya**). Butter oder Nierenfett zerlassen. Maismehl, Butter, Zucker und Kirschen (Kirschpulver) zusammenmischen und kaltstellen (bis das zerlassene Fett wieder fest wird). Pemmican ist eine köstliche Delikatesse.

Wagméza/wagmíza[195] yukpánpi na wígli ikcéka na cahánpi na canpá ko kin hená icáhiyapi. = Mais-Schrot und Talg und Zucker und auch die Kirschen werden vermischt.

---

194 Achtung! Kirschkerne natürlich nicht im Mixer schreddern! Bedienungsanleitung konsultieren.

195 Andere Schreibung/Aussprache

TIPP: Ersatz-Produkt für Vegetarier*innen/Vegane:

Statt Talg: Veganes Zwiebelschmalz (Bio) verwenden (enthält ca. 76% Bio-Palmöl/Sonnenblumenöl in veränderlichen Anteilen, dazu Röstzwiebeln und getrocknete Äpfel (jew. 3,5%), ferner zumeist eine Mixtur aus Apfelsaft-Konzentrat, Meersalz, Soja-Sauce, Selleriepulver, Tomatenmark, Zwiebelpulver und Zitronensaft-Konzentrat. Dieses vegane Schmalz lässt sich sehr gut als europäisches Pendant zu »*Pemmican*« charakterisieren, wer mag, kann es ja leicht erwärmen und noch getrocknete Kirschen/*Cranberries* unterrühren.

=> *Pemmican in Suppen: s. u.*

*

Pemmican-Suppe, Pemmican-Soup – **Wasná wahánpi**, *(Fleisch, Fett und Beeren), intertribal*[196], *Plains*

Zur Zubereitung v. Pemmican aus Talg (**wasná**) => s. o., entsprechender Eintrag

Pemmican-Suppe ist »die Suppe schlechthin«. Alle weiteren Suppen sind meist nur Variationen, oft mit Dörrfleisch oder Wildbret angereichert (*siehe dort*).

Zutaten:
- 750 g Büffel-/Bio-Rindfleisch, vom Kamm, ohne Sehnen und gewürfelt/
  vegane Variante: Veggie Chunks (etwa für Döner, Tofu ist nicht so gut geeignet)
- 3 EL Rindertalg/notfalls Schweineschmalz/oder: Pflanzenöl (Mais, Sonnenblume)/
  vegane Variante: a. Veganes Zwiebelschmalz
- 1 L Fleischbrühe/Gemüsebrühe

196 d. h. stammesübergreifend bekannt, etwa a. bei den *Blackfoot*, ***Siksika***, wobei hier nicht die Lakota-Band der **Sihásapa** (= ebenfalls »*Blackfeet*«, da sie einst durch Präriefeuer/Asche laufen mussten) gemeint ist.

- 120 g Frühlingszwiebel (Lauchzwiebel, in Rädchen geschnitten)
- 150 g frische Blaubeeren (Heidelbeeren)/Brombeeren oder Kanadische Felsenmispeln (Junibeeren), gewaschen und im Sieb abgetropft/falls gerade keine Obst-Saison: es geht auch mit getrockneten Cranberries (Kranichbeeren), diese dann vorher ca. ½ Stunde einweichen, der entstehende Saft kann dann einfach mit in die Brühe.
- 1 EL Honig (es geht auch mit Ahorn-Sirup)
- 1 Prise Salz und gemahlener Pfeffer (am besten weiß)

Zubereitung:

Ursprüngliche Variante: Fleisch in einem gr. Suppentopf im heißen Fett anbräunen (so dass sich eine Kruste bildet und der Fleischsaft im Innern erhalten bleibt). Auf kleiner Hitze mit Brühe ablöschen, dann wieder auf mittlere Hitze hochstellen und Gemüse zugeben, alles köcheln lassen. Sobald das Fleisch zart ist, also erst gegen Ende, die Beeren und den Honig unterrühren und sanft mitschmoren lassen, da sie sonst zerkochen und ihr Aroma verlieren. Kochzeit insges. ca. 1 Stunde. Zum Schluss mit Pfeffer und Salz abschmecken.

Vegane Variante:

Statt Fleisch und Talg einfach ein kl. Glas Veganes Zwiebelschmalz verwenden! (Das »Apfel & Zwiebel«-Aroma dort passt prima zum Gesamt-Konzept!) 3 EL veganes Zwiebelschmalz sacht im Kochtopf zerlassen, die in Scheiben geschnittenen Lauchzwiebeln drin schwenken, bis sie leicht glasig sind, sodann ablöschen, Rest wie oben!

NB: Der Lakota-Kulturwahrer, Künstler und Hobbykoch ***Arthur Amiotte*** vermutet[197], dieses Gericht sei zufällig entstanden, als nach einem Festmahl die üblichen Essensreste (**watéca**) an die Gäste verteilt und diesen in behelfsmäßigen Behältern mitgegeben wurden – dabei könnten sich Fleischsuppe und Beeren-Pud-

197 Vgl. Native Food, Die Küche der Indianer Nordamerikas, S. 103.

ding bzw. *Pemmican* vermischt haben oder absichtlich zu einer nahrhaften Kombination zusammengeschüttet worden sein (sei es aus Mangel an Transportbehältern oder auch aus der Erkenntnis heraus, dass ja eh alles gegessen würde und auch zusammen gut schmeckt). Als Behälter für Nahrungsmittel wurden früher z. B. spezielle Lederbeutel (s. u.), Büffelblasen (**waléga**) und Birkenrinden-Eimer (**céga**) verwendet. Speziell für **wasná** (Pemmican) gab es bei den Lakota besondere Rohleder-Behälter, die sog. »**wókpan** (Parfleche)-Tasche, ursprünglich als Köcher für Pfeile konzipiert, wegen der praktischen Form (zum Umhängen) auch als Aufbewahr-Box für Nahrungsmittel verwendet. Wer eine solche, oft bunt verzierte, Parfleche-Box mit rituell geweihtem **wasná** darin als Geschenk erhält, dem wird damit eine große Ehre erwiesen[198]!

*

***Prärierüben-Suppe* – tínpsila wahánpi**

Eines der typischsten Lakota-Gerichte überhaupt!

ehánk'ehan: Prärierüben, Markknochen, Maismehl, Wasser

téca: mit Maisstärke (Mondamin[199]), Mehlschwitze/Mehlbutter, Muskat evtl. (Saure) Sahne/Crème fraîche drunterziehen.

Hier ein Rezept »***Prärierüben nach Oglála-Lakota-Art***«[200], ***à la Manderson***:

198 Vgl. a.a.O. S. 116. NB: Prärierüben werden dort übrigens als »Weiße Rüben« bezeichnet, in Anlehnung an das Trapper-Wort »*pommes blanches*«, also »Weiße [Erd-]Äpfel«.

199 »Mondamin« ist übrigens der Name eines Maisgottes der Ojibwa (Anishinabe) u. a., der – wie viele andere indigen Bezeichnungen – zum Markennamen umfunktoniert wurde.

200 Aus Manderson SD (= **Oyúhpe**), Pine Ridge Indian Reservation (**Wazí Ahánhan Oyánke, a.: »Oglála Oyánke« genannt**)

Zutaten:

- 750 g Markknochen (Büffel/Bio-Rind oder Wild (Hirsch/Reh) mit großzügig anhaftenden Fleisch-Partien, Knochen bereits kochgerecht vom Metzger/Jäger in Portionen gehackt)
- 1½ L Wasser mit etwas Instant-Brühe (ca. 1–2 TL Fleisch- oder Gemüsebrühe)
- gut 200–250 g Prärierüben (geschält, frisch oder getrocknet und zuvor eingeweicht, die fadenförmigen Stängelreste bzw. Würzelchen sind möglichst zu entfernen)/ersatzweise gewürfelte Steckrüben
- 1 Pastinake (geputzt u. in Rädchen geschnitten)
- 200 g frischen Mais (Körner/Dose) oder 100 g getrockneter Mais (aus der Mexikanischen Küche, vorquellen lassen) oder: Maisschrot (Polenta)
- 1 Prise Salz und Pfeffer (am besten weiß, frisch gemahlen)

Vegane Variante: Statt Markknochen stärkere Gemüsebrühe, entsprechend auch aufs Fleisch verzichten und stattdessen Veggie-Chunks verwenden (etwa die für Veggie-Döner)

Zubereitung:

Alle Zutaten, doch noch ohne die Gewürze, in einen großen Suppentopf geben, in der Brühe einmal aufkochen und dann, nach dem Aufwallen und sobald das Fleisch schon halbwegs gar wirkt, die Temperatur auf mittlere Hitze reduzieren (köcheln lassen), so dass es nur noch leicht sprudelt. Dabei Eiweiß mit einem Schaumlöffel abfischen (abschäumen, Tipp: mit Senf vermengt essbar!), Topfdeckel auflegen (am besten mit einem Kochlöffel dazwischen, der einen Spalt zum Dampfentweichen lässt) und alles langsam durchkochen lassen. Nach etwa 45–60 Min. dürfte auch das Gemüse gar sein. Zwischendurch das Fleisch an den Knochen kontrollieren: Sobald die Markknochen hinreichend ausgekocht sind (Geschmack!), die Knochen mit dem Schöpflöffel herausheben, auf einen Tranchierteller legen und mit einem scharfen Küchenmesser die Fleischteile vom Knochen schneiden bzw. abschaben. Das Fleisch in mundgerechte Portionen würfeln und wieder in die Suppe geben. Suppe mit Pfeffer und Salz abschmecken und »frisch vom Feuer« servieren (entweder im Topf oder in einer hübschen Terrine angerichtet). Besonders rustikal wirkt die Suppe in Steingut-Tellern oder Terrakotta-Schalen, mit etwas frischer oder gefriergetrockneter Petersilie bestreut. Auch aufgewärmt entfaltet diese Suppe noch ihr herzhaftes Aroma[201].

*

Pilzpfanne mit Lauchzwiebeln, Gebratene Pilze mit Zwiebeln – cannákpa na ikcéka pshin

NB: Achtung mit Pilzen! Nur absolut erfahrene Kenner sollten Pilze selber sammeln, selbst die heutigen Apps bieten keine Gewähr, da Pilze oftmals standortabhängig »untypisch« wachsen und viele giftige Doppelgänger haben! Auch gibt es geschützte Arten! TIPP: Am besten Pilze aus dem Handel beziehen!

In den regenarmen Plains waren und sind Pilze selten, daher fast nur Baumpilze aus den Wäldern des Westens (Winterlager in den Black Hills) verwendet, sofern essbar. Die essbaren »Baumohren« (Baumpilze) waren aber durchaus beliebt[202], zunächst als Pilzsuppe, später auch mit Speck, als dieser mit den Händlern in der Region aufkam.

Daher hier:

---

201 Der Lakota-Kulturwahrer und Künstler ***Arthur Amiotte*** servierte u. a. selbstgemachte, exzellente Prärierüben-Suppe während seines Gastierens am Deutsch-Amerikanischen Institut (DAI Heidelberg, 7. /8. 12. 2003), wo er in einem Multimedia-Workshop, gemeinsam mit VertreterInnen des St. Josefs Indianerhilfswerks, dem Publikum die Lakota-Kultur buchstäblich »schmackhaft machte«.

202 Überliefert sind Erinnerungen wie: »Cannákpa kin lená yujájapi na mni icáhi pihyápi ca líla wahánpi washté (kshto*). = Baumohrpilze wurden in Wasser gekocht und ergaben eine sehr gute Suppe.« (**Satzmarker:* Frau sprach)

Cannákpa na pshin – »Baumohr« mit Frühlingszwiebeln (Pilzpfanne)

Ersatzprodukt: hierzulande am besten Austernseitlinge verwenden.

Zutaten:

- 350 g. Austernseitlinge (ersatzweise a. Frische Pfifferlinge/Pf. aus dem Glas)/Champignons, am besten frische, braune (»Feldchampignions«[203]), notfalls auch ganze aus dem Glas/der Dose)
- 4 Scheiben Räucherspeck (**téca** = modernere Variante!)/Veganer Räucherschinken (Würfel)
- 2 Frühlingszwiebeln (Lauchzwiebeln), in Rädchen gesschnitten
- 1 Prise Salz & Pfeffer (am besten schwarzer, frisch gemahlen)

Zubereitung:

NB: Frische Pilze werden schleimig oder zerfallen, wenn man sie einfach abwäscht. Daher evtl. anhaftende Erde nur mit einem feuchten Tuch abwischen oder Pilze ganz vorsichtig in einem Sieb unter einen Wasserhahn mit Sprühkopf halten und hinterher trocken tupfen/im Sieb abtropfen lassen. Frische Champignons sollten auch im Kühlschrank nur höchstens so lange gelagert werden, bis die Hütchen anfangen sich zu öffnen – sie sind zu verbrauchen, ehe sich die Lamellen dunkel verfärben, denn sonst wird das Pilzgericht von den Sporen tintig schwärzlich und leicht bitter.

Pilze in mundgerechte Scheiben schneiden, besonders kleine kann man auch dekorativ ganz lassen. Gewürfelten oder in kl. Scheiben geschnittenen Speck/veganen Schinken in einer gr. Pfanne erhitzen (Speck im eigenen Fett anbraten, beim mageren veganen Ersatzprodukt etwas Pflanzenöl hinzugeben). Sobald der Speck

203 Die Champignons erhalten ihre hell bräunliche Farbe durch das Tageslicht; Zuchtchampignons aus Kellern hingegen bleiben weiß. Auch die sog. »Feldchampignons« stammen i.d.R aus Zuchtbetrieben (deren Herkunft ist auch sicherer, gesammelte könnten giftige Doppelgänger (!) enthalten, etwa helle Knollenblätterpilze!

bei mittlerer Hitze ausgelassen bzw. leicht angebräunt ist, die Pilze mit den Frühlingszwiebeln hinzugeben, kurz 1–2 Min. anbraten und bei mittlerer Hitze mit dem Speck weiter garen. Dabei alles gut vermischen (mit dem Pfannenwender[204] durchrühren). Salzen und pfeffern und noch heiß servieren (entweder gleich dekorativ in der Pfanne oder in einer flachen Keramik-Schüssel, etwa aus rotbraunem Terrakotta.

*

Thema ***Suppen, Eintöpfe und Schmorgerichte:***

=> *siehe a.* ***Wild-Eintopf (Hirsch, Reh, »Antilope«)***. Verwendet wird vom »Schalenwild« (= Huftiere) vor allem Keule, Rücken und Bug. Da Wildbret sehr fettarm ist, wird es in der europäischen Küche oft gespickt (= mit Schweinespeck durchzogen), was in der traditionellen Lakota-Küche unbekannt war. Hier behilft man sich damit, das Eigenfett zu verwenden, das Wildbret zu kochen oder beim Braten mit Öl/Fett zu übergießen. Das wenige Wildfett hat einen oft strengen Eigengeschmack, der für den europäischen Gaumen oft als störend empfunden wird, weshalb Fettklümpchen oder fette Partien vom Wild hierzulande meist entfernt werden, was o.g. Nachteil hat, dass das Fleisch dann zu trocken wird und daher überhaupt erst »gespickt« wird. Beim Verwenden von Eigenfett des Wildes, besonders aus den Eingeweideteilen des Bisons, dort wiederum z.B. Nierenfett, stellt sich die Notwendigkeit des Spickens erst gar nicht.

Was die Knochen (**hu**, Mehrzahl: **huhú**) angeht, so wurden sie traditionell bei Suppe und Grillbraten einfach dran gelassen, hierzulande werden, etwa aus der Keule, die Knochen vorher meist herausgelöst (oft schon vom Jäger, vor dem Verkauf der Ware). Bei Rückenstücken ist dies natürlich nicht möglich, weshalb sie sich besonders zum Grillen eignen, weniger für Ragouts.

---

204 Achtung bei Teflon-Pfannen: dann nur hölzerne Pfannenschaber verwenden, da die Beschichtung sonst zerkratzt wird oder sich womöglich gar ablöst und zudem dann Schadstoffe abgibt.

Frisch oder tiefgekühlt? Tiefgefrorene Ware ist genau nach Anleitung aufzutauen, auch frische ist unverzüglich zu verbrauchen. Bis zur Zubereitung in einer Schale im Gemüsefach des Kühlschrankes aufbewahren. Nicht wieder einfrieren. (Gut durchgekochter Eintopf/Ragout kann indes auch noch am Folgetag aufgegessen werden, wenn die Reste gut im Kühlschrank verwahrt werden.)

=> *siehe:* Wildeintopf (Kap. »Wild«)

=> süße Suppen (Fruchtsuppen/aus Beeren) => siehe: Obst (Desserts)

*

Gemüse

***Topinambur, gegrillt nach Plains-Art* – Pangí guyápi**

Zutaten:
- 750 g Topinambur-Knollen
- 2–3 EL Pflanzenöl (z. B. Sonnenblumenöl) o. a. zerlassenes Fett
- 1 Prise Salz

Zubereitung:

Grill vorheizen (auch für Elektrogrill geeignet). Topinambur gründlich waschen und von Erdresten reinigen (abbürsten). Mit dem Öl einreiben/bepinseln und mit Salz bestreuen. Auf dem Grillrost (Holzkohlegrill) oder in ca. 15 cm Abstand von den Heizelementen (Elektrogrill) für 20–30 Min. grillen. Die Knollen sind gar, sobald sie sich leicht einstechen lassen (Gabeltest). Gegrillte Topinambur eignen sich als Beilage zu Fleisch oder Fisch, ähnlich wie Kartoffeln.

(für ca. 6 Personen)

*

Topinambur, gekocht – **Pangí shpanyánpi**

Topinambur lassen sich im Prinzip genauso kochen und schälen wie Kartoffeln, nur ist das Schälen der kleinen Knollen oft etwas mühseliger. Garzeit ähnlich wie bei Kartoffeln, natürlich abhängig von der Größe der Knollen (ähnlich wie bei kl. Pellkartoffeln).

Geeignet als Beilage etwa zu Wildbraten.

*

Topinambur als Salat – **pangí icáhiye**

Prinzipiell kann Topinambur auch roh[205] gegessen werden (sogar mit Schale, wer mag), allerdings sollten nur frisch geerntete und kleine Knollen als Rohkost verzehrt werden, da sie evtl. nicht für jeden gleichermaßen bekömmlich sind (Menschen mit empfindlichem Magen sollten lieber darauf verzichten. Andererseits ist Topinambur, egal in welcher Zubereitung, für Diabetiker geeignet, da die Knollen nur einen geringen Gehalt an Kohlehydraten haben, dafür aber an Inulin[206], welches den Blutzuckerspiegel nicht belastet). Auch ist bei gekauften Produkten zu beachten, dass sie nur gut gewaschen u. geschält gegessen werden sollten, weil man nicht weiß, ob es sich um unbehandelte Ware handelt (außer natürlich bei Bio u./o. Anbau aus dem eigenen Garten). Frisch kann Topinambur auch gehobelt oder geraspelt verzehrt werden, am besten mit einem Salatdressing, etwa Crème fraîche/Rahm-

---

205 Vgl. hierzu im Detail z.B. den entsprechenden Wikipedia-Art. Über »Tompinambur«, > Nutzung.

206 Nicht mit »Insulin« zu verwechseln, auch wenn beide in Zusammenhang mit dem Blutzuckerspiegel stehen. Während es s. bei »Insulin« bekanntlich um ein Hormon handelt, das in der Bauchspeicheldrüse gebildet wird und zur Regulation des Stoffwechsels dient, um den Blutzuckerspiegel zu senken, ist »Inulin« ein Gemisch aus Polysacchariden (Fructanen), das aber den Blutzuckerspiegel nicht beeinflusst, sondern von der Darmflora fermentativ abgebaut wird, und erhöht auch als präbiotischer Zusatzstoff in vielen Nahrungsmitteln den Ballaststoffanteil; siehe z.B. entsprechende Wikipedia-Artikel zu beiden Substanzen. NB: Diabetes (**canhánpi wókuje**) ist bei Indigenen leider weit verbreitet, vor allem aufgrund von billigem *Fast Food*.

sauce oder auch Vinaigrette. Natürlich kann auch gekochte Topinambur ähnlich wie Kartoffelsalat angemacht werden (geschält u. in Scheiben geschnitten, dann etwa mit Essig & Öl oder mit Mayonnaise). Ein wenig gehackte Zwiebel oder frische Kräuter können auch hinzu gegeben werden.

*

Mais (**wagméza**)

Mais wurde entweder z. B. von den östlichen Dakota angebaut oder von ihnen eingetauscht. Getrocknete Maiskolben oder -körner dienten als Dauerkonserve, geschrotet (Maismehl, **wókpanpi**) als Verdickungsmittel von Suppen oder als Zusatz zu => *Pemmican*. Typisch war auch die Verarbeitung als **washtúnkala**: getrockneter Zuckermais, noch junge Maiskolben, die als Wintervorräte erst sacht vorgekocht und dann getrocknet wurden. Dazu wurden sie oft an den Hüllblättern gebündelt. Traditionell gehört Mais also auch zu den Zutaten von Lakota-Gerichten, erst recht jedoch von denen der östlichen Dakota. Die Bedeutung des Maises für die Region kann man auch am sog. ***Corn Palace*** in Mitchell SD erkennen: Dort wird ein palastartiges Mehrzweck-Gebäude[207] jährlich mit einem neuen Design aus buntem[208] Mais dekoriert, das als Touristen-Attraktion gilt. Von 1948–1971 hatte der Dakota-Künstler Oscar Howe[209] die Designs entworfen.

*

***Popcorn* – wagméza nablága**

Auch wenn man heutzutage Popcorn eher mit Kinobesuchen in Verbindung bringt – es ist eine indigene Erfindung! (Das engli-

207 ***a. für sportliche Events***

208 Schon von Natur aus gibt es nicht nur gelbe, sondern auch rote, bläuliche und gescheckte Maissorten, die auch hierzulande gelegentlich als (ungenießbarer) Ziermais zu sehen sind.

209 ***Oscar Howe, Yanktonai Dakota*** (***Mazúha Hokshina, Trader Boy*** (*13.05.1915 – + 07.10.1983). Howe war auch der Mentor des bekannten Lakota-Künstlers ***Arthur Amiotte*** (geb. 1942).

Maiskolben: grillfertig vorgegart

sche Wort »*Indian corn*« für »Mais« erinnert noch daran.). Die Maiskörner wurden früher zum Aufpoppen auf erhitzte Steinplatten gelegt, später auch in Pfannen geröstet. Die Wärme lässt das Getreide aufspringen (Mais-Extrudat). Die speziellen Popcorn-Maschinen sind eine spätere Erfindung. Mais-Crisp ist heutzutage ja aus der modernen Kultur gar nicht mehr wegzudenken: von Cornflakes (**huhúgahela**[210]) über Mais-Crispies in Müslis o. a. Frühstücksflocken (oft mit Milch oder Kakao) oder in Cerealien-Riegeln bis hin zu den berühmten Popcorn-Tüten im Kino ... Popcorn kann übrigens ungesüßt, gesüßt, gesalzen oder mit zerlassener Butter verzehrt werden.

*

Gegrillte Maiskolben – wagméza guyápi

Pro Person: ca. 2 Maiskolben (ohne Blattscheiden und vorgekocht[211]!)

Auf dem Grill unter mehrmaligem Wenden garen.

NB: Das heutzutage übliche Bestreichen von gegrillten Maiskolben mit Butter/Kräuterbutter gab es damals noch nicht, da erst die Europäer Milchkühe und somit auch Butter-Herstellung eingeführt haben. Vielmehr wurden die gegrillten Kolben einfach so verzehrt; bestenfalls konnte man sie z. B. mit etwas Büffelfett bestreichen.

*

Maisküchlein, Plains-Art – **wagméza agúyapi skúyela/pashláyapi un kágapi**

- 250 g Maismehl
- 30 g Weizenmehl (notfalls komplette Menge als Maismehl, wird dann aber nicht so gut)

---

210 Vorn mit stark aspiriertem /h/ gesprochen, bedeutet »mit knisterndem/knackenden Geräusch«, also knusprig

211 Heutzutage schon als vorbereitetes Grillgut erhältlich.

- 1 Packung (ca. 7 g) Trockenhefe
- 2 TL Zucker
- ½–1 TL Salz
- 450 ml Milch
- ca. 1–2 EL Ahornsirup (nach Geschmack)

Zubereitung:

Beide Mehlsorten vermischen und Zucker sowie Salz hinzugeben. Milch einrühren, bis der Teig glatt wird, diesen 15 Min. ruhen lassen. Den Teig mit einem Esslöffel in großzügigen Klumpen abstechen und diese in eine heiße, gut vorgefettete Pfanne geben. Sobald sich oben im Teig Bläschen zeigen (ähnlich wie bei Pfannkuchen), die Klumpen wenden und die Küchlein von der anderen Seite goldbraun braten (dabei mit dem Pfannenschaber ganz leicht ebenmäßig flach drückbar, aber so, dass sie nicht dabei zerfallen). Mit Ahornsirup übergießen. Auch als Beilage zu Fleischgerichten geeignet.

*

Heute oft genutzte Alternative zu Maisküchlein:

Pancakes, Pfannkuchen mit Speck, zerlassener Butter und Ahornsirup (*American Breakfast, in den ganzen USA üblich*) – **agúyapi zibzípela na washín cosyápi na canhánpi**

(oft wird bequemerweise der praktische Fertigteig verwendet, der als Instantpulver gleich angerührt werden kann, mit nur wenigen weiteren Zutaten, vor allem Flüssigkeit). NB: europäische Pfannkuchen enthalten mehr Ei, amerikanische dagegen mehr Mehl und Backtriebmittel. Sie sind daher dicker und kuchenartiger. Je dünnflüssiger der Teig, desto knuspriger werden die Pfannkuchen, die mehlhaltigeren werden etwas kissenartig-höher. »Dünn und biegsam« (zibzípela[212]) sind sie in jedem Fall.

212 Manchmal wird das Wort auch auf »zi« = gelb, gelblich zurückgeführt, das würde jedoch nicht das ganze Wort erklären.

Grundrezept ***Pfannkuchen, Eierkuchen*** **– agúyapi zibzípela (téca)**:

Pfannkuchen gibt es in der Prärie erst, seit mit den Siedlern auch Legehennen und Milchkühe in die Plains kamen. Heute sind sie indes sehr beliebt und aus der amerikanischen Küche gar nicht mehr wegzudenken.

Zutaten:

- 250 g Mehl
- 2 Eier (groß)
- 3/8 l Milch (375 ml, Messbecher)
- Prise Salz
- ausreichend Backfett (ursprüngl.: Rindertalg, heute: Butterschmalz, Butter)

Variante: Süße Pfannkuchen: (nur 1 Hauch Salz plus) ½ Packung Vanillezucker (ca. ½ TL), dann ohne Speck und mit Obst anrichten (s. u.)

Zubereitung:

In einer Rührschüssel Mehl, nach und nach Milch, verquirlte Eier, und Prise Salz verrühren. Darauf achten, dass der Teig nicht zu dünnflüssig wird, sondern sich mit einer Schöpfkelle portionsweise in die Bratpfanne gießen lässt (notfalls noch etwas mehr Mehl zugeben[213]). Den Teig zugedeckt an kühlem Ort mindestens 20 Min – ½ Stunde ruhen lassen. Pfanne mit zerlassenem Fett richten, Temperaturtest: Sobald sich am hineingehaltenen hölzernen Pfannenschaber kleine Bläschen bilden, ist das Fett richtig am Sieden. Mit einer Kelle den Teig portionsweise in die Pfanne geben, ringsum zerlaufen lassen, dabei möglichst schon darauf achten, dass die Teig-Kleckse eine runde Form erhalten, gg.falls mit dem Teigschaber/Pfannenschaber ganz vorsichtig etwas nach-

213 Bei zu dick geratenem Teig lässt sich durch die Zugabe von etw. Mineralwasser oder einem weiteren, kleineren Ei (höchstens Größe M), gegensteuern.

spachteln. Zunächst entstehen beim Garen im Teig ganz kleine Bläschen. Sobald sich der Außenrand des Teiges zu bräunen und leicht nach oben zu wellen beginnt, den Pfannkuchen durch leichtes Hin- u. Herschieben der Pfanne vom Boden lösen und mit dem Pfannenschaber wenden, um die andere Seite zu bräunen (das Hochwerfen von Pfannkuchen ist etwas für Profis). Sobald beidseits goldbraun gebacken, jeweils Pfannkuchen mit dem Pfannenschaber herausnehmen und auf einem (möglichst vorgewärmten) Teller stapeln (man kann den Stapel auch mit einem weiteren, umgedrehten Teller abdecken, zm Warmhalten). Beim Weiterbacken folgendes beachten: Fett ist bereits erwärmt, folgender Pfannkuchen gart daher schneller; zudem nimmt dieser auch selber Fett auf, also entsprechend erneut Nachschub an Backfett in die Pfanne geben. Weiterbacken, bis der ganze Teig verbraucht ist (der 1. und der letzte Pfannkuchen geraten daher oft etwas ungleichmäßig, der erste als Probe, ob das Fett bereits ausreichend erhitzt ist und bis man mit dem jeweiligen Teig von der Konsistenz her den »Dreh raus« hat, der letzte, weil es oft nicht mehr eine volle Portion ausgibt. Das macht nichts: Wenn man diese Pfannkuchen als etwas Besonderes deklariert (»Probiererle«, originelle Form), dann reißen sich die meisten darum, besonders Kinder.

Backzeit: je Eierkuchen ca. 4–6 Min. (also ca. 2–3 Min. pro Seite), Zubereitungszeit insges: ca. 20 Min.

Vegane Variante: Statt Räucherspeck einfach vegane Schinkenwürfel verwenden, zum Garnieren (nicht zum Anbraten!) eignen sich auch die bekannten Mais-Reis-Chips[214] mit »Bacon-Geschmack«

214 Dieser Reis-Mais-Snack besteht ja zudem auch vor allem aus traditionellen, vor Ort so oder ähnlich wachsenden Pflanzen: ca. 40 % Maisgries, dazu Sonnenblumenöl als zentrale Bestandteile, weitere Zutaten sind Reis, der ja auch einen wildwachsenden Verwandten vor Ort hat, sowie Zwiebelpulver, Rauch-Flavour, Salz, Zuckersirup, ferner Rote-Bete-Saft zum Färben der »Speckstreifen«, auch etwas Weizenmehl und Gerstenmalz sowie Rapsöl können beigemischt sein. Derlei Chips werden im Sortiment auch gern neben dem klassichen »*chicharrón*« vermarktet, Snacks aus frittierten Schweinespeck-Schwarten, wie sie aus der spanisch-mexikanischen Küche sstammen und auch in den Plains beliebt sind.

(durch Rauchsalzmischung), die auch optisch durch ihre helle und rötliche Streifung (die durch unterschiedliche Gewürze wie Paprika oder Rote Bete entsteht) einen rustikal-schinkenspeckartigen Anblick vermitteln.

Tipp: Zu Eierkuchen passen auch prima frische Blaubeeren oder Preiselbeeren. (Besonders zur Version mit Vanille-Aroma und evtl. leicht mit Puderzucker überstäubt.)

*

Maissalat (Variationen) – **wagméza icáhiye**

Die Lakota u. a. *Native Americans* rechnen immer mit Gästen, so muss stets schnell etwas zur Hand sein. Früher brodelte immer ein Topf Suppe überm Feuer, heutzutage werden auch mal schnell ein paar Dosen aufgemacht. Typisch regionale Zutaten, bunt gemixt, ergeben rasch einen schmackhaften Salat.

Grundzutaten:
- ca. 300 g Mais (frisch gekochte Körner/Dose)
- ca. 300 g Bohnen (z. B. rote *Kidney-Beans*, eingeweichte u. durchgekochte Trockenbohnen/Dose)
- ca. 300 g Dörrfleisch (zerzupft)/*oder:* Bündner Rauchfleisch (feingeschnitten)/*oder:* Paprika-Salami(z. B. Chorizo, als Tex-Mex-Einschlag) *oder*: Corned beef (gewürfelt/zerdrückt) oder: Fleischwurst (gewürfelt)

Ergänzbar:
- Ein Schuss Ketchup (NB: auf nicht zu süße Rezeptur achten! Empfehlung: BBQ-Note)
- Ca. 200 g Tomaten (gewürfelt, nicht zu wässrig), evtl. a. 100 g Gemüse-Paprika
- 1 Zweig Salbei (feingewiegt, dient als »typischer« Prärie-Geschmack, obwohl der dortige *»buffalo sage«* = **pejí hóta**, Wüstenbeifuß, kein echter Salbei ist, sondern ein ähnlich aromatischer Korbblütler, der mit Wermut verwandt ist.

- Pfeffer und Salz (zum Abschmecken, empfehlenswert: Grillgewürz-Mischung!)
- gewürfelter *Cheddar*-Käse (= in Amerika sind Cheddar- bzw. Chester-artige Käse sehr beliebt, auch für Sandwiches usw, da sich die kräftig-orange Färbung gut zu Blattsalat, Gurken und Tomaten macht.

Einfach alle Zutaten zu einem bunten Salat durchmischen und ca. 30 Min. vor dem Servieren an einem gekühlten Ort durchziehen lassen. NB: Je nach Variation lässt sich dem Salat eine eher pikantere oder mildere, eher gemüse- oder fleischbetonte Note verleihen.

Für ca. 4–6 Personen (1 Salatschüssel voll)

*

***Hominy – Indian Polenta* – wanáshlogyapi –** »Enthülstes« *(vom Schälen der Maiskolben)*

Maisschrot/-mehl wurde ursprünglich am ehesten von den östlichen, teilsesshaften Dakota verwendet und von den westlichen, fast ausschließlich von der Jagd lebenden Lakota gegen Wildbret/Dörrfleisch eingetauscht. Heutzutage wird es in der modernen Lakota-Küche häufiger verwendet, meist nach in den gesamten USA gängigen Rezepten.

*

***Polenta mit (Wild-)Pilzen*/*Variation:* *mit Veggie-Chunks* – wanáshlogyapi, cannákpa un kágapi**

Zutaten:

- ca. 250 g Pilze: z. B. Austernseitlinge/Pfifferlinge/Champignons (entweder frisch/ca. 300 g-Dose)//wer mag: Veggie-Chunks (z. B. Chicken Art)
- ca. 2 Tassen Polenta-Mehl (quillt!)
- knapp gleiche Menge Wasser (gesalzen)/Gemüsebrühe

- 1 Flocke Butter
- 1 Stange Lauchzwiebel, möglichst hell/1 kl. Gemüsezwiebel (weiß oder rot)
- optional: 1 Knoblauchzehe (zum Verfeinern)
- Prise Pfeffer und Salz (Pfeffer kann schwarz oder weiß sein)
- 1–2 EL Sonnenblumenöl (a. Olivenöl möglich, ursprüngl. Rindertalg)
- wer es ***mediterran*** mag: in dem Fall Olivenöl und Knoblauch verwenden + Rosmarin(pulver) + Parmesankäse (gerieben) – dann wird es aber eher in Richtung »***Tex-Mex***«-Küche!

Zubereitung:

Lauchzwiebel waschen und in Rädchen schneiden bzw. Zwiebel schälen und kleinhacken, sodann im Fett glasig braten (nur anschwitzen, nicht zu scharf anbraten). Pilze/Veggie-Chunks sowie Gewürze (nach Wahl, s. o.) dazugeben und alles ca. 10 Min. köcheln lassen. Die Zwiebeln und Pilze bzw. Chunks dürfen dabei nicht zu braun werden, sollen aber Farbe annehmen. In der Zwischenzeit die Polenta mit etwas Wasser/Brühe aufkochen (Polentamehl sollte knapp mit Flüssigkeit bedeckt sein) und durchrühren, sodann das Butterflöckchen (und gg.falls den geriebenen Parmesan) unterrühren.

Zum Anrichten kann man eine rustikale Tonschale wählen (wie die Stämme des Südwestens, etwa die Pueblo und Hopi) oder mit einer Schöpfkelle/gr. Löffel einen kompakten »Berg« Polenta auf einen großen, tiefen Teller setzen, darüber die Pilze/Chunks geben, gg.falls etwas Parmesan drüber reiben oder mit einem Zweig frischem Rosmarin/Basilikum/Petersilie garnieren (Achtung: jew. sehr unterschiedliche Geschmacksnote! Das »typische« Lakota-Gewürz Wüstensalbei passt hier nicht sonderlich gut.)

*

Maisfladen, Maispuffer **– wagméza agúyapi zizípela**

Gebackene Maisgerichte sind ja eher von den Stämmen aus dem Südwesten (Pueblo, Hopi usw.) und dem Osten (Irokesen, Cherokee u. a.) bekannt, dennoch finden sie sich, im Zuge eines stammesübergreifenden Austausches (intertribal) auch gelegentlich auf den Great Plains:

Zutaten:

- 180–200 g Maismehl
- -1½ TL Hirschhornsalz/Backpulver
- ca. ½ TL Salz
- ca. 170 ml Wasser
- ca. 5 EL Rindertalg/Schweineschmalz oder Pflanzenöl (Maiskeim, Sonnenblumen)

Zubereitung:

Maismehl, Backtriebmittel und Salz in einer Schüssel vermengen, das Wasser sowie 3 EL Öl/zerlassenes Schmalz einrühren. Restliches Fett in einer gr. Pfanne (früher: Gusseisen, heute mst. beschichtet) erhitzen, der Pfannenboden muss stets gerade so gleichmäßig mit Fett überzogen sein, Den Maisteig esslöffelweise in die Pfanne geben und die Maisfladen bei mittlerer Temperatur beidseits goldbraun braten. Warm servieren, auch als Beilage zu Fleisch- u. Gemüsegerichten.

(Ursprünglich auf heißen Steinen am Lagerfeuer zubereitet, heutzutage in der Pfanne)

*

***Mais-Bohnen-Kürbis-Eintopf, Three Sisters-Soup (= »Drei-Schwestern-Suppe«)* – wahánpi, wagméza na omníca na wagmú un kágapi**)

NB: Bei den früher von der Jagd und heute von der Büffelzucht lebenden Lakota ist der Begriff »*Three Sisters*« nicht sonderlich bekannt (nur einige *intertribal* aktive Kulturwahrer*innen kennen ihn), daher auch keine spezielle Lakota-Übersetzung. Generell war ja die traditionelle Küche der Lakota notgedrungen »fleischlastiger« als die der weiter östlich lebenden Dakota-Nachbarn, denen neben der Jagd auch ein bescheidener Anbau von Gemüse wie Mais, Bohnen und Kürbis an den fruchtbaren Missouri-Auen möglich war. Mit den westlichen Lakota-Nachbarn aus dem dürren bis halbwüstenhaften Prärie-Land tauschte man dann getrocknetes Wildbret gegen Mais, Bohnen und getrockneten Kürbisstreifen. So konnten die Lakota, die ja weitgehend in ihrer Ernährung von der Bisonjagd abhängig waren und nur in geringem Maß ihre Vorräte auch selber um Wildbeeren, Wurzeln und Zwiebeln ergänzen konnten, auch ihre pflanzlichen Vorräte etwas aufstocken. Dafür nähert sich die fleischbasierte Ernährungsweise der Lakota dem Ideal der *Low-Carb*-Diät an.

Die Autorin hat die *intertribal* (= stammesübergreifend) bekannte »Three Sisters Soup« in Kanada kennengelernt, wo im »*Turtle Island*[215] *(Aboriginal Cultural Center)*/Ottawa diese Suppe von Indigenen für Besucher gekocht und serviert wurde. Diese herzhafte Suppe ergibt sich quasi von allein aus den Zutaten die gemeinsam in einer Art traditioneller, ökologischer »Permakultur« angebaut werden, von den sesshaften Stämmen des Nordostens.

215 »*Turtle Island*« ist der indigene Begriff für »die Welt/Amerika«; bei den Lakota lautet diese Bezeichnung bedeutungsgleich »**Kéya Wíta**«. Der Name bezieht sich auf die mythologische Schildkröte (**Kéya**), welche einst auf ihrem Panzer die Erde aus den Urfluten hob (ein allgemein verbreiteter Mythos, der sich bis nach Ostasien zurückverfolgen lässt, woher ja die Prototindianer in der Eiszeit über die Beringstraße in die Neue Welt einwanderten.

Kürbis: Vielseitiger »Amerikaner« (einheimisch!)

Mais und Bohnen: mit Kürbis als „Three Sisters“

Als kräftige Suppengrundlage werden bekanntlich oft Markknochen (Krausknochen) verwendet/*vegane Variante:* statt Markknochen als Suppengrundlage 2 EL Maiskeim-Öl /Sonnenblumen-Öl in die Suppe geben und etwas kräftiger salzen und pfeffern, um der Brühe die nötige Würze zu den eher milden Gemüse-Zutaten zu geben.

*

***Chili con carne* – omníca yujápi** (»gestampfte Bohnen«), *intertribal*

Dieses Rezept ist nicht (!) »typisch-Lakota«, doch aus der überall gegenwärtigen »***Tex-Mex***-Küche (**Spayóla wóyute**) bekannt. Der texanisch-mexikanische Einfluss gelangte sowohl über Schnell-Restaurants als auch durch Heiraten unter verschiedenen Stämmen und somit über die Grenzen der Bundesstaaten bzw. Länder hinweg auch zur Lakota-Bevölkerung.

Zutaten:

- 250 g Rinderhack
- 1 kl. Zwiebel
- 1 kl. Knoblauchzehe/etw. Streuknoblauch (Knoblauchpulver/Knoblauchsalz)
- ca. 2 EL Bratfett (z. B. Olivenöl, Butterschmalz)
- 250–300 g Tomaten (gut zerkleinert/püriert)
- ca. 200 g Kidneybohnen (vorgekocht, z.B aus der Dose)
- ½ Messerspitze voll Chilipulver
- etw. Oregano/Cilantro (Korianderkraut) /Glattpetersilie
- Prise Pfeffer u. Salz

Zubereitung:

Hack mit Zwiebel und Knoblauch anbraten, würzen, sobald Hackfleisch nicht mehr grau ist, sondern etwas Farbe annimmt, dann Tomaten dazu geben (wenn sie klein genug gewürfelt sind, können sie ruhig ungeschält, also nicht zum Pellen blanchiert, bleiben, denn dann zerkochen die Fruchthautstückchen). Restliche

Gewürze sowie vorgekochte Bohnen dazugeben, wenn das Hackfleisch sowie die Tomaten gar sind, mit Chili vorsichtig dosiert abschmecken! Auch darauf achten, dass das Chili-Pulver gleichmäßig durchgerührt wird. Evtl mit etwas Maismehl andicken.

NB: Diese Gerichte, wie auch ***Gefüllte Paprika*** usw., stammen nicht aus den Great Plains, werden dort aber ebenfalls mit der Zeit bekannter, zumal auch in der indigenen Community gern Rezepte übers Internet bezogen oder in Sozialen Netzwerken ausgetauscht werden.

NB: Eine wenig anspruchsvolle Variante besteht darin, einfach den Inhalt von einer Dose Corned Beef, einer Dose Kidney-Bohnen sowie einer Dose Mais zusammenzukippen und alles kurz durchzuwärmen, das Gemisch wird dann mit in Salzwasser verdünntem Tomatenmark /-püree und einem Schuss Gewürz-Ketchup übergossen und verrührt, so dass eine Art Sauce entsteht, und das Ganze dann als »Chili con carne« deklariert – immerhin etwas für die günstige und schnelle Küche!

*

Lakota-»Minestrone« **– watóto wahánpi**

ehánk'ehan: praktisch nicht bekannt, es wurden nur o.g. pflanzliche Zutaten je nach Verfügbarkeit gekocht, meist als Zugabe in Fleischsuppen.

téca: Heute, in Zeiten von Kühlschrank (**sniwógnake**), Discounter (**mas'ópiye** zu dem man etwa einmal im Monat bis zu 90 Meilen entfernt in die nächste Stadt fährt, da der Reservatsladen vor Ort nur das Allernotwendigste führt) und Internet (dies Wort wurde einfach aus dem Englischen übernommen), wo man sich moderne Rezept-Anregungen holt, werden auch mediterrane Gemüsesuppen usw. gern nachgekocht – vor allem, wenn auf der eigenen kleinen Farm in einem bewässerten Garten etwas Gemüse für den Eigenbedarf gezogen wird.

In die Gemüsesuppe kann dann alles kommen, was der heimische Garten hergibt: Kürbis, Mais, Bohnen (grüne Schoten oder dicke Kerne) Kartoffeln, Karotten, Sellerie usw. Gekocht wird auf der Grundlage von Mark-Knochen oder Instant-Brühe oder Brühwürfeln. Siehe a. andere Rezepte für => Suppe.

*

Kürbis-Gerichte

Der Kürbis (**wagmú**) ist ein einheimisches Gewächs und wurde besonders von den teilsesshaften Dakota an den fruchtbaren Auen des Missouri angebaut. Traditionell erfolgte die indigene Anbau-Methode stammesübergreifend nach dem => »*Three-Sisters*-Prinzip«, wobei also Kürbis, Mais und Bohnen gemeinsam kultiviert wurden; der Vorteil dieser Art Perma-Kultur bestand darin, dass sich diese drei Pflanzenarten gegenseitig im Wachstum fördern und buchstäblich stützen:

Kürbis und Bohnen ranken an den Maisstängeln hoch, die Bohnen wiederum verbessern durch symbiotische Knöllchen-Bakterien, welche an den Wurzeln den nötigen Stickstoff binden, den Boden und der Kürbis wiederum beschattet mit seinen breiten Blättern die Erde und schützt sie so vor dem Austrocknen. Nach der Ernte wurden und werden oft alle drei Gemüsearten als => *»Three Sisters-Soup«* zusammen gekocht, sowohl in den USA als auch in Kanada, doch gibt es natürlich auch getrennte Zubereitungen, wie die folgende Kürbis-Suppe, der vergleichshalber eine mediterrane (andalusische) Kürbis-Cremesuppe zum Variieren (Anpassen an den europäischen Geschmack) gegenübergestellt wird (s. u.). Überhaupt ist Kürbis sehr vielseitig zubereitbar: sowohl salzig/herzhaft (Suppe, gefüllt) als auch süß (Kompott/Blechkuchen).

*

***Kürbis-Suppe Lakota-Art* (wagmú hanpí)**

(für 4 Personen, mit traditionellen Zutaten, die vor (!) Ankunft der Weißen in Amerika vorhanden waren)

Zutaten

- 400 g Kürbis (möglichst Gartenkürbis, *squash*, da dies die ursprüngliche Sorte ist, auch wenn deren Fruchtfleisch etwas wässriger und faseriger ist als etwa Hokkaido)
- 3 kl. Süßkartoffeln (ersatzweise: Kartoffeln), diese gab es bereits wildwachsend in der Prärie
- 3 Lauchzwiebeln (ersatzweise 1 kl. Zwiebel), es gibt dort ähnliche, wildwachsende Arten
- 1–2 Pastinake(n) (ähnliche weiße Wurzeln wachsen dort auch)
- 2–3 EL Büffeltalg (ersatzweise: Rindertalg, notfalls: Sonnenblumenöl, diese wachsen auch dort)
- 1 großer Markknochen vom Bison/Rind (Krausknochen), für die Brühe
- 1 l Wasser
- 1–2 Zweiglein (Wüsten-/Gewöhnlicher) Beifuß (ersatzweise Salbei, NB: die Beifuß-Triebspitzen müssen noch vor dem Öffnen der kleinen Blütenkügelchen geerntet werden, sonst werden sie zu bitter (!), Erntezeit daher Spätsommer – Herbst, Triebe können getrocknet werden; nicht zu viel verwenden, da neben den galle-anregenden Bitterstoffen auch – allerdings nur in höheren Dosen – giftige Substanzen wie Thujon enthalten, nur bei der üblichen, geringen Verwendung unbedenklich)
  NB: Salz und Pfeffer waren damals nicht verfügbar! (Nur sehr selten gelangten Steinsalzklumpen als Tauschhandelsware aus dem Westen herüber, etwa aus Utah)

Da ursprünglich z. B. in einem Büffelmagen gekocht wurde, mit heißen Steinen, wird zuvor auch nichts angebraten …

Zubereitung:

Den Markknochen in 1 Liter Wasser aufkochen, um eine Suppengrundlage zu erhalten. Die Pastinaken waschen und sodann ungeschält kleinwürfeln und mitkochen, währenddessen Lauchzwiebeln waschen und in Ringel schneiden, später dann die zarteren Lauchzwiebelringe zugeben. Wenn die Suppengrundlage ihren Geschmack kräftig genug entfaltet hat, die zwischenzeitlich gewaschenen, geschälten und gewürfelten Süßkartoffeln/Kartoffeln zugeben (diese dürfen ruhig etwas zerkochen, es gab ja noch keinen Mixer, nur Stampfer, hier: Kartoffelstampfer für Püree verwenden).

Kürbis waschen, schälen und würfeln. Die Würfel mit dem Rindertalg vermengen und mit etwas gewaschenem und gerebelten Beifuß mischen und etwas durchkneten, sodann in die Suppengrundlage einrühren. (Ein paar dekorative Beifuß-Zweiglein zur Verzierung aufheben.) Kürbis ca. 20 Min. sacht durchschmoren lassen, dann alles mit dem Kartoffelstampfer zerdrücken (es macht nichts, wenn dabei noch Klümpchen bleiben).

Dann auf Tellern (möglichst in Holzschalen wie aus der Schweiz) anrichten, jew. mit einem kleinen Beifuß-Zweiglein garnieren. Mit geschnitzten Hornlöffeln (oft ebenfalls aus der Schweiz erhältlich) essen. (Das Horn steuert ebenfalls noch Geschmack bei, sobald es sich durch die Suppe erwärmt!)

Aus Hörnern (Bison, Wildschaf) fertigte man Löffel u.a.m.

Tipp: Wem der Eigengeschmack von Gemüsen und Kräutern dennoch für den heutigen Gaumen zu fad ist, der kann natürlich auch mit Pfeffer & Salz nachhelfen, bes. geeignet ist eine kräftige Prise Curry (wenn auch nicht ganz stilecht, doch geschmacklich wunderbar passend und abrundend). **Oyúl washté!** Guten Appetit!

*

Tipp: Variante **»*Kürbis-Suppe*«** für den Mixer mit Kochfunktion:

Zutaten:
- 1 kl. – mittlerer Hokkaido-Kürbis[216]
- 1–2 Karotten (typisch orangefarbene[217])
- 3 kl. Kartoffeln
- ½ l Wasser (am besten gleich als Gemüsebrühe!)
- optional: 1. kl. Zwiebel + Talg/Öl zum Anbraten
- optional: 1 Knoblauch-Zehe
- Pfeffer und Salz, Curry/Kurkuma (nach Belieben abschmecken)

Zubereitung:
Kürbis u. a. Gemüse waschen und grob würfeln (dünnschalige Kartoffeln brauchen nur leicht etwas geschält werden; größere, reife Kerne vom Kürbis sind zu entfernen, noch weiche, kleine weißliche Kerne können verbleiben, Karotte kann ungeschält bleiben)

Gg.falls zunächst Zwiebel und Knoblauch mit Talg/Öl in einer Pfanne anbraten und zum gewürfelten Gemüse geben.

Gemüsewürfel in den Mixer füllen, mit dem halben Liter Brühe bedecken und nach Belieben mit Curry, frisch gemahlenem Pfeffer usw. abschmecken. Sodann bei 100°C für 20 Minuten auf Geschwindigkeitsstufe 1 kochen.

---

216 Zwar ist in der Prärie der *pumpkin/squash* = (runder, orangegelber) Garten-Kürbis typischer, doch beim Hokkaido kann die Schale mit verzehrt werden, ähnlich wie bei Zucchini (dies gilt sogar für die kleineren, noch weichen Kerne), somit ist er für den Küchenmixer mit integrierter Kochfunktion geeigneter.

217 Karotten gibt es eigentlich in vielen Farben, von weiß bis schwarz, gelb über orange bis lilarot, doch zur Kürbis-Suppe passt halt farblich natürlich nur die »klassisch«-rötlichgelbe Karotte.

Als Vorsuppe oder Hauptgericht servieren. (Als Beilage zu einem Hauptgericht eignen sich Reis/Risotto). Evtl. mit gerösteten Kürbiskernen/Sonnenblumenkernen oder auch mit frischen Kräutern garniert anrichten (etwa einem Zweiglein Petersilie oder Kerbel).

*

Ausflug nach Europa: Wie werden dort die aus Amerika stammenden Zutaten verwendet? Zunächst gelangten Produkte aus der »Neuen Welt« ja in spanische Häfen, vor allem in Andalusien[218] (Huelva, Sevilla). Daher hier eine Europäische Variante, als Kulturkontakt:

***Andalusische Kürbis-Cremesuppe** (crema de calabaza):*

(für 4 Personen)

Zutaten:

- 400 g Kürbis (Gartenkürbis oder etwas festkochenden Hokkaido)
- 1 große Karotte (schön orangerot, auch zwei kleinere möglich)
- 3 Kartoffeln (möglichst mehlige Sorte)
- 1 Knoblauchzehe
- 1 Zwiebel (mild, weiß)
- 2 EL natives Oliven-Öl (am besten aus Andalusien, z.B. der berühmten Region um Jaén)
- 200 ml Weißwein bzw. Sherry (am besten andalusischer, z.B. leichter Palomino, aus Arcos de la Frontera oder Jerez; den Rest natürlich zur Suppe servieren!)
- 500 ml Gemüsebrühe (a. Instant)
- 200 g Saure Sahne (a. Schlagsahne oder Creme fraîche möglich)
- Prise Salz (je nach Brühestärke abschmecken)
- Prise Pfeffer (weiß, a. schwarz möglich)
- Prise Muskat

218 Von der Autorin wurde auch Spanien ausgiebig bereist.

Zubereitung:

Zwiebel schälen, Knoblauch abziehen, beide klein hacken. Kürbis waschen, entkernen und würfeln, Kartoffeln und Karotte schälen und würfeln, beiseite stellen. Knoblauch und Zwiebel in der tiefen Schmor-Pfanne mit dem Öl anbraten (nicht zu scharf), gewürfelten Kürbis, Karotte und Kartoffeln dazugeben und ganz kurz mit anbraten. Mit der Brühe und dem Weißwein ablöschen und ca. 20 Min. leicht durchschmoren (köcheln lassen). Kürbissuppe mit dem Mixer pürieren (evtl. Fasern und restliche Kerne entfernen), die Sahne unterrühren und mit Salz, Pfeffer und Muskat abschmecken.

¡Qué aproveche! – Guten Appetit!

*

***Gefüllter Kürbis (mit Bohnen, Hack/vegetarischem Hack)* – wagmú ojúlayapi**

Besonders runde Kürbisse eignen sich, sie bieten sich aufgrund ihrer typischen »Kalebassen«-Form und stabilen Schale ja schon zum Füllen an!

- 1 Kürbis (Bio, am besten runder, oranger Garten-Kürbis) von ca. 2 kg (um die 2000 g)
- 2 TL Salz
- 2 TL Curry
- 2 EL Öl (Sonnenblumen/Mais) oder ausgelassener Talg
- ca. 500 g Hackfleisch (v. Bison/Bio-Rind, Wild: Reh/Hirsch oder Lamm)/
  wahlweise: *Vegane Variante:* mit Veggie-Hack
- 1 mittelgroße Zwiebel (Gemüsezwiebel, weiß oder rot), gehackt
- 150–200 g Wildreis, gekocht (a.: Mischung weißer/schwarzer Reis, günstiger)
- 3 Eier, verquirlt
- 1 TL Salbeipulver/Herbes de Provence
- ¼ TL Pfeffer (gemahlen, weiß oder a. schwarz)

für ca. 6 Personen

Zubereitung:

Backofen auf 175°C vorheizen.

Kürbis waschen und trocken tupfen, oben einen Deckel als Kappe abschneiden, Kerne und Fasern herausholen (am besten mit einem Löffel, Tipp: Kerne röstbar[219]). Den so ausgehöhlten Kürbis innen mehrfach mit einer Gabel einstechen und mit Curry bestäuben.

Das Öl in einer großen Pfanne erhitzen, bei mittlerer Temperatur das Hack und die Zwiebeln zugeben und bräunen. Pfanne vom Herd nehmen und beiseite stellen.

Den vorgekochten Wildreis (abgekühlt) mit dem Rührei, Salz und Pfeffer sowie dem Kräutergewürz nach und nach mischen (Salbei: nötige Komponente, da der Europäische Salbei, ein Lippenblütler, den typischen Geschmack des Wüstensalbeis, einem Korbblütler, hier treffend »nachahmt«) und alles gut durchrühren. Den ausgehöhlten Kürbis mit der Mischung füllen (Tipp: Falls der Kürbis nach dem Entkernen noch nicht genug Hohlraum bietet, so kann man auch ein wenig Fruchtfleisch herausschaben[220], würfeln oder in kleinen Fetzen der Füllung untermengen.)

Eine flache, ofenfeste Form (am besten mikrowellenfestes, dickes Porzellan) gut 1 cm hoch mit Wasser füllen (ungesalzen, zieht sonst nur Wasser). Kürbis in die Form geben und ca. 1½ Stunden backen (bei o. g. 175°C), bis er gar ist (Gabeltest). Achtung: Nach Bedarf gelegentlich weiteres Wasser hinzu gießen, falls zu viel verdampft, das hängt vom Flüssigkeitsgehalt des Kürbis ab, dieser soll ja nicht am Boden ankleben).

---

219 Zum Rösten eignen sich besonders die grünlichgrauen Kerne des Stairischen Ölkürbis, die hellkernigen Sorten, etwa vom Gartenkürbis oder Hokkaido-Kürbis, haben recht hartrandige Schalen, sie können aber auch in Brühe weich gekocht und dann, brühfrisch oder getrocknet, wie Sonnenblumenkerne geknackt werden.

220 Solche schmalen Kürbisfleisch-Schnitzel (**wagmú oshpúla**) wurden früher oft gedörrt (**pusyápi**); sie eignen sich auch für Kompott oder als Füllung von Teigtaschen.

Serviert wird der Kürbis wie eine Bowle-Kugel (der »Deckel« kann durchaus daneben/darauf mitgegart und später als »Kappe« aufgesetzt werden, das Innere ist meist essbar und nicht zu hart). Der gefüllte Kürbis müsste sich bei gutem Gelingen wie eine Hacktorte aufschneiden lassen, da die Eiermasse der Füllung ja gerinnt und die Schale relativ weich gegart wird. Absonten ergibt es halt einen »Gemüseeintopf mit Hack«.

Daher ist es auch wichtig, einen Kürbis in Bio-Qualität zu nehmen, dessen Schale auch zum Verzehr geeignet ist. Besonders weichschalig ist neben kleineren, orangegelben Gartenkürbissen auch der orangerote Hokkaido-Kürbis, auch bei der hellgelben Sorte »Butternut« ist die Schale, ähnlich wie bei Zucchini, mit verzehrbar, allerdings lässt sich diese Sorte aufgrund ihrer »Eieruhr-Form« schlechter füllen. Die Kürbis-Schale ist also eine halbwegs mitessbare »Terrine« für den Inhalt (vergleiche auch »Büffelmagen«!). Es wurde (und wird) folglich alles bestmöglich verwertet!

*

(America meets Europe): ***Kürbis-Quiche***

Auch die Lakota u. a. Indigenen besorgen sich ja heutzutage Anregungen aus dem Internet, wie sie mit ihren hauseigenen Zutaten zur Abwechslung mal etwas anders kochen können. Hier eine vegetarische Variante für das einheimische Produkt »Kürbis«:

Zutaten:

- 250 g Mehl
- 0,5 TL Backpulver
- 0,5 TL Salz
- 4 Eier (Größe M langt)
- 125 g Butter
- 1 kl. Kürbis (am stilechtesten: Gartenkürbis, am dekorativsten: orangeroter Hokkaido, am einfachsten zu verarbeiten: 1 Butternut-Kürbis)

- 2–3 Stangen Lauchzwiebeln (ersatzweise: 1–2 Stangen zarter Porree)
- 1 EL Öl (Sonnenblumen, Maiskeim)
- Prise Pfeffer (weiß), a. Cayenne-Pfeffer/Prise Chili möglich
- 150 g Reibekäse (am stilechtesten: Am. Cheddar/Chester, europäisch: Bergkäse selber reiben, am einfachsten: küchenfertigen Reibekäse kaufen, dann mst. Gouda)
- 200 g Saure Sahne/europäisch: Crème fraîche
- optional: ca. 50 g Veggie-Speckwürfel
- optional: ca. 2 EL geröstete Kürbiskerne (als Deko, bes. geeignet: Kerne vom Steirischen Ölkürbis, schon geröstet erhältlich[221])

Benötigt wird ferner eine Quiche-Form (ca. 30 cm Durchmesser)

Zubereitung:

Mehl, Backpulver und Salz in einer Schüssel vermischen, ein Ei und zimmerwarme Butter hinzufügen, alles zu einem glatten Teig kneten. Diesen auf einer Arbeitsfläche mit einem Nudelholz ausrollen und den Teig in die vorgefettete Form geben. Damit der Teig gleichmäßig gart und sich nicht wellt, am besten mehrmals hier und da mit einer Gabel einstechen. Den Teig in der Quiche-Form im vorgeheizten Backofen bei 200°C (Ober-/Unterhitze, Umluft kann etw. abweichen, Bedienungsanleitung beachten) ca. 15 Min. vorbacken.

Währenddessen als nächsten Arbeitsschritt das Gemüse vorbereiten: Kürbis halbieren, entkernen und schälen, sodann würfeln. Lauchstangen waschen und quer in Ringe schneiden. In einer Pfanne etwas Öl erhitzen und Kürbis sowie Lauch (plus optional: eine Handvoll Veggie-Speck-Stückchen) ca. 5–10 Min. leicht anbraten (anschwitzen) und mit Pfeffer und Salz würzen (es langt,

221 Nicht alle Kürbiskerne sind gleichermaßen zum Rösten geeignet, die grauweißen Kerne des Gartenkürbis haben eine ziemlich dicke Naht am Rand, die grünlich-schwarzen des Ölkürbis hingegen sind am Rand glatt und insgesamt nach dem Rösten schön knackig.

wenn der Lauch leicht glasig wird). Dann das Gemüse (gg.falls samt Veggie-Speck) gleichmäßig auf dem vorgebackenen Quiche-Boden verteilen.

Dann den Reibekäse plus 3 Eier und dem Becher Sahne/Crème fraîche in einer Rührschüssel verquirlen, mit Pfeffer und Salz (evtl. auch Cayenne-Pfeffer) würzen. Die Eier-Käse-Masse über das Gemüse gießen, so dass überall etwas davon hinkommt. Alles bei 200°C (Ober- /Unterhitze, Umluft evtl. etwas abweichend) für ca. 30 Min. backen. Optional: Fertige Quiche mit ein paar Handvoll gerösteter Kürbiskerne als Deko bestreuen. Noch warm servieren.

Ergibt ca. 8 Stück. (Gesamt-Zubereitungszeit: ca. 40 Min.)

Tipp, für die nicht-vegetarische Variante: Es kann, wie auch bei Quiche Lorraine, klein gewürfelter und angebratener Speck zugegeben werden. Diese Option ist herzhafter. Auch Vegetarier müssen inzwischen nicht mehr auf die »Räucherspeck«-Note verzichten: Inzwischen ist ja auch vegetarischer/veganer Speck-Ersatz verfügbar.

*

Kürbis-Kuchen/Blechkuchen mit Kürbis-/Apfel-/Pflaumen-Belag

»Pumpkin Pie« hat sich, neben dem obligatorischen Truthahn, zum Klassiker beim ***Thanksgiving***-Fest (**wópila anpétu** = »Dankfest«) entwickelt. Um zu zeigen, wie vielseitig gerade Kürbis ist, steht das Rezept an dieser Stelle (und nicht bei Backwaren/Kuchen), zumal der Blechkuchen statt süß auch als herzhafte Variante zubereitet werden kann.

Hier ein von der modernen Lakota-Kochkunst inspiriertes Rezept, Grundrezept **wagmú opémnipi**:

Zutaten:

- 250 g Mehl
- 100 g Zucker
- 6 Eiermasse
- 125 g Butter
- 800 g Kürbis (z. B. Hokkaido)
- 125 g Sahne
- 100 ml Ahorn-Sirup
- etwas Zitronenschale (ca. 0,25 g Abrieb)
- eine Messerspitze Zimt (manche nehmen a. dazu etwas Muskat, doch davon noch weniger!)
- etw. Mehl (für die Arbeitsfläche/die Backform)
- etw. Fett (z. B. Butter) für die Backform
- 1 Päckchen Vanille-Puddingpulver
- etw. kaltes Wasser
- 500 g Trockenerbsen (zum »Blindbacken«, d. h, Vorbacken des Teiges, a. Kichererbsen mögl.)

Zubereitung:

Mehl u. Zucker in Schüssel mischen, 1 Ei sowie Butterflöckchen und 1 EL kaltes Wasser hinzufügen, Masse zu einen glatten Mürbeteige verkneten. In der Schüssel oder Klumpen in Folie gewickelt für ca. 30 Min. kühl stellen (Kühlschrank)

Währenddessen Kürbis waschen, in Spalten zerkleinern, diese schälen und in Würfel schneiden, dabei zuvor die Kerne entfernen. Mit der Sahne kurz aufkochen u. zugedeckt bei mittlerer Hitze ca. 10–12 Min. dünsten. Ahornsirup unterrühren und alles fein pürieren. Geriebene Zitronenschale und Zimt hinzufügen. Masse auskühlen lassen, inzwischen Backofen auf 175°C Umluft vorheizen.

Den Mürbeteig auf einer bemehlten Arbeitsfläche rund ausrollen. Die gefettete und mit Mehl bestäubte Kuchenform (für Pie ca. 28 cm Durchmesser) mit dem Teig auslegen, leicht andrücken, überstehende Teigreste abschneiden und anderswo wieder drankneten, bis alles gleichmäßig mit Teig ausgelegt ist. Teigboden mit einer groben Gabel mehrfach einstechen. Dann Boden mit Backpapier bedecken und die Erbsen zum Blindbacken einfüllen, so dass der Teigboden glatt bleibt und der Teig dennoch schon mal etwas knusprig vorgebacken wird. Sodann im vorgeheizten Backofen auf der 2. Schiene von unten/mittleren Schiene ca. 15–20 Min. backen. Dann die Erbsen samt Backpapier entfernen und den Boden noch allein ca. 5 Min. weiter backen lassen. (Falls die Erbsen nicht zu hart und dunkel werden, kann man sie nochmals zum Blindbacken wiederverwenden. Zum Kochen eignen sie sich leider nicht mehr, man kann höchstens versuchen, sie noch länger in Wasser einzuweichen). Wem die Erbsen zu schade sind, der kann auch vorsichtig versuchen, den Teig ohne sie vorbacken zu lassen, dann muss man allerdings stets nachschauen, dass er nicht ohne Füllung zu rasch dunkel und trocken wird bzw. sich der Boden nicht wellt).

Das Puddingpulver mit den übrigen 5 Eiern unter das Kürbis-Püree rühren, dieses sodann gleichmäßig auf den Teigboden streichen. Den Backofen auf 150°C Umluft herunterschalten und den *Pumpkin Pie* ca. 40–45 Min. backen. Danach auf einem Kuchengitter auskühlen lassen.

Zubereitung: ca. 50 Min., ergibt ca. 8 Stücke Kuchen (tortenstückförmig, wenn man den Pie zweimal versetzt kreuzförmig durchschneidet).

Variante »herzhaft«: Statt süß (= mit Puddingpulver, Zimt u. Zitrone) salzig und Gemüsequiche-artig: mit saurer Sahne/Creme fraîche, Speckwürfeln, gehackten Zwiebeln und Muskat (Speck u. Zwiebel können vorher kurz angebraten werden). Dann darf allerdings auch der Boden nicht gezuckert sein, sondern der Teig muss wie für Quiche Lorraine zubereitet werden (250 g Mehl, Salz, 125 g Butter, 1 Eigelb) . Alle Pie-Rezepte sind natürlich erst seit der Reservatszeit entstanden, im Kontakt und Austausch mit der europäischen Küche.

TIPP: auch mit (Fertig-)Blätterteig möglich (Rezept der Autorin):

Schnelle Variante: (=> gekaufter Fertig-Blätterteig auf Backpapier, aus dem Supermarkt):

1 Backblech mit dem Fertig-Blätterteig auslegen (1 Rolle langt für ein genormtes Backblech, evtl. am Rand überstehendes Backpapier etwas zurückschneiden[222]).

Mit dem vorgekochten, gut abgetropften (!), in Scheiben oder Würfelchen geschittenen Kürbis-Fruchtfleisch belegen, so dass ein dichtes, möglichst gleichmäßiges Mosaikmuster entsteht. Anschließend wahlweise mit Zimt (süße Variante) oder Curry (herzhafte Version) bestreuen und im Backofen nach der auf der Packung angegebenen Garzeit backen; meist sind es, wie bei Pizza u. a. bei 200°C ca. 20 Min. je nach Kompaktheit, (Vorgegartheit) und Feuchtigkeit des Belags.

Für die süße Variante: Als Streusel-Blechkuchen, für die Streusel: ca. 250 g Mehl + 125 g Butter + 125 g Zucker + 1 Vanillezucker, evtl. 1 Prise Zimt, bes. für Mirabellen/Pflaumen geeignet.

Tipp: Auch mit Kürbis gefüllte Blätterteig-Taschen (**wagmú opémnipi**) sind möglich, entweder in der Form von Empanadas oder von gefüllten Croissants; hierfür eignet sich bes. der festkochende Hokkaido-Kürbis als Füllung (fein gewürfelt), denn diese darf ja nicht zu wässrig sein, damit die Teigtaschen nicht matschig werden.

Weitere Varianten von Blechkuchen (diese nur als süße Kuchen sinnvoll, mit/ohne Streusel):
- Statt Kürbis auch mit frischen Apfelscheiben (plus vorgequollenen[223] Rosinen) belegen und mit Zimt bestreuen (= Apfelblechkuchen)

222 Tipp zur Sicherheit: Nach oben ragendes, überstehendes Backpapier abschneiden, es könnte sonst anfangen zu brennen, falls es direkten Kontakt zu den Heizschlangen im Backofen bekommt.

223 Damit diese beim Backen nicht anbrennen und dadurch schwarz und bitter werden.

- Statt Kürbis auch mit frischen, halbierten und entsteinten Pflaumen (Zwetschgen) belegen, etwas Haselnuss-/Mandelmehl hinzufügen (zum Saft ziehen) und mit Zimt bestreuen,

NB: bei Roh-Obst verlängert sich entsprechend die Backzeit. Frischen Kürbis unvorgegart zu backen empfiehlt sich nicht, da er dann leicht trocken wird u./o. nicht richtig durchgart.

*

***Kürbis-Kompott* – wagmú wójapi**

Im Prinzip ähnlich zuzubereiten wie => Kirschkompott.

Zutaten:
- 1 kl. – mittlerer Gartenkürbis oder Hokkaido (jedenfalls schön orangegelbe Sorte)
- genug Wasser, um das Kürbisfleisch stets knapp zu bedecken
- ca. 2 EL Zucker, besser noch Ahorn-Sirup
- optional etwas Zimt

Zubereitung:
Kürbis entkernen, schälen (außer bei Sorte Hokkaido, dort nur an einigen dickeren Schalenstellen Schälen nötig), Kürbisfleisch klein würfeln oder in schmale Scheibchen schneiden, im Topf mit Wasser bedeckt aufsetzen, solange köcheln lassen, bis Fruchtfleisch zart und weich, dabei zuckern und mit Zimt abschmecken.

*

Kürbis als Frischkost

Für gewöhnlich wird der Kürbis gegart, das ist die traditionelle Verarbeitung, neben dem Trocknen von Kürbisfleisch-Streifen, die später weiter verarbeitet werden (etwa in Suppen). Daneben gibt es gelegentlich auch die Variante, Kürbis als Rohkost zuzubereiten:

Kürbis schälen und sehr fein schneiden, evtl. Fasern entfernen. Sodann großzügig einzuckern und mit Zitronensaft (nicht Essig) oder auch Orangensaft beträufeln und alles gut vermischen. (Der Orangensaft ist in der Prärie fast nur als abgepacktes Getränk erhältlich, so gut wie nie frisch gepresst). Etwas rohe Karotte kann ebenfalls gern hineingeraspelt werden.

*

***Kürbis-Smoothie* (téca)**

Ein neuer Trend, der auch (vor allem über die Kochtipps in den Sozialen Medien) allmählich in der indigenen Community Einzug hält, sind die Smoothies, denen vor allem gesundheitsfördernde Eigenschaften zugeschrieben werden, aufgrund ihres Vitamingehalts. Daher hier auch ein Rezept für den Kürbis-Smoothie, welches zugleich auch die enorme Vielseitigkeit des Kürbis bei seiner Verwendung belegt:

Zutaten:

- 250 g Kürbis (am besten Hokkaido[224], da farblich ansprechend und viel weniger faserig als Gartenkürbis)
- 1 Orange (a. Pfirsich/Nektarine, dann den lieblichen Geschmack mit einem Schuss Zitronensaft abrunden)/Mango oder 1 Glas Multivitaminsaft, der ja u. a. Orange, Mango, Maracuja und Karotte enthält)
- 200 ml Milch/vegane Hafermilch (a. Joghurt/veganes Ersatzprodukt möglich)
- 1 Päckchen Vanillezucker, optional dazu 1 Prise Zimt oder Anis

224 Obwohl der Kürbis als Art aus Amerika stammt, stammt die beliebte Sorte Hokkaido eben von dort, aus Japan, denn der Kürbis wurde bereits im 16. Jh. von den Portugiesen dorthin gebracht, auch später wurden neue Sorten dort eingeführt und in Japan dann, wie auch andernorts, weitergezüchtet. Die Sorte Hokkaido hat neben der dekorativen Farbe auch den Vorteil, faserarm und festkochend zu sein, auch lässt sich die dünne Rinde wie bei den verwandten Zucchini, einfach mitkochen und verzehren.

Zubereitung:

Kürbis waschen, entkernen, würfeln, sodann weichkochen, pürieren, alle Zutaten in den Mixer geben und cremig pürieren. Der Smoothie langt für ca. 4 Gläser, Tipp: mit ausgestanzten Kürbis-Schalen-Sternchen o. Ä. dekorieren, auch mit einem Zweiglein Minze (Pfefferminz oder Zitronenminze).

*

***Amerikanischer Apfelkuchen, Apple Pie (»Eingewickelter Apfel«)* – Taspán opémnipi**

Der »Klassiker« unter den amerikanischen Kuchen, nicht nur in der Prärie!

Zutaten, für den Teig:

- 250 g Mehl (Weizenmehl)
- 150 g Fett[225] (Butter/Margarine)
- 75 g Zucker
- 1 Eigelb (TIPP: das Eiweiß als Mini-Pfannkuchen braten, gesalzen als Brotbelag)
- 1 Prise Salz
- evtl. 1 Päckchen Vanillezucker (zum Verfeinern)
- evtl. etw. Abgeriebene Zitronenschale (NB: Zitrone muss Bio sein, Schale sonst nicht für den Verzehr geeignet).
  (Vanille und Zitrone in entlegenen Reservaten oft nicht verfügbar)

für die Füllung:

- 1 kg. Äpfel (gern säuerliche)
- etw. Zucker (nach Geschmack, nicht zuviel)
- eine Prise Zimt
- 50 g Rosinen (eingeweicht)/Sultaninen

225 Im Reservat wird für Teig als Fett oft auch Rindertalg verwendet (z. B. Bison/Angus), so wie in Europa früher auch zur Herstellung von Christ-Stollen.

- *evtl.* ca. 40 g Mandelscheiben/gehackte Mandeln[226]
- *evtl.* ein paar Spritzer Zitronensaft

Zubereitung:

Auf die altmodische Art (d.h. ohne Rührschüssel und Mixer): Das Mehl auf ein Backbrett sieben, so dass ein Mehlberg entsteht, eine Kuhle in den Mehlhaufen drücken, Eigelb, Zucker u. Gewürz hineingeben (= es entsteht ein »Mehlvulkan« mit Ei im Schlot), kalte Fett-/Butterflöckchen auf dem Mehlrand verteilen. Alles zügig zusammenkneten, den Teig kaltstellen und möglichst kalt weiterverarbeiten.

(Gut) zwei Drittel des Teiges abnehmen, für den Boden und Rand des Kuchens. Eine Springform fetten. Den Teig für Boden und Rand ausrollen, Boden in Form hineinlegen, zum Rand hin etwas hochdrücken, falls Teig dick genug, restlichen Rand ansetzen. Den Teigboden mit Rand bei ca. 200°C vorbacken, bis Teig formstabil, gar und fest. Auskühlen lassen (auf hitzebeständigen Untersetzer achten, etwa ein Holzbrett). Währenddessen:

Die frischen Äpfel schälen, entkernen, in kleine Würfel hacken, Zucker und Zimt vermischen, sowie Rosinen zugeben und sacht dünsten. Sicherheitshalber nochmals abschmecken. Sobald Apfelmasse püreeartig weich, vom Herd nehmen und ebenfalls auf einem Brett als Unterlage abkühlen lassen. Falls zur Hand, die Mandeln unterziehen. (Wer will, kann zuvor die Äpfel noch leicht pürieren, es sollten aber noch weiche Fruchtstückchen verbleiben, damit die Tortenfüllung etwas »Biss« behält.)

Anschließend die Fruchtmasse auf den Teigboden füllen. Gleichmäßig verteilen, etwa mit einem Messer glattstreichen, bis die Teigform überall gleichhoch mit Apfelfüllung bedeckt ist.

---

226 In den USA stammen Mandeln mst. aus Kalifornien, da die wärmeliebenden Bäume oft nicht sehr winterhart und somit nicht für die Plains geeignet sind; leider werden sie oft in nicht nachhaltigen Großplantagen (Monokulturen) angebaut, es gibt jedoch auch Bio-Mandeln.

Vom Teig haben wir ja knapp ein Drittel separat übrig behalten (kühl beiseite gestellt), nun dies kleinere Stück für das Gittermuster flach auswellen (mit dem Nudelholz, notfalls per Hand). Flache Teigmasse in ca. 2 cm breite Teigstreifen zerschneiden (TIPP: am dekorativsten, wenn die fingerbreiten Teigstreifchen mit dem Rädler geschnitten werden und somit einen hübsch gewellten Rand erhalten.). Diese Deko-Teigstreifen kreuzweise über die Apfelmasse legen, so dass sich ein Gittermuster ergibt. (Sollte es für ein Gitter nicht ganz langen, so tun es auch parallele Streifen).

Ei trennen, Eigelb zum Bepinseln des Teig-Gitters verwenden; (TIPP: aus dem Eiklar kann man sich einen winzigen weißen Pfannkuchen backen, quasi als Spiegelei ohne Gelbes, also nicht fortschütten! Mit Salz u. etw. Muskat/Grillgewürz nach Belieben würzen.).

Nachdem das Teiggitter mit Eigelb bestrichen ist, kommt der nunmehr gefüllte Apfelkuchen nochmals in den Backofen, um bei ca. 200°C noch 20 Minuten fertig zu backen!

Tipp: Den fertig gebackenen Kuchen kann man in der Mitte noch mit einem Kreuz aus 4 frischen (ungebackenen u. ungeschälten dünnen) Apfelschnitzen verzieren, als Symbol der vier Himmelsrichtungen (**tatúye tópa**[227]).

---

227 Das Kreuzsymbol ist wesentlich älter als das Christentum, etwa bei den zirkumpolaren indigenen Völkern findet es s. meist als ***Medizinrad*** (**cankú gleshká**, *Medicine Wheel,* Art »indigenes Mandala«, das die Welt symbolisiert u. der Meditation dient), erst die Römer machten das Kreuz (canícipawege) zu einem Folterinstrument, woraus dann das Christenkreuz entstand. Ein schöner christlicher Brauch ist es, frisch gebackene Brote mit einer Kreuz-Einkerbung zu segnen oder gar ein Kreuzmuster mitzubacken (etwa bei den legendären französischen Templer-Broten). Bei den *Native Americans* wird das Medizinrad ebenfalls als Glückssymbol verwendet und auf zahlreichen Gebrauchsgegenständen wie zuweilen auch auf Nahrungsmitteln dargestellt, sogar als bunte Verierzung aus Zuckerguss auf einer Torte, wie die Autorin selbst in Rapid City S.D. gesehen hat. Beide Kreuzdarstellungen führen offenbar eine friedliche Koexistenz.

Variante:

Teig: => siehe ***Hefezopf***, sodann Teig flach auswellen (max. ½ cm dick) und in eine gefettete Rundform geben, die komplett am Boden und an den Innenrändern mit Teig ausgelegt wird, der sich auch noch knapp über den ringförmigen Rand wellen soll. Dort hinein wird dann die zerkleinerte und großzügig mit Zimt usw. gewürzte, pürierte Apfelmasse gegeben. Den restlichen Teig noch etwas dünner auswellen und in kleine, ca. fingerbreite Streifen schneiden. Diese gitterförmig als Verzierung auf die Apfelmasse in der Form geben. Auch hier kann wieder mit Eigelb »glasiert« werden. Bei 200°C nochmals 20 Min. backen.

Zubereitungszeit insges.: ca. 75 Min.

*

Obst, Fruchtpuddings, Marmeladen und Desserts

Süßes ist bekanntlich bei allen Völkern beliebt. Auf den Plains standen nur wenige Möglichkeiten zum Süßen zur Verfügung, außer der natürlichen Frucht-Süße von Obst und Beeren (**waskúyeca** = »zu Schälendes«, verwandt mit < **skúya** = süß/skúyela = süßlich) nur gelegentlich Honig (**tuhmunga canhánpi** = »Bienen-Baumsaft«) von Wildbienen sowie ***Ahorn-Sirup*** (**canhánpi** = Baumsaft), und der auch nur vom weniger zuckerhaltigen Saft des Eschen-Ahorns (box elder, **canshúshka**), weil der Zuckerahorn nur in den Wäldern des Nordostens wächst.

Speise-Eis/Eiscreme (**cahsníyan**) ist aufgrund der sommerlichen Hitze indes rar, zumal die Kühlung mit Strom teuer ist. Früher lutschten die Kinder lediglich im Winter Eiszapfen (**wazíya-pahli**[228]) als »Delikatesse«, genau wie hierzulande, nur ist der Schnee auf den Plains halt sauberer als in den Städten.

228 Eiszapfen = »gefrorener Atemdampf des Nordriesen«

***Frucht-Kompott*, Grundrezept:**

Gut gesäuberte und verlesene (von Blättern und Stielen usw. befreite) Früchte mit geringen Mengen Wasser (knapp bedeckt, da ja noch Eigensaft austritt) und wenig Zucker (sowie etwas Zimt) sacht gar dünsten (so kurz wie möglich, bis Früchte weich werden), meist reichen schon 5–10 Minuten (je nach Konsistenz und Menge).

*

***Wildkirsch-Pudding (Kirsch-Kompott)* – canpá wójapi**

Früher wurden die getrockneten Wildkirschen mit einem speziellen Mörserstein (**canpícashki**[229]) zerstampft, und zwar samt Steinen (!), was sich heutzutage aus zwei Gründen nicht empfiehlt: Zum einen enthalten die Steine giftige (!) Blausäure, in unterschiedlicher Konzentration, zum anderen ist es mühselig, die harten Steine zu pulverisieren, und man will sich ja auch keinen Mixer damit ruinieren, so dass ein manuelles Mörsern angesagt wäre ... Damals wurde eben möglichst alles komplett verwendet, mit dem geringstmöglichen Arbeitsaufwand – so »originalgetreu« muss es heute ja nicht mehr sein!

Da jeder den Fruchtpudding ja etwas anders kocht, hier zwei Rezept-Varianten, eine traditionellere (**ehánk'ehan**) und eine neuere (**téca**).

Traditionellere Variante (**ehánk'ehan**, auch *intertribal* überliefert):

Zutaten:

- 350–400 g Virginische Traubenkirschen (frisch oder getrocknet)/Ersatzprodukt: frische Sauerkirschen, notfalls a. Gefrorene Süß- oder Sauerkirschen, in jedem Fall entsteint![230]

229 Von »**canpá** = Wildkirsche« und »**icáshki** = Mörserhammer zum Zerstampfen)

230 Früher wurden die Wildkirschen statt des mühseligen Entsteinens oft einfach komplett ausgekocht, bis sie ihren Saft abgaben, das ist aber we-

- ½–1 l Wasser (je nach Saftgehalt der frischen bzw. getrockneten Früchte)
- 2–3 EL Ahorn-Sirup/Honig/Zucker (Süßen nach Geschmack bzw. Säuregrad der Früchte)
- ca. 2 EL Maisstärke/Maismehl[231]/Ersatz-Produkt: ca. 30 g. (Weizen-)Mehl, notfalls auch 1 Packung Geliermittel für Fruchtsuppen

Zubereitung:

Die gewaschenen und entsteinten Traubenkirschen in einen Topf geben und mit Wasser bedecken. Bei mittlerer Temperatur unter ständigem Rühren solange kochen, bis sie weich werden und ihren Saft abgeben. Nach Geschmack mit Ahorn-Sirup oder Honig süßen (notfalls mit Zucker). In einer kleinen Schüssel das (Mais-)Mehl separat mit Wasser zu einer cremigen Mischung verrühren und diesen Brei langsam unter die Früchte ziehen, gut einrühren. Den Pudding köcheln und dadurch eindicken lassen, dabei darauf achten, dass er nicht am Topfboden anklebt, also sachte weiterrühren. Dann auskühlen lassen und pur servieren (wird meist ohne Beilage gegessen, da er für sich schon so lecker ist! Auch auf Powwows, wacípi, u. a. Festivitäten gern angebotene Fruchtspeise, weshalb sich an den Fruchtpudding-Ständen oft längere Schlangen bilden! Man kann aber auch Kuchen oder Brötchen dazu reichen. Langt für ca. 4–6 Personen.)

---

gen des Blausäuregehalts der Kerne nicht zu empfehlen. Da es sich indes oft um noch unreif geerntete Früchte handelte, die ein hübscheres Rot ergaben als die dunklen, reifen Kirschen, die sich eher für Saft eigneten, blieb den Köchinnen und Köchen oft gar nichts anderes übrig. Die Kerne wurden dann dadurch entfernt, dass man den Fruchtsaft durch ein Sieb goss. Sobald Kühlschränke zur Verfügung standen, ließen sich aufgetaute Kirschvorräte auch besser entsteinen.

231 Einige Stämme wie die Crow verwendeten zum Andicken auch Pfeilwurzmehl o. Ä. je nach botanischer Verfügbarkeit.

Kirschpudding/Kompott, neuere Variante (**téca**):

Zutaten:

- 5 kg Wildkirschen (entsteint schrumpft die Menge auf etwa die Hälfte!)
- 250–500 g Zucker (je nach Reifegrad der Kirschen)
- optional: Saft einer halben Zitrone (falls Kirschen sehr reif)
- optional (**téca**): eine kräftige Prise Zimt u./o. Vanillezucker

Zubereitung:

Kirschen waschen, dabei von Stielen befreien, dann entsteinen (oft etwas mühsam, am besten gleich dabei halbieren) Früher unterließ man das Entsteinen[232] der Einfachheit halber oft ganz, so wie auch heute noch beim Schwäbischen Kirschenplotzer. Die Kirschen nun entweder (A) als Kompott zubereiten oder (B) zu Mus verarbeiten:

A) die ohnehin schon durchs Entsteinen halbierten Kirschen mit Zucker und Gewürzen vermischen

B) nur entsteinte (!) Kirschen durch einen Fleischwolf/eine Küchenhackmaschine drehen und dann mit Zucker und Gewürzen vermischen

Zucker: Je nach Geschmack, das Resultat sollte weder zu süß noch zu sauer sein, sondern lieblich-feinsäuerlich schmecken. Mit Gelierzucker wird er puddingartiger, sonst eher als Kompott.

Sodann sowohl Variante A) als auch B) in eine feuerfeste Form geben und in den vorgeheizten Backofen stellen und darin bei mittlerer Hitze durchkochen lassen. Gelegentlich nachschauen und umrühren. (Temperatur ist vom Reifegrad der Früchte abhängig).

Tipp: Wer will, der mag den Kirschen noch eine Portion frischer oder getrockneter und gequollener Cranberries zugeben (zum

232 Achtung: Kirschkerne sind blausäurehaltig. Die Säure zerkocht zwar offenbar beim Garen (wie beim Kirschenplotzer), doch sollten empfindliche Personen die Früchte lieber in jedem Fall entsteinen.

Abrunden des Geschmacks oder zum Strecken der Menge, falls nicht genug Kirschen vorhanden.)

Cranberries & Co: gedörrt lange haltbar

Weitere Variante: ***Kirschsauce*** (aus Virginischen Traubenkirschen/Gartenkirschen/a.: Europäischen Kornelkirschen, sofern als Zierstrauch aus dem eigenen Garten, denn die wildwachsende Kornelkirsche steht unter Naturschutz!)

Zutaten:

- ½ Kg. Kirschen (entsteint)
- ¾ l Wasser
- optional: ½ Glas Rotwein (oder roter Traubensaft)
- 1 Flöckchen Butter
- 1–2 Stangen Zimt (oder 1 Prise Zimtpulver)
- optional: 1 Prise Koriander[233] u./o. Stern-Anis
- gut 350 g Zucker/a. ein Schuss Ahorn-Sirup möglich, ebenso zusätzlich etw. Vanillezucker)
- optional: abgeriebene Schale einer Bio-Zitrone
- 1 TL Maismehl/Kartoffelmehl/Arrow-root (arrow-head)

Zubereitung:

Kirschen im Wasser (u. evtl. dem Schuss Rotwein/Traubensaft) sowie den Gewürzen (Zimt usw.) langsam eine Stunde lang köcheln lassen und dann durch ein Sieb streichen. Evtl. noch mit weiterem Rotwein/Traubensaft abschmecken, den Zucker und gg.falls die abgeriebene Zitronenschale dazu geben. Die Sauce mit einem TL voll Mehl/Stärke ansämen (sämig machen).

233 NB: Übrigens dürfen statt Koriander nicht die Samen der ähnlichen Glattpetersilie verwendet werden, da lt. Wikipedia (Art. »Petersilie«) deren Samen giftig sind.

TIPP: Heutzutage wird auch gern Kirschsaft hergestellt, auch aus Garten-Kirschen, sofern verfügbar. Die Früchte wurden zerstampft und die Steine aus den zerquetschten Kirschen entfernt, für reinen Saft oder für Gelee wurde der Mus durch ein Sieb gegossen, wobei allerdings leider viele wertvolle Bestandteile verlorengehen, die weiter verwertet werden sollten (z. B. als Fruchtmark in Joghurt unterrühren). Besser noch, den dick-breiigen Saft in Kauf nehmen. Am schnellsten geht es natürlich mit dem Entsafter, doch dazu ist zuvor die Bedienungsanleitung zu konsultieren (Kerne!). Manuell lassen Kirschen sich z.B durch Längsschnitt an der Fruchtnaht entkernen, auch mit speziellen Kirschentkernern (zangenartig) usw.[234].

Einfacher zu Saft zu verarbeiten sind => Büffelbeeren, da sie praktisch wie Sanddorn zu handhaben sind: weiche Beeren, die insgesamt ohne weitere Vorarbeit zu Saft gepresst werden können.

Besonders bei diesen Rezepten rund um Kirschen oder auch => Kürbis zeigt sich: es gibt sowohl Originalrezepte von uralten Traditionen als auch originelle moderne Rezepte aus der Kreativ-Küche!

*

***Wildpflaumen (Mirabellen)-Pudding (Pflaumen-Kompott)* – kánta wójapi**

Die köstlichen Wildmirabellen werden auch in Europa als Ziersträucher gepflanzt und in letzter Zeit sogar die leckeren Früchte vermarktet. Zumeist werden sie einfach frisch gegessen, da ein Entsteinen umständlich ist (man spuckt sie lieber aus, besonders Kinder gern um die Wette). Doch sie sind auch für Kompott geeignet. Hier ein Rezept für Wildpflaumenkompott/-mus:

---

234 Im Internet kursieren hierzu zahlreiche Tipps, die mehr oder weniger empfehlenswert bzw. praktikabel sind, z. B. Kirschen entkernen mit einer leeren Flasche, auf die man die Kirsche klemmt und mit einem stumpfen Stäbchen/einer Haarnadel o.Ä. den Kern herausdrückt.

Zutaten:

- 5 kg Wildmirabellen (entsteint schrumpft die Menge auf etwa die Hälfte!)
- 250–500 g Zucker (je nach Reifegrad der Mirabellen)
- optional: Saft einer Zitrone (falls Mirabellen sehr reif)
- optional: 200 g Pekan-Nüsse (Am. Walnuss)
- optional (téca): eine kräftige Prise Zimt u./o. Vanillezucker

Zubereitung:

Mirabellen waschen, dabei von Stielen befreien, dann entsteinen (oft etwas mühsam, am besten gleich dabei halbieren), gg.falls auch Nüsse erst knacken. Die Mirabellen nun entweder (A) als Kompott zubereiten oder (B) zu Mus verarbeiten:

A) die ohnehin schon durchs Entsteinen halbierten Mirabellen mit Zucker und Gewürzen vermischen

B) die entsteinten Mirabellen durch einen Fleischwolf/eine Küchenhackmaschine drehen und dann mit Zucker und Gewürzen vermischen

Zucker: Je nach Geschmack, das Resultat sollte weder zu süß noch zu sauer sein, sondern lieblich-feinsäuerlich schmecken.

Sodann sowohl Variante A) als auch B) in eine feuerfeste Form geben und in den vorgeheizten Backofen stellen und darin bei mittlerer Hitze durchkochen lassen. Gelegentlich nachschauen und umrühren. (Temperatur ist vom Reifegrad der Früchte abhängig).

*

***Büffelbeeren-Marmelade/Gelee* – Mashtíncaputè washtágyapi**

Bei der Herstellung von ***Marmelade*** oder ***Gelee*** (**washtágyapi**) ist stets besonders auf äußerste Hygiene zu achten, damit das Einmachgut nicht verdirbt – es soll ja lange lagerbar sein! Daher sind alle Einmachgläser zuvor heiß auszuspülen und gründlich abtrocknen zu lassen. TIPP: Vor dem Verschließen des noch warmen Einmachgläser (**janján**) noch 1 EL Alkohol (z. B. Rum) hinzugeben, das desinfiziert die Oberfläche und macht sie weniger anfällig für Schimmelbildung. Aber Achtung: In den Reservaten wird diese Methode i. d. R. nicht angewendet, da dort – bei oft über 80% Arbeitslosigkeit und bedrückender Armut – oft eine hohe Alkoholismus-Rate herrscht! Es sollen ja keine Trinker (**wayátkanpi**) in Versuchung geführt werden[235]. NB: Sollte sich daher, trotz aller Umsicht, ein filziger Belag auf einer später geöffneten Marmelade gebildet haben, muss die oberste Schicht unbedingt großzügig mit einem sauberen Esslöffel entfernt werden, da Schimmelpilze (**oh'á**) giftige (!) Stoffwechselprodukte freisetzen, die auch unsichtbar ihr Umfeld durchziehen, also über den sichtbaren Rand eines Befalls hinaus! Um dem vorzubeugen, ist zumindest in einem nicht von Alkoholkonsum gefährdeten Umfeld der »Schuss« Alkohol vor dem Versiegeln zu empfehlen; die geringe Menge verdampft teils über dem noch warmen Einmachgut, ein wenig zieht auch in die Oberfläche der Marmelade ein, ohne den Geschmack zu beeinträchtigen.

Doch auch »ohne« werden ja durch das Erhitzen der Marmelade zersetzende Bakterien abgetötet, und beim Verschließen der noch warmen Marmeladengläser entsteht zudem ein praktisch luftdichter (luftverdünnter) Raum, da warme Luft entweicht und sich beim Verschluss unter dem Deckel im Innern ein schwacher Unterdruck bildet, sobald sich das Einmachgut beim Abkühlen zusammenzieht.

Auf 1 kg Früchte sollte man ca. 500 g Zucker rechnen (manche rechnen auch »Halbe – Halbe« also Früchte und Zucker zu je etwa gleichen Teilen, doch das wird dann sehr süß!)

---

235 zumal in den Reservationen meist offizielles Alkoholverbot herrscht und dieser entweder auswärts, direkt außerhalb der Reservate, in grenznahen Bars konsumiert oder auch als *»bootlegger«* (Schmuggler) heimlich in die Reservation geschmuggelt wird **(nahmá watókshupi) ...**

Als Geliermittel ist Obst-Pektin oder solches aus Algen zu empfehlen (früher wurde auch Geliermittel, das aus Knochen gewonnen wurde, verwendet). Packungsbeilagen und Anweisungen der Hersteller beachten. Gelierzucker ist natürlich sehr praktisch. Die Kochzeit verkürzt sich entsprechend.

Festigkeitsprobe: Sobald man mit einem Holzlöffel eine Rille durch die Marmelade/das Gelee ziehen kann, ist es fest genug. Bei Kompott spielt es natürlich keine Rolle, dennoch sollte es ebenfalls nicht zu wässrig sein.

Grundrezept Marmelade/Gelee:

Gesäubertes Obst zerkleinern (gern noch einige Stückchen lassen), in einem großen, flachen Topf unter ständigem (!) Rühren offen einkochen, bis die Masse dicklich wird. Ca. gleiche Menge (Gelier-)Zucker langsam einrühren und die Marmelade noch ca. ½ Stunde unter weiterem Rühren köcheln lassen. Tipp: Geliermittel aus Obst-Pektin oder Gelierzucker vereinfachen die Herstellung, verkürzen zudem die Kochzeit und schonen somit die Vitamine und den feinen Geschmack. Ein paar Spritzer Zitronensaft beim Einkochen runden den Geschmack ab, damit er nicht zu süß wird, etwas Zimt und/oder Vanillezucker liefern ein verfeinertes Aroma.

Für Gelee den gesiebten Fruchtsaft mit Gelierzucker oder 1–2 Blatt zuvor eingeweichter Gelatine vermengen (Saft zum aufgelösten Gelee hinzugießen und einrühren). Entweder kalt stellen, bis sich der Gelee puddingartig stürzen lässt, oder gleich in Gläser füllen.

***Büffelbeeren-Mus* – mashtíncapute washtágyapi**

Zutaten:

- ½ kg reife Büffelbeeren (sie sind sehr klein, wie Sandorn, das ergibt nicht so große Mengen)
- knapp ½ kg. Zucker (je nach Süße der Früchte)
- ca. ½ l Wasser (so dass die Früchte knapp bedeckt sind)

Zubereitung:

A) als Marmelade: Die weichen Büffelbeeren vorsichtig waschen (am besten in einem Sieb, sie zermatschen sonst leicht). Die Büffelbeeren in einen Topf geben, mit Wasser bedecken und so lange bei mittlerer Hitze kochen, bis sie ordentlich Saft gezogen haben. Dann ungesiebt weiterverarbeiten: Auf jedes halbe kg Frucht knapp das gleiche Gewicht Zucker zugeben, unter häufigem Umrühren solange sieden, bis sich Gelee bildet./Einfacher: Mit Gelierzucker einkochen (Packungs-Informationen beachten).

B) als Gelee: Den Saft der wie oben gekochten Büffelbeeren durch ein Sieb abgießen, so dass die Schlauben (Fruchtschalen usw) im Sieb zurückbleiben. (Tipp: Man kann diese Rückstände z.B. in Joghurt/Quark unterrühren und diese so mit etwas Zucker zu einer Obstspeise machen.). Den Beerensaft weiter verarbeiten wie oben (auf jeden halben Liter Saft das gleiche Gewicht Zucker, also etwa hälftig Saft zu hälftig Zucker, wobei dieser den Eigengeschmack der Beeren nicht dominieren darf).

*

Hagebutten-Marmelade/Gelee – Unjínjintka washtágyapi

Zutaten:

- 1 kg Hagebutten
- 650–750 g Zucker
- 1 Packung Gelierzucker
- ca. ¼ bis ½ l Wasser (hängt sehr von der Art der Hagebutten ab)

Zubereitung:

Hagebutten waschen, von den harten Kelchresten befreien, aufschneiden und entkernen (Achtung: Manche Sorten enthalten besonders haarige Kerne, das reinste »Juckpulver«! In dem Fall Küchenhandschuhe tragen), sodann gut zerkleinern. In einem Topf geben, mit dem Wasser knapp bedecken und ca. 10 Min. halb weich kochen, die Hagebutten jedenfalls solange köcheln lassen,

bis genügend Flüssigkeit verdampft ist und die Masse dicklich wird (gerade bei den recht saftarmen Hagebutten kann es nötig sein, nochmals etwas Wasser hinzuzugeben, daher sind hier keine genauen Mengenangaben möglich).

Traditionell:

Sodann wird der Zucker langsam eingerührt, einmal mit dem Zucker kurz aufkochen und die Marmelade noch ca. eine halbe Stunde weitergekocht, unter ständigem Rühren.

modern:

Mit Gelierzucker benötigt man etwa 1–5 Min., siehe Gebrauchsanweisung auf Packung, keinesfalls über 8 Min[236] hinaus kochen, sonst zerkocht das Pektin wieder)

»Turbo-Variante«: Auf das mühselige Zubereiten und Entkernen der Hagebutten verzichten und diese im Ganzen kochen – dann wird eben nur der ausgekochte, rötlichgelbe Sud verwendet.

*

Prärieapfel-Weißdorn-Gelee **– taspán cík'ala washtágyapi**

Obst ist rar in der Prärie, zumeist wird es frisch gegessen. Eine Ausnahme bilden Prärieäpfel und Weißdorn, erstere sind eher klein und holzig[237], letztere noch kleiner und mehlig – man verarbeitet sie also besser zu Gelee oder Marmelade. Dies, sofern es überhaupt ein gutes Erntejahr war und nicht zu trocken.

Zutaten:

- ca. 1 kg Prärieäpfel/Gartenäpfel (möglichst kleine, feste)
- ca. 1 kg Weißdorn-Beeren

---

236 Angabe nach: Anleitung für Geleezubereitung – siehe Hersteller.

237 Oft ließ man die kleinen Wildäpfel daher bis zum ersten Frost hängen, damit sie mürbe wurden, in Kanada verfährt man mit einigen Apfelsorten noch heute so. Zudem wird überliefert, dass etwa Trapper Holzäpfel säckeweise in Kisten vergraben hätten, um sie mürbe zu machen, wenn der Boden jedoch im Herbst und Winter matschig statt frostig wird, dann verderben die eingelagerten Vorräte rasch.

- ca. ½ l Wasser (genaue Menge hängt von Fruchtmenge ab, müssen beim Kochen knapp bedeckt sein)
- ca. 900 g Zucker, evtl. gern auch eine Prise Zimt/1 Päckchen Vanillezucker/ein paar Spritzer Zitronensaft

Zubereitung:

Äpfel sowie Weißdorn-Beeren entstielen[238] und waschen, sodann in dem Wasser kochen (ca. 5 Min., dann köcheln lassen, bis weich) und alles passieren/mit dem Mixer pürieren. Das Mus gut durchrühren, abwiegen und knapp die Hälfte des Gesamtgewichtes an Zucker hinzufügen. Sodann kurz aufkochen und noch heiß in vorbereitete, rochreine Gläser füllen. Gläser noch warm verschließen und auskühlen lassen. (Evtl. vor dem Verschließen zur Desinfektion des Einweck-Gutes einen Schuss Alkohol drüber geben. Tipp: Hierfür eignet sich sogar Melissengeist oder ein anderes Kräuterdestillat, das für den Verzehr zugelassen ist, etwa Kräuter-Likör.)

*

***Apfel-Kürbis-Karotten-Marmelade* – washtágyapi, taspán é na wagmú na pangí zizí un kágapi**

Die Mengen-Angaben sind oft so ungefähr wie die Ernte im Garten – daher kann hier nur »Pi mal Daumen« ein Richtwert angegeben werden, der mit Augenmaß und etwas Erfahrung kreativ umgesetzt werden kann.

Zutaten:

- ca. 250–300 g Prärie-Äpfel/kl. Garten-Äpfel
- ca. 250–300 g Kürbis-Fleisch (möglichst orangefarbene Sorte)
- ca. 250–300 g Karotten (ebenfalls möglichst dekorativ-rötlich-gelbe)

  } also in etwa zu gleichen Teilen, wie es der Garten/Obstmarkt gerade hergibt.
- ca. ½ l Wasser (so dass das Obst bedeckt ist)

238 Besonders Prärieäpfel hängen oft an langen Stielen wie dicke Kirschen.

- ca. 400–450 g Zucker (also die Hälfte des Gesamtgewichts an Obst)
- optional: Zimt/Päckchen Vanillezucker od. Vanille-Aroma, einige Spritzer Zitronensaft

Zubereitung:

Obst waschen, schälen, entkernen und kleinschneiden, ebenso Karotten waschen, putzen und zerkleinern. Alles knapp mit Wasser bedeckt kochen, nach ca. 3 Min. alles mit dem Mixer pürieren. Das Mus gut durchmischen, mit den Gewürzen abschmecken und die Hälfte des Gesamtgewichtes an Zucker hinzufügen. Kurz aufkochen und heiß in Gläser füllen.

*

Junibeeren-Weißdorn-Marmelade **– washtágyapi, wípazukan na taspán cík'ala un kágapi**

Die kleinen Kerne der Junibeeren (**wípazukan**, *Saskatoon*-Beere, Kanadische Felsenbirne, a. als »Felsenmispel«[239] bezeichnet) können mitgegessen werden, da sie fast so weich sind wie die von Kranichbeeren (*Cranberries*), doch enthalten die angenehm marzipan-artig schmeckenden Kerne sicher, ähnlich wie aromatische Bittermandeln und Apfelkerne, gewisse Konzentrationen von Blausäure, weshalb von einem Verzehr in unüblich großen Mengen abgesehen werden sollte. Zwei bis drei Handvoll Junibeeren, roh oder gekocht verzehrt, pro Person und Tag, dürften hingegen (aus eigener Erfahrung der Autorin) unbedenklich sein, zumal die Pflanze auch in der Literatur als essbar, also nicht als Giftpflanze ausgewiesen ist und von den Indigenen (auch den Lakota) traditionell verzehrt wird; dennoch sei sicherheitshalber darauf hingewiesen, da ja jeder auch vom Stoffwechsel oder möglichen Allergien her anders reagiert – es sind ja auch einige Menschen allergisch gegen Erdbeeren!

239 Gemeint ist in jedem Fall die Art *Amelanchier canadensis*/*A. alnifolia*

TIPP: Bei vielkernigen Beeren (Brombeeren, Himbeeren, Weißdorn, Junibeeren) empfiehlt sich ohnehin das Absieben (Passieren) der Kerne, also das Herstellen von Gelee. Wen die Kernchen hingegen nicht stören, der kann sie natürlich auch mitessen, es gibt ja auch hierzulande Waldfruchtmarmelade!

Rezept:

- ca. 350–400 g Junibeeren (Kanadische Felsenbirnen), sie müssen vollreif sein (= wie Blaubeeren aussehen)
- ca. 350–400 g Weißdorn (vollreif, werden leicht mehlig)
- knapp ¼ Liter Wasser
- ca. 400 g Zucker

Die Beeren waschen, gg.falls dabei entstielen, mit dem Wasser ca. 3 Min. kochen und anschließend durch ein Sieb passieren. Das Mus mischen, abwiegen und ca. die Hälfte des Gesamtgewichts an Zucker zufügen. Aufkochen und heiß in Gläser füllen.

(Je nach Saftgehalt der insges. ca. 800 g Beeren wird dem Gemisch dann also ca. 400 g Zucker zugefügt.)

Tipp: Wer mag, kann das Mus für die Marmelade ja noch mit Zimt (**canhásha**) oder Vanille (*vanilla*) abschmecken.

*

Backwaren: Brote, Pizza, Tacos, Gebäck (Cookies, Kuchen)

Das Brotbacken mit Hefe- oder Sauerteig kam erst mit den europäischen Siedlern zu den Lakota, zuvor wurde bestenfalls Maismehl von Nachbarstämmen eingetauscht und zu einer Art Polenta *(hominy)* oder auf Steinen gebackenen Fladen verarbeitet. »Brot« allgemein wird als »**agúyapi** = »Geröstetes« bezeichnet, zunächst ist damit zunächst helles Brot gemeint; Schwarzbrot (Vollkornbrot, Roggenbrot usw.) ist in Amerika generell selten und wird wörtlich als »**agúyapi sápa** = schwarzes Brot« bezeichnet. Beliebt ist Toastbrot, entsprechend heißt es »**agúyapi gu/agúyapi agúgu** =

(doppelt) geröstetes Brot,« eine einfache Scheibe Brot wird wegen ihrer lungenartig-porösen Konsistenz kurzerhand[240] »**agúyapi tacágu** = Brotlunge« genannt. Auch gibt es in den USA *Spice bread* mit Gartenkräutern (Rosmarin u. a.), doch insgesamt weniger Brotsorten als in *Old Europe* (wo ja allein schon die Baguette-Varianten ganze Regale füllen).

Heutzutage sind jedoch eigene, rustikale Brotrezepte weit verbreitet, sowohl im Alltag als auch bei Festen und Powwows, wobei Teig oftmals (leider ungesund) in Fett ausgebacken wird (Pfannenbrot, *Fry bread,* ähnlich Berliner Pfannkuchen – ungefüllt –, Krapfen oder Donuts), wie es vor ca. 100 Jahren im Hauswirtschafts-Unterricht gelehrt wurde. Der Autorin kam das Grundrezept (es gibt verschiedene Varianten) spontan bekannt vor: Auch in der eigenen Familie gab es die traditionellen »***Krummen Jungs***«[241] (auch als »Räderkuchen« bekannt), wo die Teigstücken nach obigem Rezept vor dem Ausbacken (Frittieren) noch in der Mitte eingeschnitten werden und das eine Ende durch dieses Loch durchgezogen wird, so dass eine Art Spirale entsteht. Dazu sollten die Teigstücken relativ dünn ausgewellt werden und mit dem Teigrädler in etwa 3 x 10 cm große Rechtecke geschnitten (»ausgeradelt«) werden. Die in heißem Fett schwimmend ausgebackenen Teilchen werden mit einem Schaumlöffel herausgehoben, sobald sie goldbraun sind, und auf einem Teller (evtl. mit Küchenrolle als »Löschpapier« belegt) abtropfen gelassen und sodann vorsichtig in einer Mischung aus (Kristall-)Zucker und Zimt gewälzt (mit einem Teelöffelchen nachhelfen, um das Innere der Spiralen zu bestreuen.

240 Man bedenke, dass auch im Deutschen ein »Laib« Brot etwas mit »Leib« zu tun hat!

241 Dieses geschätzte Rezept hatte meine Großmutter väterlicherseits aus Pommern mitgebracht. Auch meine Mutter, die aus Ostpreußen stammte, hat es noch auf Wunsch für uns gebacken, auch wenn ihre Spezialität eher die berühmten »Königsberger Klopse« sowie »Königskuchen« waren; beide verstanden sich auch ausgezeichnet auf das Backen von Streuselkuchen (als Blechkuchen/in der Springform).

Die Brot-Rezepte sind auf ca. 4–6 Personen ausgelegt (je nach Appetit bzw. als Beilage)

*

Fry Bread (Indian Bread) – wígli un kágapi

Wie der Lakota-Name bereits besagt: »Mit Öl – **wígli** – Gemachtes«: In Öl ausgebackene Teigstücke sind der Klassiker unter den indigenen Brot-Rezepten. *Fry Bread* wird ebenso im Alltag wie auf Familienfesten serviert, auch auf keinem **wacípi** (Powwow) darf es fehlen, dort gibt es stets Stände, an denen man es kaufen kann. Dazu wird bei den Lakota besonders gern **wójapi** gereicht, also Kompott aus Traubenkirschen (**canpá**) oder auch Wildpflaumen (**kánta**). Üblicherweise haben die Teigstücken die Form und Konsistenz von ***Donuts*** oder Krapfen. (Im Grunde sind sie auch nichts anderes.)

Da es früher ursprünglich weder Hefe noch Backpulver gab, behalf man sich mit Holzasche und anderen zerriebenen Mineralien, etwa Hirschhorn-Pulver. (In Mexiko gab auch der *mol cajete,* der Steinmörser, die nötigen Mineralien ab, dieses Stampfinstrument der Indigenen wird dort noch heute benutzt, ist aber im Land der Lakota unbekannt.)

Zum Backen von Fettgebäck benötigt man einen mittelgroßen Kochtopf (**céga**), den man ca. 10–15 cm hoch mit Öl oder Backfett füllt. Das Fett erhitzen (Achtung: nicht überhitzen! Es soll ja nichts flambiert werden), die richtige Backtemperatur ist erreicht, sobald sich im siedenden Fett erste Bläschen bilden (Kochlöffeltest: Man hält einen hölzernen Kochlöffel ins Fett, wenn sich am Holz ein Blasenkränzchen bildet, ist die Temperatur richtig. Nicht bis zum spritzenden Sieden erhitzen). Sodann wird zunächst ein Probestück (Teigling) vorsichtig ins heiße Fett gegeben und gebräunt, auch dort sollten sich Bläschen bilden. Sobald das Stück einseitig (auf der Unterseite) gebräunt ist, wird es gewendet und die andere Seite ebenfalls gebräunt. Beachten: Das Backwerk darf nicht zu schnell bräunen, weil es sonst innen oft noch nicht gar ist!

Sollte Fett wiederverwendet werden (die recyclingfreudigen Lakota sind sehr sparsam), so empfiehlt es sich, das noch warme (dünnflüssige) Fett zunächst durch ein Sieb zu gießen, damit sich der Bodensatz aus kleinen Teigresten dort sammelt. Falls dieser krümelige Bodensatz noch nicht zu dunkel gebräunt ist, lässt er sich z. B. zum Bestreuen von anderen Gerichten verwenden, man kann die öligen Brösel etwa über einen Nuss-Kräutersalat gießen. Dennoch sollte das aufgehobene Ausbackfett höchstens (!) ein halbes Dutzend Mal wiederverwendet werden, weil es sonst gesundheitsschädlich wird (es entstehen bestimmte Kohlenstoffverbindungen) und auch leicht ranzig werden könnte. Es ist ausgekühlt dann wie Schmalz im Kühlschrank aufzubewahren und möglichst bald aufzubrauchen (zum Backen oder sogar als schmalzartiger Brotaufstrich).

Grundzutaten
(dies variiert von **Tiyóshpaye** – Großfamilie – zu **Tiyóshpaye** und von Stamm zu Stamm – **oyáte**):
- ca. 400 g Mehl
- 2–3 TL Backpulver
- 1 gestrichener TL Salz
- ca. 350 ml Wasser/Milch (oder beides gemischt)
- 1 EL Öl (mst. Maiskeimöl)
- Öl zum Ausbacken (Maiskeim, Frittieröl)

Teig in der üblichen Weise (=> siehe Kabúbu-Bread) ansetzen, d. h. alle Zutaten außer dem Öl vermengen und zu Teig verkneten, bis dieser glatt wird. Teig mit 1 EL Öl bestreichen und ruhen lassen (ca. 30 Min.), dann portionieren: Teig ausrollen oder flach drücken und Teile abtrennen und in die gewünschte Form (z. B. rund oder viereckig) zurechtdrücken oder -schneiden. Die Stücke sollten etwa handtellergroße, dünne Fladen ergeben (weniger als einen halben Zentimeter dick). In heißem Öl goldgelb ausbacken (= fertig, sobald gebräunt und beim Gabeltest Teig durch).

Anmerkungen:

Das Grundrezept entspricht eigentlich dem der ***Donuts*** (**agúyab'skuya gmigmá**[242]) oder Krapfen. Diese können auch mit Puderzucker oder Schokoglasur überzogen werden, sofern die ausgebackenen Teigstücke nicht zu fett geraten (auf Küchenrolle abtropfen lassen).

Diese ausgebackenen Brötchen dienen oft auch als Unterlage für die sog. => ***Indian Tacos*:**

- Fry Bread (s. o.)
- Büffel- od. Rinderhack
- Kopfsalat
- Tomaten (kleingeschnitten)
- Reibekäse
- Sauce (Mexican Chili-Salsa, BBQ-Sauce, notfalls Gewürz-Ketchup)

Statt mexikanischer *Taco-Shells* belädt man einfach die flachen Brötchen mit den üblichen Taco-Zutaten; da diese hier statt als Füllung obendrauf kommen, ist es nicht ganz einfach zu essen, Trick: zuerst die Salatblätter als Unterlage auf die Bratbrötchen legen, sodann das Gemisch aus Hack, Tomaten und Sauce, alles mit Reibekäse bestreuen (Tipp: nicht erst zum Schluss mit Sauce übergießen – dann tropft es unnötig!) Herzhaft & lecker! Die *Indian Tacos* sollten gleich frisch verzehrt werden, wenn das angebratene Hack noch warm aus der Pfanne kommt.

Da »***Fry Bread***« zu denjenigen Rezepten gehörte, welche die Indigenen in den Haushalts-Kursen an den Schulen lernten, gibt es

242 Von: »**agúyapi** = Brot« u. »**skúya** = süß« plus »**gmigmá** = rund«. Wenn ***Donuts*** nicht aus Teigwalzen gerollt und zum Kringel geformt werden, sondern – etwa mit einer kl. Tasse/einem Glas aus runden Teigstücken ausgestochen, so kann man die Mittelstücke einfach ebenfalls als kleine Teigbällchen ausbacken – die Garzeit verkürzt sich dann natürlich entsprechend. Andernfalls muss man die ausgestochenen Stücke wieder mit dem restlichen Teig verkneten.

dazu auch gelegentlich schriftliche Notizen[243]. Diese sahen dann in etwa so[244] aus:

Wígli un kágapi	*»Mit-Fett-Gemachtes«*
– **agúyapiblu, wíyatke tópa**	– Mehl, vier Tassen
– **asánpiblu, cinshká tánka numb**	– Milchpulver, 2 EL
– **wínakapo, cinshká tánka numb**	– Backpulver, 2 EL
– **Mniskúya, cinshká císcila wanjí**	– Salz, 1 TL
– **Wígli, cinshká tánka wanjí**	– Öl, 1 EL
– **Mni, wíyatke numb**	– Wasser, 2 Tassen

=> **Agúyapi paskápi kin panshpánjela hehányan pat'ínzapi kta héca. Watókelkeltuya cínpi kin wahéhanyan kágapi na wígli el giyápi.**

=> Den Teig weich durchkneten. Sobald er wie gewünscht ist (Menge/Form), so wird er in Öl gebräunt (ausgebacken).

(EL = Esslöffel, TL = Teelöffel, auf Lakota jew »großer/kleiner Löffel«

*

Kabúbu-*Bread, Hefebrot* – kabúbu kágapi, agúyapi wínapohye un kágapi

»Kabúbu« bedeutet »wiederholt auf etwas einschlagen, wie auf eine Trommel[245] – und genau das ist es, was man beim Teigmischen für dieses *»Skillet bread« (a.: »Cowboy bread«)* machen muss! Der Hefeteig gehört nämlich kräftig durchgeknetet!

243 Eine solche authentische Aufzeichnung findet sich z.B. in: Beginning Lakhota, Vol. II, p. 12-24, University of Colorado Lakhota Project, Preliminary Draft, Boulder CO 1976, die mit der hier angeführten Version abgeglichen wurde.

244 Vgl. a. Beginning Lakhota, Volume II, *University of Boulder/Colorado (Draft, 1976), p. 12*

245 Trommel = **cáncega**

Grundrezept Hefeteig:

- *Ca. 400* g Mehl (+ etw. Mehl zum Auswellen des Teigs)
- 1 halbes Päckchen frische Hefe (vorzugsweise) 1 Päckchen Trockenhefe
- 2 gestrichene TL Salz
- ½ TL Zucker (zum Angehen der Hefe)
- 3 EL Maisöl (a. Olivenöl etc.)
- Ca. 230 ml lauwarmes Wasser

Hefeteig ansetzen, unter einem Küchentuch abgedeckt in der Schüssel an warmem Ort ruhen und gehen lassen, bis sich das Tuch wölbt, weil der Teig gut aufgeht, und diesen dann in eine beliebige Form geben. Dort nochmals etwas ruhen lassen (weil er beim Einfüllen/Formen ja verdichtet wird und nochmals locker werden soll). Der Teig muss sehr luftig und elastisch werden, das Wort »**kabúbu**« bezieht sich auf das »Schlagen«, also Durchkneten des Teiges.

Es gibt auch Varianten, in denen Milch und/oder Ei zugegeben wird, so dass eine Art Kuchenzopf entsteht. Dieser kann auch mit Eigelb oder Öl bepinselt und zudem mit Mandelraspeln bestreut werden, auch Rosinen (»**cunwíyapehe púza** = getrocknete Trauben«, umgangssprachlich auch »**itúnkala ishtá** = Mäuseaugen«) können dem Teig beigefügt werden, wobei man allerdings darauf achten sollte, dass die Rosinen mit den Fingern oder einem Messergriff tief in den Teig hineingedrückt werden, damit sie beim Backen nicht verkohlen und bitter werden.

Anmerkung: Besonders die Teig-Variante mit Milch ist geeignet für ***Cinnamon rolls – Zimtschnecken***[246] **(agúyapi pagmúpi)**:

246 Zimtschnecken stammen vor allem von norwegischen und deutschen Einwanderern, die ähnliche Rezepte hierfür in die Prärie brachten. Belgische Waffeln hingegen sind eher selten, da es auch wenig Legehennen gibt, die genügend Eier für Eierwaffeln liefern (die Standard-Eierkuchen vor Ort sind meist Instant-Pancakes).

Teig flach ausrollen, ca. 1 cm dick, und mit Zimt, vermischt mit etwas Zucker, bestreuen. Sodann Teig wieder zusammenrollen und die Rolle quer in ca. fingerdicke Scheiben schneiden, so dass die aufgerollte Struktur mit der Zimtschicht deutlich zum Vorschein kommt (es entsteht ein typisches »Schnecken-Muster«). Die Scheiben auf ein gefettetes oder mit Backpapier ausgelegtes Backblech geben und noch etwas ruhen lassen (ca. 10 Min.). Backofen auf 200°C vorheizen und die Zimtschnecken ca. 20–30 Min. backen, evtl. mehr Zeit nachstellen, je nach Konsistenz des Teiges u. Art des Backofens. Diese ***Cinnamon rolls*** sind besonders in der ***Pine Ridge Indian Reservation*** (**Wazí Ahánhan Oyánke**) sehr beliebt. Sie werden oft schon morgens zum Kaffee oder Tee serviert, ofenwarm oder kalt. Meist werden sie als »**canhásha un kágapi** = mit Zimt gemachtes« bezeichnet, denn trotz der dekorativen Schneckenform ist eine Entsprechung als »Zimtschnecke« nicht üblich, einfach weil es in der trockenen Prärie nur wenige und unauffällige Schnecken (»**wahácanka kic'un** = Schildträger«) gibt.

*

Stockbrot – Camp fire bread **– océti akánl kágapi**

- Ca. 400 g Mehl (+ etw. Mehl zum Auswellen des Teigs)
- 1 Päckchen Trockenhefe
- 2 gestrichene TL Salz
- ½ TL Zucker (zum Angehen der Hefe)
- 2–3 EL Maisöl (a. Sonnenblumenöl etc.)
- Ca. 220–230 ml lauwarmes Wasser (oder leicht erwärmte Milch)
- Stöcke zum Braten/Grillen (saubere Holz-Spieße, ohne Spreißel, nicht zu biegsam; NB: Achtung bei Wild-Zweigen: keine giftigen Sträucher verwenden!!! Geeignet z. B. Weide, Nussbäume, Esche, ungeeignet hingegen Kiefern u. a. Nadelhölzer, aufgrund ihrer Harzgehalts und somit höheren Brennbarkeit! Größere Schaschlik-Spieße auch im Handel erhältlich.)

Hefeteig ansetzen (wie üblich, s. u.): Mehl, Trockenhefe, Zucker und Salz verrühren. Wasser/Milch lauwarm erwärmen (nicht erhitzen, nur als »Starter« für die Hefe), zusammen mit dem Öl dem Gemsich hinzufüge und alles zu einem glatten Teig verkneten, bis er glatt ist. 30 Min. gehen lassen. Dann auswellen, kleine Teigportionen in ca. fingerdicken, langen Rollen abteilen, Teig in flachen Streifen (etwas flachdrücken, auch damit er gut am Stock haftet) spiralig um das obere Drittel der Stöcke wickeln, entweder in eng schneckenartig umlaufenden Spiralen (= *twist bread*) oder als geschlossene Ummantelung (*»drumstick*[247] *bread«*, wichtig: auf gute Haftung achten! Wichtig auch: Stockspitze muss mit Teig bedeckt sein, damit die Zweigspitze nicht Feuer fängt und anfängt zu kokeln!).

Sodann über dem offenen Feuer (in angemessenem Abstand, ca. 20 cm von der Glut entfernt, damit der Teig nicht verkohlt und der Stock kein Feuer fängt, es darf nichts anfangen zu brennen), oder auf dem Grill durchgaren. Nicht vergessen, die Stöcke ständig zu drehen, nur unter regelmäßigem Drehen grillt das Stockbrot gleichmäßig durch! Der Teig wird durch die Glut gebacken, (daher keine feste Backzeit angebbar, durchschnittlich ca. 10–15 Min.).

Geeignet für romantische, offene Lagerfeuer, aber auch für den Garten-Grill. Als Beilage eignen sich gebratene Speckstreifen, aber auch Obstkompott, also herzhaft oder süß.

Tipp: Hefeteig ansetzen (s. o.): Mehl zu »Vulkan« aufhäufen (= Kegel mit Grube in der Mitte). Im Vulkankrater wird der Vorteig angesetzt: Hefe hineingebrockt, etwas Milch u./o. Zuckerwasser zum Beschleunigen des Hefe-Gärvorgangs. Sobald Vorteig blasig, mit restlicher Hefe unterarbeiten und genügend Wasser und Öl beifügen, bis der Teig glatt ist und sich zu einer Kugel rollen lässt. Diese in eine Schüssel geben und mit einem Baumwolltuch bede-

247 Nicht zu verwechseln mit *»drumsticks«* als frittierten Hähnchenschlegeln (= beide Male »Trommelschlegel«, wg. der Form)

cken (vor Zugluft schützen!) Für ca. 1 Stunde an einen warmen Ort stellen, bis sich das Baumwolltuch durch den aufgehenden Teig wölbt. Teig nochmals durchkneten und erneut zugedeckt gehen lassen, bis gewünschte Konsistenz erreicht wird. Danach auf gemehlter Arbeitsfläche (Holz, Naturstein) auswellen und verarbeiten (z. B. in Zöpfe/Streifen, in Kastenform usw). Backzeit pro Standard-Brotkastenform ca. 1 Stunde, bei ca. 200°C (Ofen je nach Typus vorzuheizen).

*

***Indian Tacos* – agúyapi oshtéka** (»formloses Brot«), ausgebackene Brötchen

=> *Siehe a.: Fry Bread, Rezept u. Anm.*, in Fett ausgebackenes/frittiertes Brot, daher genügend Fett zum Frittieren[248] einplanen sowie bedenken, dass dieses Gericht nicht gerade für Diät geeignet ist!

Taco Shells (z. B. aus Mais-Schrot) stammen ja aus der Tex-Mex-Küche und wurden von den Dakota/Nakota/Lakota nicht selber hergestellt, eher von Stämmen des Südwestens, nahe der Mexikanischen Grenze; heute hingegen sind sie in jedem größeren Supermarkt erhältlich. Doch auch mit selbstgemachtem *Fry Bread* wird eine Art »Tacos« belegt. Überhaupt kam die Tradition des Brotbackens, ob im Backofen oder in der Pfanne, ja erst mit den Europäern ins Land, wurde dann aber sehr rasch übernommen (nicht nur über die Schulen) und nach eigenem Geschmack und Bedarf abgewandelt. So werden die Pfannenbrot-Fladen, ganz

---

248 Das Frittierfett kann etwa ein halbes Dutzend Mal wiederverwendet werden. Beim Frittieren ist zu beachten, dass die einzelnen Öle sehr unterschiedlich stark rauchen, hitzestabile Öle wie etwa Palmöl sind daher in diesem Fall am besten geeignet. »Pi mal Daumen« lässt sich abschätzen, dass pro 100 g Lebensmittel ca. 1 Liter Frittieröl verwendet werden sollte. Eine Heißluft-Fritteuse funkioniert im Prinzip ohne Öl bzw. benötigt je nach Fabrikat nur 1–2 EL an Öl im Frittiergut, um frittierartige Effekte zu erzielen.

ähnlich wie Pizza oder Dünnele[249], bunt belegt mit dem, was man gerade zur Hand hat: Salatblätter, Scheiben von Tomaten, Zwiebeln oder Gurken (frisch wie eingelegt), auch mit Chili-Schötchen und Oliven, es kann auch ein Dressing drunter gestrichen oder auch drüber gegossen werden, etwa Rahm oder Gewürzsauce. Die »Krönung« sind zuweilen Streifchen aus gekochtem Schinken oder kalter Putenbrust im Aufschnitt, auch von gegrilltem Lamm usw.

NB: ***Mexican Taco vs. Indian Taco* – agúyapi oshtéka**

Auch mexikanische Tacos gehen ja letztlich auf indigene («Indian") Rezepte zurück. Was in den Plains als «Indian Tacos" bezeichnet wird, als interkulturellere Austausch, ist z. B. Folgendes, hier in der Tradition der Navajos[250], statt Taco shells oder Wraps werden hierzu ausgebackene Brote mit buntem Belag bedeckt, also eben wie bei Pizza oder Flammkuchen:

Zutaten:

Für den Teig:

- 375 g (Weizen-)Mehl
- 2–3 TL Hirschhornsalz/Backpulver[251]

---

249 Süddeutsche Holzofenbrot-Spezialität, herzhaft mit Rahm, Schinken und Käse oder lieblich mit Apfel und Zimt.

250 Vgl. hierzu a.: B. Cox/M. Jacobs, Native Food. Das Indianer Kochbuch, S. 160. Dort werden auch Rezepte wie »Tortillas der Ute« u. a. Stämme des Südwestens genannt (Hopi, Pueblo), die traditionell eine Verbindung auch zur mexikanischen Küche haben, aufgrund ähnlicher Zutaten, die dort angebaut werden können (Mais, Chili usw). Die o. g. Tortilla wird, wie dort zu lesen, bei gleichem Teig auf dem Holzkohle-Grill ausgebacken.- Grundrezept ***Tortilla***: 500 g Maismehl, 1 EL Schweineschmalz/Öl (keine Butter!) und etw. lauwarmes Wasser, zu geschmeidigem Teig verarbeiten, ausrollen, Teigscheiben auf Backbleck im Backofen bei mittlerer Hitte beidseits gerade so lange backen, bis sie braune Flecken bekommen. Tortillas dienen dann als Grundlage für eine pikante Masse, meist mit Hack, Bohnen, Käse und Gemüse.

251 Als Backtriebmittel standen früher Hirschhornsalz und Pottasche zur Verfügung, Natron und Backpulver ursprünglich hingegen nicht. Die genaue Dosierung hängt von der jew. Substanz ab, die Mengenangaben sind daher hier nur näherungsweise möglich.

- 1 TL Salz
- 340 ml warmes Wasser/oder Milch
- 1 EL Öl (Maiskeim oder Sonnenblumen), für den Teig
- weiteres Öl zum Ausbacken (Pfanne)

Für den Belag:

nach Belieben und Verfügbarkeit: mit Zwiebeln u. Chili gebratenes Rinderhack, Kopfsalat, Tomaten, eingelegte Chili-Schoten, Reibe- oder Streukäse, Salsa (spicy/hot).

NB: Es gibt auch süße Varianten, etwa mit Honig übergossen oder mit Puderzucker überstreut. Bei den Lakota u. a. Plains-Stämmen werden die ausgebackenen Brötchen traditionell nicht als Tacos, sondern mit => Wildkirsch-Kompott (canpá wójapi) serviert, heutzutage aber auch nach o. g. Rezepten.

Zubereitung:

Alle Zutaten außer dem Öl in einer Schüssel vermengen und zu einem glatten Teig verarbeiten. Sobald gut durchgeknetet, den Teig mit 1 EL Öl bestreichen und mit einem Küchenhandtuch zugedeckt ca. 30 Min. gehen lassen. Wenn der Teig genug geruht hat, davon portionsweise mit dem Löffel abstechen und zu ca. handtellergroßen, dünnen Fladen (ca. 3 mm dick) zurechtdrücken oder mit dem Nudelholz ausrollen. Diese dann in heißem Öl ausbacken. Die Fladen sind meist rundlich, können aber ruhig auch dreieckig oder viereckig sein. Dann belegen.

*

***Indian Pizza* – agúyapi blaská** (»flaches Brot«)

Hefeteig (=> siehe Anleitung, bei »Kabúbu bread«) besonders flach auswellen (auf gemehlter Arbeitsfläche, damit der Teig nicht kleben bleibt, er muss dafür sehr glatt und elastisch sein, also besser etwas Öl enthalten) und mit Tomatenpüree (passierten Tomaten/aus der Dose) bestreichen. Pfeffern und salzen (idealerweise mit Pizza-Gewürz, falls erhältlich). Darauf legen, was gerade zur Hand ist

(Pizza war auch in Italien ursprünglich ein Reste-Essen armer Leute!): in den Reservaten meist Mais (a. Körner aus der Dose), Chili, zerkleinerte Wurstscheiben, vorgegartes Hähnchenfleisch (ohne Knochen)/Veggie-Chicken-Chunks, Reibekäse (in Amerika meist orangefarbener Cheddar/Chester, kein Mozzarella!), Küchenkräuter, evtl. a. Zwiebeln oder Pilze; frischer Basilikum ist im Reservat so gut wie unbekannt, da für den Transport zu empfindlich und zum Anpflanzen in der Halbwüste nicht geeignet, Oliven (Dose, Glas) sind selten, ebenso Ananas (Dose, für »Pizza Hawaii«), Sardellen (Dose) nur in den Stores großer Städte zu haben (das bedeutet im Falle von Pine Ridge: etwa 90 Meilen entfernt, in Rapid City[252], **Mnilúzahan Otunwahe**), die kleinen Reservats-Stores, **mas'ópiy**e *(Trading Post)*, haben solche Delikatessen meist nicht im Angebot, sondern können nur den Grundbedarf abdecken.

*

***Sonnenblumenkekse, Sunflower Seed-Cookies* – Agúyapi skúyela, wahcázi su un kágapi**

a) als ***Karamell:***

Zutaten:

gewünschte Menge Zucker (gern auch Rohrzucker, aus Zuckerrohr),
ein paar Handvoll Sonnenblumenkerne (geschält)
eine Dose (bzw. in Amerika: USA/Mexiko oft: Tube) gezuckerte Kondensmilch,

z. B.: konkrete Mengenangaben für ***Karamellbonbons*** mit Sonnenblumenkernen:

- 300 g Zucker
- 6 EL Wasser
- 100 ml flüssige Sahne
- 1 Handvoll (ca. 1–2 EL) Sonnenblumenkerne (geschält, möglichst vorher kurz angeröstet)

---

252 **Mnilúzahan Otúnwahe** auf Lakota, also: »Stadt der Stromschnellen«

Zubereitung:

Zucker und Wasser ohne (!) Umrühren in einem Topf bei niedriger Temperatur erhitzen, bis eine zähflüssige, goldgelbe Karamellmasse entsteht. Topf vom Herd nehmen und einen Teil der Sahne nach und nach einrühren (Konsistenz muss cremig bleiben), dann Topf wieder auf den Herd stellen und die restliche Sahne unterrühren sowie die Sonnenblumenkerne, bis die Masse weich und von der Konsistenz her gleichmäßig ist. Sodann die Karamellmasse gleichmäßig dick auf eine mit Backpapier ausgelegte, rechteckige Form (Backblech, flache Schüssel) streichen und im Kühlschrank/an einem kühlen Ort fest werden lassen. Erst die ausgehärtete Karamellmasse mit einem gut schneidenden Messer in rechteckige oder quadratische Bonbons zerschneiden (scharfes Messer wichtig, da Masse ja klebrig).

Tipp: Zum Zucker kann man auch etwas Honig geben. Auch eine herzhaft-salzige Variante von Karamell mit etwas Salz ist herstellbar.

Zur Karamell-Herstellung ohne Wasser: Gewünschte Menge Zucker in einen Topf geben, diesen vorsichtig erhitzen und abpassen, sobald aus dem weißen Zucker eine klebrige, braune Masse wird, er also karamellisiert. Ständig gut aufpassen, denn wenn man nicht die ganze Zeit gut rührt oder auch nur etwas zu lange erhitzt, so brennt die Masse an und wird binnen Sekunden schwarz und unbrauchbar bitter. Wenn man aufmerksam den richtigen Moment abpasst und das Karamell gerade eine goldbraune Färbung hat, kann man weitere Zutaten unterrühren, hier also die Sonnenblumenkerne und die Sahne, Butter bzw. Kondensmilch sowie Zimt. (Auch mit etwas Wasser kann abgelöscht werden, damit die Masse nicht gleich erstarrt.) Die Bruchstücke des erkalteten Karamells bilden dann ungleichmäßige, klumpenförmige Kekse.

TIPP: Während es so schwer ist, reinen Zucker ohne Anbrennen zu karamellisieren, ist es einfacher, eine Mischung aus Zucker und Wasser zu erhitzen, dann darf man aber wiederum nicht (!)

rühren, denn durch die Bewegung mit dem Rührlöffel bilden sich sonst Klümpchen, der Zucker kristallisiert also und kann keine Karamellcreme mehr bilden. Daher sollte das Zucker-Wasser-Gemisch (dicker Mix, d.h. Zuckerwasser ist zu dünnflüssig) nur bei mittlerer Temperatur sanft erhitzt werden, um es so schmelzen zu lassen. Am Einfachsten ist es, gezuckerte Kondensmilch einzurühren, da diese die Karamellbildung fördert. Am besten dabei nur sacht schwenken.

Karamell ist zwar nicht formschön, aber rustikal. NB: Aufgrund der hohen Diabetes-Rate in den Reservaten ist dieses Rezept nicht gerade gesundheitsfördernd.

Varianten (einfacher zuzubereiten, gelingen auch ohne Vorerfahrung mit Karamell):

Man kann auch flache, Florentiner-artige Häufchen als Röstmasse mit Mandeln und Sonnenblumenkernen herstellen oder Plätzchen (Kekse aus Mürbeteig) zubereiten (s.u.), mit Eigelb glasieren und noch vor dem Backen mit Sonnenblumenkernen bestreuen. Die Sonnenblumen-Florentiner kann man auch mit Bitterschokolade glasieren.

b) ***Sonnenblumen-Florentiner:***

Da klassische Florentiner ja traditionell ohne Mehl gebacken werden, ähnelt dieses Rezept der Variante a) als Karamell. (Zubereitungszeit ca. 35 Min., einfach, ergibt ca. 40 Portionen Kekse).

Zutaten:

- ca. 100 g Sonnenblumenkerne/a. Kürbiskerne untermischbar
- 100 g Mandelblättchen/gehackte Mandeln/gehackte Haselnüsse
- 125 ml Milch
- 100 g Honig/Ahornsirup (Achtung: Letzterer dünnflüssiger, Konsistenz beachten)
- 60 g Butter
- 150 g Zartbitter-Schokolade für Kuvertüre (Glasurschokolade)

- optional (klassisch-italienisch):
- 25 g Belegkirschen/als Lakota-Version: getrocknete, aber vorgequollene[253] Kranichbeeren
- 25 g Orangeat
- 25 g Zitronat (es gibt a. bereits gemischte Packungen Sukkade)

Zubereitung:

Backofen schon mal auf 175°C Ober/Unterhitze (bzw. knapp 180°C Umluft) vorheizen, währenddessen die Sonnenblumenkerne/evtl. a. Kürbiskerne/Haselnüsse/gehackte Mandeln oder Mandelblättchen in einer Pfanne kurz anrösten, bis ganz leicht goldbraun. (optional: die kandierten Früchte, also Orangeat usw. sehr fein hacken). In einem Topf Milch, Honig/Ahornsirup und Butter unter Rühren erhitzen und ein paar Minuten köcheln lassen. Die Sonnenblumenkerne/gehackten Haselnüsse/gehackten oder in Blättchen zerkleinerten Mandeln (optional: auch die gehackten Früchte) in diese gesüßte Milchflüssigkeit geben und gut verrühren, bis die Masse gebunden ist. Sodann etwas abkühlen lassen.

Nun mit Hilfe von 2 Teelöffeln von der Masse kleine Portionen abstechen und als Häufchen aufs Backblech setzen (gut gefettet oder am besten mit Backpapier belegt), etwas flach drücken, bis sie in etwa Talerform erhalten. Im vorgeheizten Backofen ca. 12–15 Min. backen. Danach auskühlen lassen.

Inzwischen die Kuvertüre über einem heißen Wasserbad schmelzen lassen. Die Unterseite der Florentiner mithilfe von 2 Gabeln vorsichtig in die Schokolade tauchen, dann mit der Oberseite (schokoladefreien Vorderseite) nach unten auf Backpapier legen und trocknen lassen. Sobald Glasur ausgehärtet, servierbar.

---

253 Das Vorquellen von Trockenfrüchten, wie etwa auch Rosinen, beim Backen ist wichtig, da sie sonst rasch anbrennen und bitter werden.

c) ***Sonnenblumen-Plätzchen:***

Zutaten:

Für den Mürbeteig:

- 500 g Mehl
- max. 350 g Butter
- 200 g Zucker
- 1 Ei,

- dazu zum Bestreuen: ca. 100 g geschälte Sonnenblumenkerne (a. anderweitige zerkleinerte Nüsse/Mandeln als Mix)
- 1 Eigelb zum Bestreichen (das übrig bleibende Eiklar kann mit einer Prise Salz und Muskat zu einem weißen »Mini-Spiegelei« gebacken und als Brotbelag verwendet werden).

Zubereitung:

Diese Zutaten zu Teig verquirlen und dünn ausrollen, mit Förmchen Plätzchen ausstechen, (Menge entsprechend für ca. 100 g Sonnenblumenkerne u./o. geraspelte Mandeln zum Bestreuen), dazu ein Eigelb zum Bestreichen verwenden, die klebrige Ei-Glasur mit den Kernen/Mandeln bestreuen. Kekse bei ca. 200°C etwa 15 Min. hellgelb backen (nicht zu dunkel bräunen).

*

***Felsenbirnenkuchen, Kuchen mit Junibeeren (Saskatoon berries)* – Agúyapi skúyela, wípazukan un kágapi**

(a. Felsenmispeln, June Berries genannt)

Dieses Rezept entstand aus europäischer Backtradition mit einheimischen Zutaten, als im 19. Jahrhundert, also zu Beginn der Reservatszeit, junge Indigene, Jungen wie Mädchen, jeweils in sog. *Boarding schools* geschickt wurden (eine leider oft traumatische Internatszeit), wo den jungen Mädchen dann u. a. auch das Brot- und Kuchenbacken vermittelt wurde. Diese also relativ neu erlernte Fertigkeit wurde dann auch im heutigen Reservatsleben beibehalten und in der eigenen Weise den Traditionen angepasst. Wie bereits **Tatánka Íyotake** ***(Sitting Bull)*** pragmatisch sagte: »Wenn du etwas Gutes auf dem Weg der Weißen findest, heb' es auf – wenn du etwas Schlechtes findest, lass es liegen!« Das Kuchenbacken wurde also beibehalten.

Zutaten:

- 300 g Junibeeren (wenn man sicher ist hinsichtlich der Artbestimmung: auch hierzulande erntbar, im Handel leider nicht erhältlich, sehr wohl aber als Zierstrauch: also auch zum Selber-Pflanzen und Ernte im eigenen Garten/Balkon-Container nutzen!/Ersatz-Produkt: Blaubeeren (von Geschmack u. Konsistenz her sehr ähnlich!)
- 100 g Zucker
- 180 g Mehl (Weizenmehl)
- 2 TL Backpulver
- 225 ml Wasser
- 100 ml Honig/Ahornsirup
- 2 Eier
- 6 EL Butter, zerlassen
- 1 TL Vanille-Extrakt (flüssig)/1 Päckchen Vanillezucker
- 1 Prise Salz

Zubereitung:

Backofen auf 190°C vorheizen. Junibeeren waschen, Stängel abzupfen, sodann in einer Schüssel mit 2 EL Zucker und 1 EL Mehl vermischen. In einer zweiten Schüssel das übrigen Mehl mit dem restlichen Zucker und dem Backpulver vermengen. Wasser, Honig/Ahornsirup, die Eier, 2 EL Butter (weich/leicht zerlassen), Vanille (Extrakt oder aromatisierten Zucker) sowie die Prise Salz hinzugeben und alles zu einem glatten Teig verrühren (er muss sich leicht vom Rand der Schüssel lösen und darf nicht zu klebrig dran haften). Notfalls mit etwas Mehl oder Wasser nachsteuern.

In einer runden Backform (Durchmesser ca. 23–25 cm) die restliche weiche/zerlassene Butter hineingeben und die Form sorgfältig überall mit der Butter ausstreichen. Die Junibeeren/Blaubeeren (mit ihrer Masse, s.o.) gleichmäßig darin verteilen und mit dem Teig aus der anderen Schüssel übergießen. Den Kuchen ca. 45–50 Min. backen, bis an einer hineingestochenen Stricknadel (notfalls auch schmalem Messer) kein Teig mehr haften bleibt. Sobald gar, den Kuchen herausholen und vorsichtig auf eine große Servierplatte stürzen (Tipp: am besten nicht sofort, sondern nach ein paar Minuten Auskühlen, sonst bricht Kuchen beim Stürzen leicht auseinander.)

*

Blaubeerküchlein, Blueberry Muffins **(téca) – Agúyapi skúyela, háza un kágapi**

Zutaten:

- 200 g Mehl (Weizen)
- ½ Päckchen Backpulver (= wenn 1 Päckchen = 17 g[254], dann also ca. 8 g)
- 100 g Zucker
- 1 Päckchen Vanillezucker
- 60 ml (= ca. 4 EL[255]) Sonnenblumenöl (oder anderes Öl, Mais, Olive o.Ä.)
- 120 ml (= 8 EL) Milch (oder Soja-Drink/Mandelmilch/Hafermilch)
- 200 g Blaubeeren (gewaschen u. abgetropft, evtl. Stängelchen entfernt)
- 100 g gemahlene Mandeln (optional)
- 1 superreife Banane (optional), ca. 150 g

(falls die optionalen Zutaten nicht zur Hand sind oder verwendet werden sollen, dann die Menge an Mehl u. Flüssigkeit ent-

254 Gewicht vgl: https://www.kochenohne.de/ratgeber/wieviel-wiegt/

255 Für 1 EL rechnet man 15 ml, siehe: https://milliliter.info/essloeffel-ml/ (die genauen Maße hängen natürlich auch von der Größe des Esslöffels ab, sowie davon, ob etwa bei festem Pulver ein gehäufter oder gestrichener EL vorliegt

sprechend nach oben anpassen, der Teig muss jedenfalls glatt und geschmeidig sein)
- noch benötigt: entweder 1 Set Muffins-Papierbackförmchen (= diese gerippten Rosetten) oder 1 Extra-Backblech für Muffins oder Cup-Cakes/Apfelküchlein (= dieses Backblech mit regelmäßig eingesenkten Reihen von Kuhlen), Backblech sollte dann eingefettet werden oder beschichtet sein. TIPP: Auch dieses Backblech kann man ruhig mit Papierförmchen bestücken!

Zubereitung:

Backofen auf 180°C vorheizen. Mehl, Backpulver und Zucker/Vanillezucker vermischen (gg.falls a. Mandelmehl und zerdrückte Banane untermengen), das Öl und die Milch verrühren und zum Teig geben, diesen glattrühren (er darf nicht zu flüssig und nicht zu klebrig sein, wenn man ihn dann mit dem Löffel portionsweise absticht). Zum Schluss die 200 g Blaubeeren (gut abgetropft) vorsichtig unterziehen (möglichst ohne dass sie zermatschen). Förmchen gleichmäßig befüllen, indem man EL-weise Teigklümpchen hineingibt (die einzelnen Muffins sollten dabei in etwa gleich groß sein, damit sie auch gleichzeitig und gleichmäßig durchgaren, also nicht etwa die kleineren zu schnell bräunen, während die größeren innen noch roh sind). Sodann 20–30 Min. im Backofen sacht durchbacken (bei 180°C, damit die Blaubeeren nicht schwarz werden). Stäbchenprobe: Sticht man den dicksten Muffin an und bleibt kein klebriger Teig am Holzstäbchen haften, so sind alle gar.)

Kurz auskühlen lassen und frisch servieren. Wer mag, kann sie noch mit etwas Puderzucker überstreuen. (TIPP: Man kann auch Mehl-Butter-Zucker-Streusel anfertigen und diese oben auf den Muffins mitbacken, die Garzeit verlängert sich entsprechend, bis diese ebenfalls goldbraun sind. Die Streuselmasse kann mit Vanillezucker/Zimt/Zitronenschalenraspel verfeinert werden). Für die Streusel: pro 100 g Mehl je hälftig die entsprechende Menge Butter und Zucker (+ 1 Vanillezucker, evtl. 1 Prise Zimt)

ca. 40 Min. Gesamtzeit

***Kürbis-Karotten-Muffins (téca) / Kürbis-Karotten-Kuchen* – agúyab'skuyela, wagmú é na pangí zizí un kágapi**

Dieses Kuchenrezept ist sowohl für Muffins als auch für Kastenkuchen geeignet. Falls kein Kürbis zur Hand, je nach Jahreszeit, kann man ihn auch einfach als Karottenkuchen backen. Das Rezept ist vegetarisch, wegen der Eier jedoch nicht vegan. TIPP: Inzwischen steht sogar schon vegetarisches Eier-Ersatzpulver zur Verfügung, das auch zum Backen geeignet ist.

Zutaten:

- 250–300 g Kürbisfleisch, kleingeschnitten
- 200–250 g Karotten, geraspelt //oder: insges. gut 500 g Karotten (= ca. 5 durchschnittliche Möhren à 100 g)
- 1 Bio-Zitrone
- 5 Eier (M)
- 100 g Butter (zimmerwarm)
- 200 g Zucker (gern auch brauner Rohrzucker)
- 80 (bis 100) g Weizenmehl (Type 405), je nach Saftigkeit des Gemüses
- 3 TL Backpulver
- 1 Prise Salz
- 1 TL Zimt
- 1 Prise Muskat (nicht zuviel, darf nicht »durchschmecken« , nur zum »Abrunden«)
- optional (europäisch/asiatisch): 1 Prise Kardamom
- 150 g Haselnüsse (gemahlen)
- 100 g Mandeln (gemahlen, damit die Haselnüsse geschmacklich nicht »dominieren«)
- 250 g Puderzucker

benötigte Utensilien: a) Kastenform od. Springform, b) Muffins-Förmchen (aus Backpapier-Rosetten oder als vorgefettetes Blech mit Kuhlen, dazu Reibe und Mixer

Zubereitung:

Backofen schon mal auf 180°C Ober/Unterhitze vorheizen (Umluft: Geräte-Info beachten),. a) Springform fetten oder mit Backpapier auslegen. / b) Muffins-Förmchen aufstellen bzw. Muffins-Backblech einfetten/ebenfalls mit Papierförmchen auslegen (einfacher).

Vorbereitung Gemüse: Kürbis waschen, schälen, fein würfeln; Karotten ebenfalls waschen, dünn schälen und fein raspeln (am besten gleich in eine Schüssel, mit dem Kürbis). Zitronenschale abreiben und Zitrone auspressen und jeweils in einem Schälchen parat stellen..

Sodann Mixer griffbereit herholen. Die 5 Eier trennen[256] und das Eiklar für später beiseite stellen. Die Eigelbe, die Butter (weich), den Zucker und o. g. Zitronenabrieb schaumig rühren. Mehl mit Backpulver vermengen und in die Masse hinein durchsieben, zusammen mit den gemahlenen Nüssen/Mandeln und einer kleinen (!) Prise Salz und den übrigen Gewürzen unterrühren. Die zerkleinerte Kürbis-/Karotten-Stückchen ebenfalls unter die Masse mischen und gründlich durchrühren, dabei 1 EL Zitronensaft hinzufügen (der Rest wird für die Glasur benötigt, evtl. übrig bleibender Zitronensaft, bei bes. großen und saftreichen Zitronen, kann gerne in Tee getrunken werden oder als Zusatz für Marmelade usw. verwendet werden).

Als nächsten Schritt das Eiklar (Eiweiß) steif schlagen (Eischnee) und vorsichtig unter den Teig heben (beim Rühren unterziehen). Die Mischung wahlweise in a) die Springform/Kastenfor füllen oder b) portionsweise auf Muffin-Förmchen/-kuhlen verteilen.

256 Wer es eilig hat oder einfach haben will, kann zwar die Eier auch komplett hineinquirlen, wird aber schlechtere Resultate erzielen als bei getrennten Eiern, da sich das ölige Eigelb und das glitschige Eiklar unterschiedlich gut mit den übrigen Zutaten verbinden und die gleichmäßige Konsistenz bei der Zugabe ungetrennter Eier darunter leidet. Dies ist also zu bedenken, letztlich vereinfacht man sich also nichts, wenn man auf diesen sorgfältigen Arbeitsschritt verzichtet.

Backzeit: variiert nach Kompaktheit des Teiges (a) als Ganzes, b) portionsweise entsprechend kürzer, beim kompletten Teig in der Springform kann man als Richtwert von ca. 50 Min. backen ausgehen, bei Förmchen verringert sich diese auf unter 45 Min. Danach auskühlen lassen (sonst Bruchgefahr). Erst hinreichend ausgekühlten Kuchen mit Glasur (s. u.) überziehen.

Zum Schluss aus dem Puderzucker und dem restlichen Zitronensaft einen Zuckerguss anrühren, falls dieser zu zäh wird (d. h. der Saft nicht langen sollte), gg.falls vorsichtig etwas Wasser hinzufügen und gleichmäßig über dem Kuchen verteilen (je nach Konsistenz mit dem Esslöffel drübersprenkeln und großflächig glattstreichen, aufpinseln oder gießen). Die Glasur sollte nicht zu dünnflüssig sein, sonst rinnt zuviel herab. Glasur kurz auf der Kuchenkruste etwas »anziehen« lassen und abgekühlt, aber frisch, servieren.

(Zubereitungszeit insges. ca. 1 Stunde 30 Min., mittlerer Schwierigkeitsgrad)

=> vgl.: Muffins-Teig: Zubereitung ähnlich wie bei Blaubeer-Muffins, nur halt statt mit Beeren mit geschabten Karotten und kleingeschnittenem Kürbisfleisch

=> *siehe a.: Kürbis-Kuchen (Pumpkin Pie), als süßer oder herzhafter Blechkuchen*

*

Abschließend sei mir noch ein Rezept zu nennen gestattet, das eine Eigen-Kreation ist und noch mehr auf die typischen Düfte und Aromen vor Ort setzt als auf die genauen, dort vorhandenen Zutaten, also eine Komposition aus dort vorhandenen oder ähnlichen Ersatz-Produkten, welche in ihrer Kombination die Erinnerung an die sommerlichen, duftenden Kiefernwälder der Black Hills (Pahá Sápa, He Sápa) heraufbeschwören:

*Snack »**Black Hills Taste**«* (**Pahá Sápa washtémna** = *the pleasant odor of the Black Hills«*):

Zutaten:

- ca. 100 g Pinienkerne (als Pendant zu den dortigen, kleineren Kiefernkernen)
- ca. 100 g Cranberries (Kranichbeeren)
- ca. 100 g geröstete Maiskörner (Kukuruz)
- 1 Prise Salbei oder Estragon (als Pendant zum dortigen Wüsten-Salbei)
- 1 EL geschälte Sonnenblumenkerne (für Variante A) / 1–2 EL Sonnenblumenöl (für Variante B)

Zubereitung:

A) Als Snack (trocken): Einfach alle Zutaten mischen und würzen, in einer rustikalen Müsli-Schale oder in einem flachen Holzgefäß anrichten

B) Als Salat (angemacht): Alle Zutaten mischen und 1–2 EL Öl hinzugeben, in einer Salatschüssel anrichten.

NB: Die Pinienkerne liefern mit ihrer leichten Terpentin-Note das typische Kiefernwald-Aroma, der würzige Gartensalbei oder der etwas lieblichere Estragon runden mit dem charakteristischen Aroma des Büffelsalbeis (Wüsten-Salbei) ab. Der Mais ist bekanntlich in Amerika seit jeher ein Grundnahrungsmittel, und die Kranichbeeren sind ein Hinweis auf Wildfrüchte wie verschiedene Arten von Preiselbeeren, getrocknete Wildkirschen und andere Vitaminspender des Waldes. Sonnenblume verleiht eine sonnige Komponente.

*

Welcher Gesamteindruck bietet sich bei unserer kleinen kulinarischen Reise durch das Land der Lakota? Die kargen Weiten der Prärie bieten nicht solch eine Fülle an Zutaten wie etwa die

Wälder des Ostens, dennoch gibt es überraschende Zutaten und ideenreiche Kombinationen. Die Lakota-Küche ist weiterhin traditionell ausgerichtet, doch pragmatisch und mit Respekt vor den Traditionen weiterentwickelt. Moderne Rezepte von Kontaktkulturen (England, Frankreich, Mexiko/Spanien u. a.) werden problemlos integriert und nach eigenem Gusto variiert. Sehr lecker! **Oyúl washté**!

Soviel also zu den kulinarischen Genüssen der Lakota, zwischen Tradition und Moderne. Noch wird vor allem privat im Familienkreis gekocht, ist das gastronomische Angebot in den oft ärmlichen und meist entlegenen ländlichen Gebieten entsprechend überschaubar; es besteht vor allem aus den Schnellrestaurants großer *Fastfood-Ketten*, dazu in den reservatseigenen Casinos auch *Burger*-Lokalen mit rustikalem Einschlag, manchmal auch durchaus gehobener Küche – doch wer weiß: Vielleicht gibt es ja eines Tages auch, neben französischen, chinesischen und mexikanischen Gourmet-Tempeln auch einmal sternegekrönte Lakota-Restaurants, und natürlich auch anderer indigener Kochkunst? Um die Neugier auf die Lakota-Rezepte zu wecken und entsprechend die Nachfrage nach typischen Lakota-Gerichten zu steigern, daheim und auch auf Reisen, dazu möchte dieses Kochbuch einen bescheidenen Beitrag leisten! Guten Appetit!

*

Glossar

Im Folgenden werden eher allgemeine Begriffe der Kochkunst und Esskultur aufgeführt, um Doppelnennungen zu vermeiden; eher spezielle Begriffe wie »Gabelbock-Antilope« oder »Büffelbeere« werden in einem eigenen Teil (Einleitung) gesondert aufgeführt, sowie natürlich auch im Rezeptteil genannt. –

Abendessen	=> *siehe:* Dinner
Ahorn-Sirup	**canhánpi** (= »Baumsaft«)
Anis(-tee)	**wahpé yatápi** (= »Kraut-das-man-kaut«, *für einen frischen Geschmack nämlich;* *NB: hier handelt es s. um eine anisartig schmeckende Minze (lavender hyssop)! Die gewöhnliche Minze mit typischem »Pfefferminz«-Geschmack heißt hingegen* »**(wahpé) ceyáka** = *Kraut der feuchten Flussuferzonen«*)
Apfel	**taspán** *(NB: früher: Prärie-Wildapfel, Crab-Apfel, oft auch Weißdorn)* *NB: auch anderes, eingeführtes Obst oder rundliches Gemüse wird allg. oft als eine Art »Apfel« bezeichnet (man denke nur an das ältere Wort »Apfelsine = Apfel aus China« für Orange, oder auch das alte Wort »Erdäpfel«/»pommes de terre« für die damals hierzulande noch neue Kartoffel!).* *So z.B.:* ***Birne:*** **taspán péstola** = »spitzer Apfel«, ***Orange:*** **taspán zí** = »gelber Apfel«, ***Mandarine:*** **taspán zi cík'ala** = »kleine Orange«, ***Grapefruit:*** **taspán zi pa** = »bittere Orange«,

weitere Zitrusfrucht:

Zitrone: **taspán pa** = »bitterer/saurer Apfel«,

Pfirsich: **taspán hínshma** = »pelziger Apfel«, *was bei Nektarinen zu gewissen Problemen führt, sie rangieren da wohl unter großen Mirabellen. Nur bei nicht runden Früchten wie* ***Bananen*** *funktioniert diese Bezeichnungsweise natürlich nicht:*

Banane = »**zíshkopela** = gelbe Gebogene«;

*Für »****Ananas****« wurde »***makátaspan***« geprägt, wörtl.: »Erdapfel«, was an o.g. Kartoffeln (!) erinnert, sich aber einfach auf ihren Wuchs an niedrigen Stauden bezieht, während das engl. »pineapple« vom Spanischen »piña« inspiriert ist, da die Früchte an große Pinienzapfen erinnern.*

*»****Feige****(-nbaum)« wurde von den Missionaren (Bibel-Übersetzung!) als »***tamniohpi (can)***« übersetzt, als passende Umschreibung*[257] *der Fruchtform (s.u.); die Frucht (dort praktisch nicht erhältlich) müsste dann entsprechend als* »**tamníohpi s'e** = »wie ein Tier-Uterus/eine Tier-Fruchtblase« *bezeichnet werden.*

Die ebenfalls biblische (und in der Prärie auch bestenfalls nur im Ladengeschäft/Restaurant erhältliche ***Olive*** *hat nicht einmal*

257 Bei umschreibenden Wortneubildungen (Neologismen) denke man nur an europäische Sprachen: z.B. frz. »*pommes de terre* = Erdäpfel = Kartoffeln«, »Apfelsine = Apfel aus China = Orange« usw.; man sieht also, dass derlei Ringen um geeignete Bezeichnungen für neue Dinge alles andere als »primitiv« sind, sondern vielmehr kreativ und innovativ! Nur so erweitert sich ja der Wortschatz einer Sprache, so dass sie sich weiter entwickeln kann und an moderne Gegebenheiten anpassen.

*einen allgemein verbreiteten Namen erhalten, aufgrund ihrer Seltenheit auf dem Teller, von einer Native-Speakerin wurde sie als »***mniwánca kowákatanhan kánta«** = »Übersee-Pflaume« umschrieben, weitere (ungesicherte) Bezeichnungen wären etwa **»Spayóla kánta** = *Spanische/Mexikanische Pflaume« sowie »***kánta sla**«= »*fettige Pflaume«.*

Auch die **Avocado** *hat noch keinen allgemeingültigen Namen erhalten, umschreiben ließe sich die Avocadobirne etwa als »***Spayóla taspán péstola** = Spanische/Mexikanische Birne« *oder a.* »**taspán sla** = *fettiger Apfel«.*

Backofen	**owáshpanye** = Ort/Vorrichtung zum Garen
Backpulver	**wínakapo** (= »Etwas-zum-Aufgehen-lassen (*a.* Hefe)
Beeren(-obst)	**watókeca** (= »Allerlei« = *a.* Wildbeeren)
Bison	**pte** (= *allg,/weibl.*)/**tatánka** = Bisonbulle
Bohnen	**omníca** (= »versammelte Kerne«), **o. blaská** = Plattbohnen *(NB: rohe Bohnen stehen im Ruf, giftig zu sein, nur gegart verzehren!)*
Braten	**taló ceúnpapi** (= »gebratenes Fleisch«)
Bratkartoffeln	**blo ceúnpapi (**= gebratene/geröstete Knollen*/Kartoffeln) * NB: »**blo**« *bezog sich ursprünglich auf eine Art wilder Indian Potato*
Bratpfanne	**agúyapi ishpánye** (= Röstgerät für Pfannenbrot *u. anderes*)
Broccoli	=> Kohl

Brot	**agúyapi** (= »Gebräuntes/Gebackenes«), zahlreiche Ableitungen: **agúyapi tacágu** (= »Brot-Lungenstück«), *wg. der blasig-schwammigen Konsistenz, a.:* **a. owáslece** (= »aufgeschnittenes Br., Br.-Scheibe«), **a. agúgu** = Toast, **a. gmigméla** = Biscuit, Keks, **a. gigíla** = Cookies, **a. oshtéka** = Taco, **a. pagmúpi** = *sweet bread, cinnamon roll,* **a. paskápi** = Br.-teig, **a. pshunká** = muffin, **a. sáka** = Cracker, Knäckebrot, **a. sápa** = Schwarzbrot, Vollkornbrot, **a. skúyela** = Cookie, Zuckerbrot usw., **a. su** = Weizen, Korn, Getreide(-körner), Müsli > *Siehe a.:* Pizza, Nudeln, Pfannkuchen!
Butter	**asánpi wígli** (= »Fett von Eutersaft [= Milch])«
Butterschmalz	**asánpi wígli** (= »Milchfett«)
Büffel	*siehe:* => Bison
Chili *(Gewürz, Schote)*	**payá yútapi** (= »bitter/scharf Gegessenes«) *(siehe a.: =>Pfeffer)*
Cornflakes	**huhúgahela** (= »Knisterndes«, Crispies)
Dinner	**htawótapi** (= »Abend-Essen«, (*zu:* **htayétu** = Abend)
Dörrfleisch, *Jerky*	**pápa sáka** (= »hart getrocknetes Grundnahrungsmittel«)
dünsten	=> garen
Ei(er)	**wítka/itká,** ***gekochte Eier*** **= wítka shpanyánpi,** ***Rühre*****i = wítka kacócopi,** ***Spiegelei:*** **wítka ceúnpapi**

Ente (*allg.*, *a.* Wildente)	**pagónta**
Erbsen	**omníca gmigmí** (= »runde Bohnen«)
Erdnuss, Erdnüsse[258]	**yahúgapi** (= »zu Zerknackendes«), Erdnuss-Butter = **yahúgapi wasná**
essbar (z. B. Pilze)	**yulpíca** *(wörtl., zu < **yúta** = essen)*
essen	(*allg.*): **wóta (wawáte, wayáte, wóte, waúnyutapi/waúntapi**[259]**, wayátapi wótapi),** **(*etwas e.*): yúta (wáte, yáte, yúte, unyútapi/úntapi**[260]**, yátapi, yútapi)**
Essen	=> Mahlzeit
Esslöffel (EL)	**cinshká tánka**
Fett	*siehe:* => Öl/Butter/Speck
Feuer, Feuerstelle	**péta** (= offenes Feuer), **océti** = Feuerstelle (zum Kochen u. Wärmen), => *siehe a.:* Backofen, Herd
Fisch *(allg.)*	**hogán**
Fleisch	**taló** (= »verzehrfähiges/weich gegartes Wild«), *zahlreiche Begriffe,* => siehe a. Schinken, Frikadelle usw.)
Frikandelle	*siehe:* => *Hackfleisch, Hamburger*
Frucht *(allg.)*	**waskúyeca** (= »Süßigkeiten«, egal ob Früchte, Beeren oder Zubereitetes)
Fruchtfleisch	**coníca** *(= »Fleisch«, d. h. rohes Innere sowohl von Wild, Früchten, Kernen oder Nüssen, jed-*

258 Achtung Allergiker, auch in der Prärie ist z. B. Erdnussbutter sehr beliebt!
259 Fast speech
260 Fast speech

	weder fleischige, essbare Teil von Tieren oder Pflanzen), vgl. a. > Wild, > Fleisch
Frühstück	**hínhanni wótapi** (= »Morgen-Essen«)
Gabel	**wícape** (= »was zum Aufspießen/Aufgabeln«)
Gans (a. Wildgans)	**magá**
gar, gekocht	**shpan** (= »gekocht«), **lolóbyela** (= »zart durchgegart«)
garen	**lolóbya** (= »weichkochen«), 1. Sg. lolób-waye, 1. Pl. lolób'unyanpi
Geflügel	**wahúpakoza** *(a.:* **zintkála** = Vogel, *allg.)*
	=> *siehe a.:* Huhn, Truthahn, Ente, Gans, Taube usw.
gekocht	=> *siehe:* gar
Gemüse *(allg.)*	**watóto** (= »Grünzeug«), also Kohl, Spinat, Mangold usw.
Gerste	**psinská** (= »Weißer Reis«)/Gersten-Graupen: **wayáhota hinshmáshma** (= dick-klebriger Hafer«)
Getränk	**wóyatke** (= »was zum Trinken«)
	NB: aufgrund der hohen Alkoholismus-Rate, diese aufgrund extremer Arbeitslosigkeit in den Reservaten, hat dieses Wort meist den Beigeschmack von »alkoholisches Getränk, Drink«)
giftig (Pilze, Beeren)	**ikté** (+ yuhá)= »Gift« (+ habend), **shíca** = schlecht, »**yulpíca shni** = nicht essbar«

Glas (Material, Behälter)	**janján, janjánla**
Grünkohl	**wahpé to yútapi (to** = grün/blaugrün/blau, vgl. a. => Kohl *allg.*)
Gurke	**kunkún** (Gürkchen, *a. eingelegt* = **kunkúnla**) *(meist nur als Deko auf Sandwiches, da sie beim Anbau viel Bewässerung benötigt)*
Hackfleisch	**taló yukpánpi** *(= a. für* »Hamburger, Boulette«!*)*
Hafer	**wayáhota** (= »Schwer zu Schluckendes«) *(weil weich-mehlig)*
Hefe	**wínapohye** (= »Was-zum-Aufgehen-lassen«)
Hefe, Trocken-	**wínapohye púza/blu** (= trocken/pulverisiert)
Herd	=> Backofen, / => Feuerstelle
Herz	**tacánta** = »Herz des Wildes«, bes. Büffelherz
Hirsch	> Wild
Honig	**tuhmúnga canhánpi** (= »Bienen-Baumsaft«), *a.:* **wicáyajipa canhánpi** *(mit anderem Wort für »Biene« = »Stecher«), zum Süßen wurde in der Prärie neben Wildhonig auch Ahornsirup (***canhánpi** = *Baumsaft) verwendet, selten auch* ***Kalmus*** *(sweetflag,* **sinkpé tawóte** =»Bisamrattenfutter«), *der jedoch leicht giftig (halluzinogen) ist und daher eher als Medizinpflanze für Tees und Inhalationen Verwendung fand, zudem nur in sumpfigen Gegenden vorkommt, in der Prärie daher selten*
Hot Dog	**tashúpa opémnipi** (= »eingewickelte Innereien/Wurst«)

Huhn, Hahn, Hähnchen	**kokóyah'anla** (= »Gackerer«)
Hummer	=> *siehe:* Meeresfrüchte
Innereien	**taníga** (= »Bauch des Wildes«)
Jerky *(= gedörrte Fleischstreifen)*	**taló kablápi** (= »in Streifen geschnittenes Fleisch«), *fertig gedörrt:* pápa (p. sáka)
Joghurt	(**asánpi**) **niníyanpi** (= »geronnene (Milch)/Geronnenes«)
Kaffee	**wakályapi** (= »Gekochtes, Erhitztes«), also als Getränk; Kaffeebohnen (ungemahlen/gemahlen) = **pejúta sápa** (= »schwarze Medizin«), da man bereits aus Erfahrung um die belebende Wirkung des Koffeins wusste
Kakao	**asánpi giyápi** (= »gebräunte Milch« = *chocolate milk*), *vgl. a.* => Schokolade
Karotte	**pangí zizí** (= »gelbe Wurzel«/gelbe Rübe«)
Kartoffel(n)	**blo** *(siehe a.: Pommes frites)*, Kartoffelpüree = **blo patánpi** (»zerstampfte Kartoffeln«), Bratkartoffeln/Fritten = **blo ceúnpapi** (»gebratene K.«), Kartoffel-Chips = **blo okpánla/bloókpanla** (»K.-Schnipsel«), *siehe a.* => Süßkartoffeln
Käse	**asánpi sutá** (= »feste/festgewordene Milch«)
Keks(e)	=> *siehe:* Kuchen
Ketchup	**wicáhiyutapi sha** (= Rotes Gemixtes«), *a.:* **unjínjintka hanpí** = Tomaten*-Sauce, **wörtl., wg. der Ähnlichkeit:* Hagebutten-Sauce
Knoblauch	=> *siehe:* Zwiebel *(div. Sorten/Arten)*

Koch *(auf gr. Festen)*	**wóhela** *(meist kochen Frauen, doch durchaus nicht immer! Es gibt bei den Lakota auch unter Männern exzellente Köche!)*
Kochbuch	**lol'íh'an wówapi**
kochen *(allg.)*	Essen zubereiten: **lol'íh'an**, *speziell:* in Wasser kochen: **ohán**, gegart, gekocht, gar: **shpan**, festlich für alle kochen = **wóhan**, *vgl.:* **wóhanpi** = Festessen! (1. Sg. lol'íwah'an, 1. Pl. lol'únkih'anpi; *mehr Konjugationen => siehe Tabelle am Ende)*
Kochtopf	**céga** = Kessel, Topf (*a.* Eimer)
Kohl	**wahpé yútapi** (= »Essbare[261] Blätter«), Grünkohl: **wahpé yútapi to,** Broccoli: **yuh'iya to** (= »Grünes Gekräusel«), Blumenkohl: **yuh'iya san** (= weißliches Gekräusel«)
Kuchen	**agúyapi skúyela/agúyab'skuyela** (= »Süßes Brot, Süßgebäck«), *mst.* Muffins, Cupcakes oder Donuts
Kürbis	**wagmú** (= »Verdrehter«, wg. der Ranken) *(NB: einheimisches Gewächs!)*
Limonade *(allg.)*	**kapópapi** (= »Sprudelndes«), *jeder Softdrink mit Kohlensäure/Sodawasser*
Löffel *(allg.)*	**cinshká** *(NB; ursprünglich aus Horn geschnitzt, besonders aus Dickhornschaf-Gehörn), Bed. evtl.* »Den-man-anhängen kann«, *da früher Löffel oft mit Loch am Griff, zum An- oder Umhängen, wenn man irgendwo zum Essen ging und sein eigenes Besteck mitbrachte*

Löffel, Kelle, *speziell => siehe a.:* Ess-,/Tee-/Schöpf-

261 *Wörtl.:* »sie essen ...« im Sinne von »werden gegessen/sind essbar«.

Lunge — **tacágu** (= »Lunge des Wildes«) *(NB: bei menschlichen Organen ohne* **tá-** *= Wild, Huftiere!)*

Mais *(allg.)* — **wagméza, wagmíza**, Maiskolben = **wahúwapa**, Maismehl (***hominy***) =**wanáshlogyapi,** *Bed. evtl. zu* **-gmi** = von Gras/Kraut befreiter Boden, *also etwa:* »zu Erntendes« sowie **-za** = Auseinander-zu-pulendes«, *nämlich die Körner aus den Kolben; die uralte Wortwurzel scheint auch noch in »Mais« durch (< [g] míza) und könnte aus einer benachbarten indigenen Sprache stammen, wo Mais auch angebaut wurde*

Mahlzeit — *(Essen):* **wóyute**, *(gemeinsam):* **wótapi,** (*Wunsch:* Mahlzeit! Guten Appetit!/Sehr lecker! = **oyúl washté!** (= »gut zu essen/schmeckt gut!«)

Mandel — => Nuss, Nüsse

»Man nehme .../rühre ...«/»... nehmen, rühren ...« = *Im Lakota mst. nicht mit Befehlsformen oder Infinitiv, sondern Verb in der dritten Person Plural* (**-pi**) + »... **kta héca** = man soll ...«! (=> *also hier:* ... **icúpi kta héca/icáhiyapi kta héca**« usw. (=> *siehe a.:* »kochen, braten« *usw.*!)

Markknochen/Knochenmark — **tacúpa**

Marmelade, Gelee — **washtágyapi**

Meeresfrüchte — **mniwánca wóyute** (= »Ozean-Essen«, *also* ***sea food***, *incl.* **matúshka tánka** = »Großer Krebs« = Hummer, *a.* Languste *sowie* **pankéska** = »Wie-in-hellem-Behälter« = Muschel, *in der Schale, z.B.* Abalone, Auster *etc.*)

Mehl	**agúyapiblu** (= »Brot-Pulver«, *d.h.* »Pulver zum Brotbacken«)
Melone	**wagmúshpanshni** (= »Kürbis, den man nicht zu kochen braucht«) *(NB: die von den Spaniern nach Mexiko eingeführte Melone stammt ursprünglich aus Afrika und Asien. Honig- u. Wassermelone sind zwar bekannt, doch wenig verbreitet, da sie ja viel Bewässerung brauchen)*
Messer	**míla**
Mikrowelle	**ináhni owáshpanye** (= »Schnell-Garer«)
Milch	**asánpi** (= »Euter-Saft«), *siehe a.* => Joghurt, => Käse
Minze	**ceyáka** (= *vemutlich:* »[zum Weinen] reizendes Kraut«), *wg. der ätherischen Öle*
Mittagessen	**wícokan hiyáya wótapi** (= »Mittag-Essen«), *wörtl. genauso*
Muffin	=> *siehe:* Kuchen
Muschel(n)	=> *siehe:* Meeresfrüchte
Nudeln	**agúyapi pagmún** (= »per Hand gerollte Teigstücke«), z. B. Makkaroni, Spaghetti = **spakéli**
Nuss, Nüsse	**úma** = Haselnuss, **úta** = Eichel, **úmaco** (= »Haselnuss- *oder* Eichelmehl«), **cansúhu** (= »Samenbaum«) = Hickory, *NB: Am. Walnüsse/**Pekan** kommen nur im Südosten der USA vor* => *siehe a.:* Erdnüsse

Obst *(allg.)*	**waskúyeca** (= »Süßes«), => *siehe a.:* Beerenobst, => Apfel *(dort a. weitere Sorten!)*
Ofen	**owáshpanye** (= »Ort zum Garen«)
Öl *(allg.)*	**wígli** (= »Öl, Fett, Talg«, *früher oft Bärenfett oder Talg von Innereien, heutzutage meist Schweineschmalz oder auch pflanzliches Öl, häufig Maiskeim- oder Sonnenblumen-Öl)* *NB: Bisher hat sich offenbar noch kein allgemeines Wort für »**Olive**« eingebürgert, somit auch nicht für »Oliven-Öl«, dieses wird eher in der kalifornischen und mexikanischen Küche verwendet. Man begnügt sich daher im Lakota bisher meist mit dem englischen Wort, das ja wiederum aus dem Spanischen stammt. Zuweilen wird »Olive« aber auch als* »**Spayóla kánta** = *Mexikanische Pflaume« u.a. umschrieben, da von Tex-Mex-Gerichten bekannt.*
Orange	**taspán zi, taspánzi** (= »gelber Apfel«), Orangensaft = **taspán zi hanpí** *(NB: Orangensaft ist in der heutigen US-Kultur praktisch allgegenwärtig, bes. zum Frühstück, NB:* **taspánzi tánka** (= »Große Orange«) = Grapefruit
Paprika	*siehe:* => Chili *(die großen Gemüse-Paprika brauchen zuviel Bewässerung!)*
Pastinake	*siehe:* => Petersilien-Wurzel
Pemmican	**wasná, wakápapi** (= »Gestampftes«)
Petersilie/ Petersilien-Wurzel	**pangí hánska** (= » lange Wurzelknolle«), *die* Petersilienzweiglein *wären dann* »**pangí hánska wahpé** = »Blätter der Petersilien-Wurzel«

Pfanne	**wíceunpe** (= »Bratgerät«), **mas'wíceunpe** (= »eisernes Bratgerät«)
Pfannkuchen	**agúyapi zibzípela** = »(ganz) dünnes Brot/ Gebackenes«, *pancake)*
Pfeffer (schwarzer)	**yamnúmnugapi** (= »knirscht-beim-Essen«, = *grob gemahlen!*)
	(*siehe a.:* => Chili(-pfeffer)
Pfefferminz	=> Minze
pflücken	**yushpí** (1. Sg. blushpí, 1. Pl. unyúshpipi)
Pilz(e)	**cannákpa** = »Baumohr« *(NB: fast nur dieser Baumpilz bekannt, die meisten Arten nicht essbar, daneben nur ungenießbare Bovisten in der Prärie)*
Pizza	**agúyapi blaská** (= »flaches/plattes Brot«)
Pommes frites (French Fries)	**blo icéguguyapi** = gebräunte Knollen/Kartoffeln *a.:* **blo ceúnpapi waksáksapi** = zerschnittene Bratkartoffeln
Popcorn	**wagméza nablága/w. napópopa** (= »aufpoppender Mais«)
Prärierüben	**tínpsila** (= »Prärie-Knöllchen«), *zu:* **tintá,** archaisch für: **obláye** = Prärie
Pute	=> Truthahn
räuchern (Fleisch, Fisch)	**cosyá**, (**cosyápi** = geräuchert)
Radieschen	**tínpsila shashá** (= »rote Prärierüben«)/NB: Auch Rote Bete wird oft so bezeichnet, was zu Verwechslungen führen kann; Rote Bete sollte daher einheitlich als »**pangí shashá**«

	(= »Rote => Topinambur«) bezeichnet werden
Reis	**psin**
Reis, Wildreis*	**psin (sapsápa)** (* *Zizania aquatica*) = (schwarzer) Reis
Rettich, Radi (weißer)	**tínpsila skaská** (= »Weiße Prärierübe«)
Rippe(-nstück)	**tacútuhu** (= »die Knochen am Bruststück des Wildes«)
	*NB: die Rippenstücke am großen Bison-Buckel werden als »***tacánhahake***« = »Bison-Buckel/die stachlige Bison-Wirbelsäule« bezeichnet u. gesondert zubereitet, da sehr sperrig*
Roggen	**pteyáhota** (= »Büffelhafer«)
roh, ungekocht	**shpan shni**
rösten, am Spieß/Stock	**pasnún** (= »aufgespießt garen«) (1. Sg: wapásnun, 1. Pl. unpásnunpi)
rösten, in Kohle/Asche	**cok'in** (1. Sg. cowák'in, 1. Pl. coúnk'inpi), *zu:* **cahóta**, Asche(-glut)
rösten, in der Pfanne	**ceúnpa** (= »am Herdfeuer garen«), (1. Sg. cewáunpe, 1. Pl. ceúnk'unpapi)
rösten, z. B: Kaffee, Getreide	**giyá** = »anbräunen« (1. Sg. giwáye, 1. Pl. giúnyanpi)
Saft (*a.* Brühe!)	**hanpí**

Sahne (süß/ Sauer-/Schlag-)	**asánpi niní** (= »geronnene Milch«), (*vgl. a.* => Joghurt)
Salat (Kopfsalat)	**mashtínca tawóte** (= »Kaninchenfutter«), => *siehe a.:* Gemüse
Salat (gemischter, angemachter)	**takúku icáhiyapi** (= »Zusammengerührtes, Vermischtes«)
Salat-Dressing	**watóto akáshtanpi** (= »übers Blattgemüse Gegossenes«)
Salbei	**pejí hóta** (= »Graukraut«), *wg. der filzigen Blätter, NB: der Am. Büffelsalbei ist ein Korbblütler, dieser Wüsten-Beifuß ist folglich mit unserem Beifuß, Estragon und Wermut verwandt, entspricht aber geschmacklich verblüffend unserem europäischen Salbei (einem Lippenblütler)*
Salz	**mniskúya** *(NB: Wörtlich: »süßes Wasser (!)«, wenn man wirklich gesüßtes Wasser meint, betont man einfach anders: »***mni skúya***«!)*
schälen, pellen	**waskú** (1. Sg.: wawásku, 1. Pl.: waúnskupi)
schneiden, würfeln, mit dem Messer zerkleinern, filetieren *usw.*	**waksá** (1. Sg. wawáksa, 1. Pl. waúnksapi)
Schinken	=> Speck
Schokolade	**canmhánska** (= »langes Zuckerstück«), *siehe a.:* => Kakao
Schöpflöffel	**wícapte** (= »Was-zum-Schöpfen«)
Schüssel	**wakshíshkokpa** (= »tiefer Teller«), hölzerne Schüssel = **canwákshica**
Sellerie	*siehe* => Stauden-Sellerie

Senf	**wicáhiyutapi zi** (= »gelbes Gemixtes«), *NB: das scherzhafte Wort* »**hokshícala tunkcé**« (= »Baby-A-a«) *wird nur informell gebraucht!!*
Sonnenblume	**wahcázi tánka** (= »große gelbe Blume«), Sonnenblumenkerne = **wahcázi tánka su**, *siehe a.: => Topinambur!*
Spaghetti	=> Nudeln
Speck	**wígli** (= »Fett, Talg, Griebe«), *NB:* »**wígli**« *kann a. jedwedes ausgelassene Fett oder Öl bezeichnen; meint man Räucherspeck/Schinken*: **kukúshe cosyápi** = »geräuchertes Schwein(-efleisch)«, **washín**
Spinat	=> Gemüse
Stauden-Sellerie	**canhlógan yulpíca** (= »essbare Stängel« = *die oberirdischen Teile sind bekannt und beliebt, für unterirdische, dicke Knollen* – **pangí oshtéka**, »unförmige Knolle« – *ist in der Prärie offenbar der Boden zu trocken)*
Steak, Scheibe Fleisch	**taló**, *siehe a.:* => »Wild«
Suppe	=> Saft!
Süßigkeiten (Obst, Bonbons, Dessert usw.)	**waskúyeca** (= »zu Schälendes«)
Süßkartoffeln	**blo skúya** (= »süße Kartoffeln«), *siehe a.:* => Kartoffeln
Taco, Indian	**agúyapi oshtéka** (= »formloses/unförmiges Brot«)

Talg	**wígli**, *vgl. a.* => Öl. *Wegen der oft raschen Zerlassbarkeit – etwa bei Gänseschmalz – wurde nicht zwischen flüssigem »Öl« und festen »Talg/Speck« unterschieden, sondern alles einfach als »Fett« bezeichnet. Fett wurde vor allem von Büffeln gewonnen, doch auch aus anderem, im Herbst feistem Wild und Wildgeflügel, sogar von Bären* (**mató**), *dann aber nur zu rituellen Zwecken (als Medizin,* **pejúta**)
Tasse	**wíyatke** (= »Zum Trinken gebraucht«)
Taube, *a.:* Wildtaube	**wakínyela** (= »Kleines Geflügel«)
Tee (vom Teestrauch)	**wahpé kalyápi** (= »erhitzte/gebrühte Blätter«), *(»iced tea« wäre dann:* **wahpésniyapi** = »gekühlte Blätter«, *also Eistee)*
Tee (aus Kräutern, Kräutertee, a.. Heiltee)	**pejúta kalyápi** = »aufgebrühte Kräuter« (*z. B.* Minztee = **ceyáka kalyápi**)
Teelöffel (TL)	**cinshká císcila** (= «kleiner/winziger Löffel«, *a. als Maß)*
Teller	**wakshica blaská, wakshíblaska** (= »flaches Geschirr«)
Tisch	**wáglutapi** (= »worauf gegessen wird«, doch auch als Arbeitsfläche in der Küche), (Wachstuch-/Leinen-)Tischdecke = (**mnihúha shóka**) **wáglutapi akáhpe**
Tomate	**unjínjintka** (*wörtl:* »Hagebutte«, *die aus Mittel- u. Südamerika stammende Tomate – auch ein von Indigenen gezüchtetes Gemüse –*

	ist längst auch in der Lakota-Küche allgegenwärtig; aus dem Supermarkt bezogen oder in kleinen Gemüse-Gärtchen angebaut, sofern Bewässerung möglich), => siehe a.: Ketchup
Topf, Eimer, Kessel	**céga**
Topinambur	*(=> siehe a.: Karotte!)* **pangí** *(dieser Begriff wird auch für andere essbare Wurzelknollen verwendet:* **pangí hánska** = Pastinake (»lange Wurzel«), **pangí pepé** = Radi, Rettich (»scharfe Wurzel«), **pangí shashá** = Rote Bete (»rote Wurzel«), **pangí zizí** = Karotte, Möhre (»Gelbe Rübe«), *Bed. evtl.: »brauner Beutel« für die Nährstoffe speichernden Wurzelknollen*
trinken	**yatkán** (blatké, latké, yatké, unyátkanpi, latkánpi, yatkánpi)
Trinken	=> Getränk
Truthahn	**waglékshun** (= »Streifenschwinge«)
ungekocht	=> *siehe:* roh
ungenießbar	**yulpíca shni** (= »nicht essbar«, *z. B. Pilze, Sehnen, Knochen), vgl. a.* => giftig
vegetarisch/vegan	**watóto un kágapi** (= »mit Grünzeug Gemachtes«), *vgl. a.: »vegetable oil«* = **watóto wígli** = Pflanzenöl
Wacholder	**hanté**, Wacholder-Beeren = **hanté itká** (= »Wacholder-Eier«). *NB: der Amerikanische bzw. Virginia-Wacholder gilt als giftig (!), der in Europa einheimische ist, in den üblichen Verzehr-Mengen dosiert, unbedenklich (der strenge Geschmack schützt bereits vor jeder Überdosierung)*

waschen, säubern **yujája** (1. Sg. blujája, 1. Pl. unyujajapi)

Wasser **mni**

Wein **mni sha** (= »rotes Wasser«[262]) = Rotwein; *NB: für »Weißwein« hat sich wegen der wenigen Verbreitung noch kein allg. Bezeichnung etabliert, nur allg.* »**mni wakán** (= »Powervolles Wasser«) = Alkohol; »Weißwein« usw. ließe s. als »**cunwíyapehe un kágapi**« = »*aus Trauben Gemachtes/Gekelteres« umschreiben*

Weintraube(n) **cunwíyapehe** (= »Am-Baum-Rankendes«)

Weizen **agúyapi su** (= »Brot-Samen«), vgl. a. => Mehl

Wild (= Hirsch, Reh) *allg. Rotwild: I) als Tier:* **táhca**, *speziell:* **heháka** = Wapiti(-hirsch), *II) als Fleisch:* **wacónica** = »Rohfleisch« *(frisch oder getrocknet, venison)*

(NB: Wildschweine gab es nicht; Wildgeflügel ist nach Art aufgeführt)

Zimt **canhásha** *(NB: Das ist eigentlich das Wort für »Roter Hartriegel«, der auch für Kinnikinnick-Tabakmischungen verwendet wurde/gelegentlich wird. Also besser nachfragen, was jeweils gemeint ist!)*

Zitrone **taspán pa** (= »saurer/bitterer Apfel«), *a.:* Bergamott-Zitrone = **taspán shkúmna** (»saurer Apfel«), = *siehe a.* => Apfel

---

262 Von der Missionarszeit her war zunächst nur Rotwein bekannt, da dieser in der Messe das Blut Christi symbolisiert, zudem wird in der Prärie kein Wein angebaut (weniger wegen der trocken-heißen Sommer als der oft eisigen Winter, welche die Rebstöcke abfrieren lassen würde). Bekannter wurde dieses Getränk erst durch mexikanische Restaurants und die Gaststätten in den (reservatseigenen) Casinos, sofern diese außerhalb von Alkoholverbots-Zonen in den Reservaten liegen.

Zucker
canhánpi (= *wörtl.:* »Baumsaft«), *mst. Ahorn-Sirup, d.h. das ursprüngliche Süßungsmittel (neben Honig);* **canhánpi blu** (= »Gemahlener Zucker«) = Puderzucker

Zunge
tacéji (= »Zunge des Wildes«), *(bes. Büffelzunge, Rindszunge)*

Zwiebel, Wildzwiebel[263]
pshin, rote Zwiebel = **pshin sha**, grüne Lauchzwiebel = **pshin shtúnkala** = »grüne/unreife/wässrige Zwiebel, Wilder Knoblauch, *Art* Bärlauch = **pshin s'ámna** = streng riechende Zwiebel«, **Knoblauch** (*garlic*) = **pshinkcéka** = »Wildzwiebel« (< **ikcéka**), Perlzwiebel = »**pshitó** = Perle«

*

263 Achtung: es gibt auch giftige Wildzwiebeln in der Prärie u. den Black Hills, z. B. **pshin hublóka**, *death camas (Zigadenus venenosus = Toxicoscordion venenosum)*, daher nicht selber sammeln!

SOS Mini-Grammatik: Konjugations-Liste rund ums Kochen & Essen:

Zur blitzartigen Übersicht: Einige der häufigsten Verben rund ums Kulinarische sind ausgerechnet unregelmäßig (*), was im Lakota eher selten ist – doch kommen diese Verben ja so häufig vor, dass man sie rasch lernt[264]*:*

- *(etw.)* ***essen*** = **yúta** (*): wáta[265], yáta, yúta, unyútapi[266], yátapi, yútapi
  => **Taspán wan wáte.** = Ich esse einen Apfel.
- ***essen*** (*allg.*, < **wa-** + **yuta**) = **wóta** (*): wawáta, wayáta, wóta, waúnyutapi, wayátapi, wótapi, Kurzform (in Wortzusammensetzungen): **wol**
  => **Wóta-he.** = Er war gerade beim Essen. **Kicí wawátin kte.** = Ich werde mit ihm essen. / **Waúnyutin kte.** = Wir beide[267] werden essen. / **Waúnyutapi kte.** = Wir alle werden essen.
- *(etw.)* ***trinken***[268] = **yatkán: blatkán**[269], latkán, yatkán, unyátkanpi, latkánpi, yatkánpi
  => **Tákuni yatké shni.** = Er trank nichts (z. B. bei einer Visionssuche)./
  Wahánpi kin etán latkán he? = Hast du etwas von der Brühe getrunken? (NB: auch Suppe »essen« gilt im Lakota als »trinken«!)
- *(etw. in Wasser)* ***kochen*** = **ohán**[270]: owáhan[271], oyáhan, ohán, unkóhanpi, oyáhanpi, ohánpi. **Táku oyáhin kta he?** = Was wirst du kochen?

---

264 NB: Die 3. Pers. Sg. entspricht der Grundform (Infinitiv)
265 -a wird im Auslaut wie -e gesprochen (u. mst. dann auch so geschrieben)
266 In *fast speech* wie »**úntapi**« gesprochen
267 Dual = 1. Plural ohne Plural-Marker -pi = »*you & I*/Du & ich, wir beide«
268 Auch dazu gibt es ein allg. Verb (d.h. ohne Nennung des Getränks): **wayátkan**, leider oft mit dem Beigeschmack von »Alkoholischem«, wie in dt. »trinken«.
269 Im Auslaut: blatké usw.
270 Nicht zu verwechseln mit »**ohán** = ja« und »Mokassins/Schuhe tragen«!
271 Im Auslaut: **owáhe**; Auslaut-Regel gilt auch für die übrigen Verben

– *kochen (allg., zubereiten, bes. für ein Festessen kochen <* **wa- + ohán**) = **wóhan**: wówahan, wóyahan, wóhan, wóunhanpi, wóyahanpi, wóhanpi

– *(Nahrung) zubereiten, kochen* (< lol- = Essen ...) = **lol'ih'an:** lol'íwah'an, lol'íyah'an, lol'íh'an, lol'únkih'anpi, lol'íyah'anpi, lol'íh'anpi

=> **Lol'íh'an óciciyin kte.** = Ich werde dir beim Kochen helfen./

Lol'íh'an ówicakiyapi. = Sie halfen ihr beim Kochen./

Lol'íh'an ówicaunkiyapi kte. = Wir werden ihnen beim Kochen helfen./

Lol'íh'an óunniciyapi kte. = Wir werden euch beim Kochen helfen.

Lol'íh'an ómayakiya(-pi) ca pilámayaya(-pi)! – Danke dir (euch), dass du (ihr) mir beim Kochen geholfen hast (habt)!

– *(etw.) abbrühen, in den Topf werfen* = **iyóhpeya:** iyóhpewaya[272], iyóhpeyáya, iyóhpeya, iyóhpeunyanpi, iyóhpeyayapi, iyóhpeyapi

– *(etw.) garen, kochen, bes. backen[273]:* **shpanyan:** shpanwáya, shpanyáya, shpanyán, shpanunyanpi, shpanyáyapi, shpanyánpi

– *(etw.) braten, frittieren* = **ceúnpa:** cewáunpa, ceyáunpa, ceúnpa, ceúnk'unpapi, ceyáunpapi, ceúnpapi;

»***gebraten*** = **ceúnpapi**«, z. B. »**blo ceúnpapi** = Bratkartoffeln"

– *(etw.) am Spieß überm Feuer rösten* = **pasnún:** wapásnun, yapásnun, pasnún, unpásnunpi, yapásnunpi, pasnúnpi

=> **Shiyó/mashtíncala kin etán pasnún éwicagle.** = Er steckte etwas von dem Präriehuhn/Wildkaninchen zum Rösten auf Spieße.

– *(etw.) auf Kohlenglut oder offenem Feuer braten/garen* = **wak-céya:** wakcéwaya, wakcéyaya, wakcéya, wakcéunyanpi, wak-céyayapi, wakcéyapi, < kceyá (+ Obj.)

(meist grob zerlegtes Wildbret, etwa ganze Rippenstücke, diese werden dann einfach als »**wakcéyapi** = ***Gegrilltes***« *bezeichnet)*

– *(etw.) ansengen[274], **bräunen, toasten*** = **guyá:** guwáya, guyáya,

---

272 Im Auslaut folglich: **iyóhpewaye usw.**

273 Inklusive »anbrennen lassen« , also unabhängig vom Garungsgrad ...!

274 Kontrolliert oder unfreiwillig an-, ab- oder versengen, von Vieh brand-

guyá, guúnyanpi guyáyapi, guyápi
=> *siehe*: **agúyapi** = ***Brot***, **agúyapi gu** = ***Toastbrot***

– *(etw.) vorkochen u. sodann I)* ***dörren*** *bzw. II)* ***räuchern****, also* ***haltbar machen*** *durch trockenes Erhitzen* = **cosyá:** coswáya, cosyáya, cosyá, cos'unyanpi, cosyáyapi, cosyápi
NB: »***Dörrfleisch (jerky)***« *ist dann* »**pápa sáka** = steifes Nahrungsmittel«, »***Geräuchertes***«, wie z. B. »Räucherspeck« (*bacon*): **washín cosyápi**«

****

marken bis Brotbacken!

Literatur

Amiotte, Arthur, Our Other Selves/Eagles Fly Over/The Road to the Center (Artikel) in: *Dooling, D.M./Jordan, P.*, I Become Part of It – Sacred Dimensions in Native American Life, New York 1989

Buechel, Eugene/Manhart, Paul, Lakota Dictionary, New Comprehensive Edition, Lincoln/NE and London, 2002

Cox, Berverly/Jacobs, Martin, Das Indianerkochbuch, *Native Food* – Die Küche der Indianer Nordamerikas, München 1996, Titel der Originalausgabe: *The Spirit oft he Harvest*, New York; mit einem Vorwort und Erläuterungen von *Clara Sue Kidwell* und *Arthur Amiotte*

Gilmore, R. Melvin, Uses of Plants by the Indians of the Missouri River Region, enlarged edition with new illustrations by Bellamy Parks Jansen, Lincoln and London, Nebraska, 1991

Helm, Eve Marie, Feld-, Wald- und Wiesenkochbuch – Sammeln, Zubereiten und Einkochen von Wildgemüse und Wildfrüchten, München 1978, 3. Aufl. 2007

Kuegler, Dietmar, Bisonjagd – Geschichte einer Beinahe-Ausrottung, Wyk auf Föhr 4. Aufl. 2002

LLC (Lakota Language Consortium, ed. by Jan Ullrich), New Lakota Dictionary, Lakhótiyapi – English/English – Lakhótiyapi, Incorporating the Dakota Dialects of Yankton-Yanktonai & Santee-Sisseton, Bloomington – Pierre, 2008, 2011, snd ed.

Netzel, Rebecca, Lakota Lexikon Landeskunde, Teil I: Geschichte, Gestalten, Gegenwart, Fakten und Daten der »Sioux«-Kultur von A – Z, Teil II: Natur –Flora, Fauna, Biotope, in den Sprachen Lakota- Englisch – Deutsch – Spanisch, Trier 2008

Netzel, Rebecca, Animal Nation and Plant Nation – A Fieldguide for Lakóta Children and for all those adults who still care about Creation, Trier 2007

Netzel, Rebecca, Sioux/Lakota Wort für Wort, Reihe Kauderwelsch (Sprachreiseführer), Bielefeld 3. Aufl. 2015

Pahlow, Mannfried, Das große Buch der Heilpflanzen. Gesund durch die Heilkräfte der Natur, München, Neuausgabe 2. Aufl. 1987 (enthält auch Hinweise auf Inhaltsstoffe, Rezepte für Tees usw., auch über nordamerikanische Pflanzen, die ja z. B. von den Lakota als Heil- und Nahrungsmittel genutzt wurden)

Robbins, Ken, Thunder on the Plains – The Story of the American Buffalo, New York, Toronto u. a. 2001

Sample, Michael S., Bison – Symbol of the American West, Guildford/Connecticut, Helena/Montana, 1987

Schönfeld, Sybil Gräfin, Hg., Guten Appetit. Ein modernes Grundkochbuch mit über 1.300 Rezepten, Köln/Hamburg o.J.

Tilford, Gregory L., Edible and Medicinal Plants of the West, Missoula/Montana 1997

Wernert, Susan J. (editor), Reader's Digest North American Wildlife, Pleasantville, N.Y. 1982, 15th printing 1991

Wolters, Bruno, Agave bis Zaubernuss. Heilpflanzen der Indianer Nord- und Mittelamerikas, Greifenberg 1996 (auch über Nutzpflanzen der Indigenen, wie etwa Mais und Chili)

PS: Nicht selbst konsultiert, doch von Freundinnen erhaltene Buchtipps:

Ederer, Veronika/Gloor, Corinna/Bühler, Markus, An fernen Feuern – Rezepte und mehr der nordamerikanischen Indianer und Inuit, München 2020

Sherman, Sean, Der Sioux Chef. Indigen kochen, Berlin 2023 (dt. Ausgabe)

*

NB: Keine Produkthaftung! Die Rezepte sind lediglich Anregungen auf der Grundlage traditionell überlieferter Gerichte.

Mit eigenen Illustrationen im Lakota Style (erlernt in diversen Workshops in deutschen Kultureinrichtungen[275] und vor Ort in South Dakota), sowie Fotos von Susanne Schulz und eigene Fotos.

****

275 u.a. Deutsch-Amerikanisches Institut (DAI), Heidelberg, Museum der Weltkulturen, Frankfurt/Main.

Über dieses Buch

Was hat die die Kochkunst der Lakota (Western Sioux) alles zu bieten? Beste Zutaten aus der Natur, dies lässt eine ungeschnörkelte Küche entstehen, deren Geschmackszauber auf den Zutaten selbst beruht. Die Lakota-Kochkunst ist oft minimalistisch und raffiniert zugleich.

Doch natürlich haben sich die Gerichte auch durch den Einfluss von Kontakt-Kulturen zu modernen Rezepten weiterentwickelt, neue Zutaten wie die der englischen und spanisch-mexikanischen Küche wurden durchaus integriert und kreativ eingesetzt, wozu auch die geänderte Lebensweise beigetragen hat. Daher ist dieses Buch zugleich kulinarische Kulturgeschichte und Kochbuch in einem. Was blieb von den Traditionen, was kam hinzu, wurde integriert und abgewandelt? Der Kontakt mit der Kochkunst anderer Kulturen war zugleich Bereicherung und Rückbesinnung, auch wenn manch Althergebrachtes heutzutage nicht mehr so leicht möglich ist, zu bewahren, oder auch durch bequemere, neue Zubereitungsmethoden ersetzt wurde.

Doch gerade dies hat wieder zu einem »back to the roots« und einem Wiederentdecken der eigenen Koch-Traditionen geführt – eine fantasievolle Mischung aus alt und neu ist daraus entstanden! Probieren Sie selbst ...!

Alle Gerichte lassen sich problemlos auch hier in Europa nachkochen; für hier nur schwer erhältliche Zutaten wurden stets passende, geschmacklich nahestehende Ersatz-Produkte angegeben (Bison vs. Bio-Rind, gewürfelte Steckrüben statt Präarierüben usw.). Auch Vegetarier kommen in diesem Band, der eine fleisch- und gemüsebetonte Küche behandelt, buchstäblich auf ihre Kosten. Dazu bietet der Handel ja bereits zahlreiche gute Fleisch-Ersatzprodukte, deren Verwendungsmöglichkeiten ebenfalls in *den vorliegenden Rezept-Vorschlägen berücksichtigt werden.*

Zudem ist dieses Buch viel mehr als allein ein Kochbuch – zugleich ist es eine spannende, kleine kulinarische Geschichte der Lakota und anderer Native Americans sowie der Natur, aus der sie ihre Zutaten bezogen und dies teils heute noch tun, und entsprechende Lebensmittel daraus herstellten, auch diese Tradition lebt ja fort. Abgerundet wird das Buch durch ein Glossar der Lakota-Ausdrücke von A bis Z. Guten Appetit!

*

Natürlich kann für die Rezepte und die damit verbundenen Angaben keine Gewähr und keine Haftung übernommen werden, doch jeder halbwegs erfahrene Hobbykoch und jede begeisterte Hobbyköchin kann ja selbst mit gesundem Menschenverstand einschätzen, wie mit den Zutaten umzugehen ist. Auf mögliche Risiken, etwa bei Wild-Pilzen, wird im Buch zudem ja ausdrücklich hingewiesen. –

*

Weitere Veröffentlichungen von Rebecca Netzel bei TRIGA – Der Verlag

Rebecca Netzel

Der Fahnenreiter

und andere Gedichte mitten aus dem Leben

Mit Gastbeiträgen von Karin Ewald

Wortspiele, Sprachgestaltung – in spielerischem Umgang mit versprachlichten Gedanken erkundet die Autorin die Welt, lässt die Leser*innen teilhaben an dem Projekt, die Tiefe des Lebens lyrisch auszuloten. Mal ernst, mal heiter – Gereimtes und Ungereimtes, als kreativer Ansatz, sich einen Reim auf diese Welt zu machen. Von Anspielungen auf Goethe und Schiller bis hin zu Haikus und visueller Dichtung reicht dabei die schöpferische Bandbreite: lauter literarische Schmankerl machen Lust aufs Lesen ...!.

308 Seiten. Pb. 16,80 Euro. ISBN 978-3-95828-329-9
eBook. 7,99 Euro. ISBN 978-3-95828-330-5

Rebecca Netzel / Regina Stöcker

Füllhorn der Märchenwunder

Märchenhaftes 4.0

Ganzheitlich. Inspirierend. Ökologisch.

Märchen haben ihren ganz eigenen Zauber. Doch was haben Märchen uns in der heutigen Zeit zu sagen …? Auch wenn man nicht mehr an Elfen und Kobolde, Riesen oder Trolle glaubt, so bleiben diese doch als Sinnbilder lebendig und entfalten ihre kreative Wirkung, weil sie zum Nachdenken über die Welt und die dort waltenden Kräfte anregen. Auch in der Moderne können sie ihre eigenen, zeitlosen Wahrheiten entfalten und uns einen Spiegel vorhalten … denn märchenhafte Dinge wie sprechende Tiere und Zauber-Bäume sind ein fernes Echo aus schamanischer Urzeit, als die Menschen noch die Sprache der Tiere verstanden … So können Märchen und Mythen uns einen Weg zu einer neuen Harmonie mit der Natur aufzeigen. Keine rückwärtsgewandte Weltflucht also, sondern vielmehr als perspektivische Vision, bietet diese Sammlung sogar Märchen, die in eine bessere Zukunft weisen …!.

294 Seiten. Pb. 18,00 Euro. ISBN 978-3-95828-319-0

Das geheime Logbuch des Kapitän Ahab

Die andere Geschichte des Jägers von Moby Dick

Roman

Das geheime Logbuch des Kapitän Ahab gewährt Einblicke in die Seelentiefen eines vom Schicksal geschlagenen Mannes, der wohl berühmtesten Romanfigur von Herman Melville. Atemberaubende Schilderungen ziehen den Leser in ihren Bann: Nicht nur neue Enthüllungen von Ismael, dem einzigen Überlebenden der Unglücksfahrt der Pequod, fesseln durch aufregende Details, sondern auch Ahab nahestehende Personen kommen zu Wort – wohl erstmals auch die im Ur-Roman nur am Rande erwähnte junge Frau Ahabs. Der Roman zeichnet behutsam auch ihr ergreifendes Schicksal. Die ebenso hübsche wie geradlinig-intelligente Kapitänswitwe lässt einen ganz anderen, doch ebenso authentischen Ahab erkennen. Ahabs faszinierender und schillernder Charakter gerät so zum Sinnbild des Menschen schlechthin, zum Symbol der menschlichen Existenz in all ihren Konflikten sich selbst und der Natur gegenüber. Zugleich ist dieser Roman ein Plädoyer für den Umweltschutz und für einen friedvollen Umgang nicht nur mit den Walen, sondern mit allen Lebewesen in der vom Menschen ausgebeuteten und bedrohten Schöpfung.

198 Seiten. Pb. 16,80 Euro. ISBN 978-3-95828-308-4
eBook. 7,99 Euro. ISBN 978-3-95828-309-1

Der Adlerblick zum Horizont

Roman

Am Gipfel der Sonnenpyramide

Bonus-Roman

Zwei Romane in einem Band: Der Adlerblick zum Horizont (Band 3 der Adlerschrei-Trilogie) John möchte nur eines: Raus aus dem Elend des Reservatslebens. Doch wie kann er es schaffen, seine Träume zu verwirklichen? Zu gern hätte der im Malen und Zeichnen sehr talentierte Junge ein Stipendium für ein Kunst-Studium in Europa. Kann ihm der Lakota-Häuptling Holy Eagle helfen, der selber ein begnadeter Künstler ist, oder Jochen, der Sozialarbeiter aus Deutschland? Es ist schwer, den Teufelskreis aus Armut und Chancenlosigkeit zu durchbrechen, doch John gibt nicht auf. Und fern der Heimat lernt er, auch die positiven Seiten des Indianer-Reservats zu schätzen. Am Gipfel der Sonnenpyramide Auf einer Party hat es zwischen Susanne und einem mexikanischen Studenten gefunkt. Doch was, wenn sich der moderne junge Mann mit der Zeit als äußerst traditionsbewusst entpuppt und eine ihr völlig fremde Gedankenwelt offenbart? Nicht nur die bizarren Mythen der Azteken und deren einstige, grausige Menschenopfer befremden sie, sondern sie lernt auch eine ganz andere Mentalität kennen. Zunächst ist da einfach die Faszination für ein Land voller Abenteuer, Pyramiden und Reiterausflüge. Doch ihr Freund will es wissen. Und so spitzt sich die Liebesbeziehung auf die Frage zu: Mexiko nur als paradiesische Urlaubskulisse oder als Wagnis für ein Leben inmitten von Skorpionen, Schlangen und Kakteen…? Nebenbei erfährt man beim Lesen viel Interessantes und Erstaunliches über die indigene Jugendkultur, zwischen Powwow und Rap, Mythen und Bloggern.

422 Seiten. Pb. 18,00 Euro. ISBN 978-3-95828-295-7
eBook. 7,99 Euro. ISBN 978-3-95828-296-4

Die Tigerin Miruma

Roman

Dieser spannende Tier-Roman führt uns ins geheimnisvolle Land der letzten Tiger Sibiriens. Dort, am Amur im Ussuri-Gebiet, streifen sie noch umher, die größten Raubkatzen unseres Planeten. Doch diese majestätischen Tiere sind von Wilderei bedroht, für den illegalen Handel mit Tigerfellen und Knochen für den asiatischen Schwarzmarkt an Volksmedizin. Wir tauchen ein ins heimliche Leben des Tigers, erfahren von seinen aufregenden Begegnungen mit Hirsch und Elch, Wolf und Bär, ebenso von den Gefahren, die durch den Menschen auf ihn lauern, mit dessen Gewehren, Autostraßen und Kahlschlägen im Urwald. Viel Wissenswertes über Tier- und Pflanzenwelt der Region wird in dem Roman vermittelt. Neben den tierischen Protagonisten widmet die Autorin den Ureinwohnern jener Region ihren Roman, den Udehe und Nanaiern, die der Natur noch mit indigenem Respekt begegnen – eine Hoffnung für den Tiger, für den es fünf vor zwölf ist!

260 Seiten. Pb. 16,80 Euro. ISBN 978-3-95828-284-1
eBook. 7,99 Euro. ISBN 978-3-95828-287-2

Minotaurus starb in Napa Valley

Roman

Mutter und Tochter, Vorurteile und Realität, zwanghafte Angst und ein spektakulärer Befreiungsschlag – auf dem Weg zu sich selbst tritt Anne, Tochter einer Weingutbesitzerin, ihr Traum in greifbarer Gestalt gegenüber.

Aus dem bezaubernden Kalifornien führt der Roman in farbenprächtigen und aufregenden Bildern bis tief ins Herz von Mexiko. Doch Annes Weg, der als Flucht begann, lässt sie zurückkehren, bereit, sich ihren Problemen zu stellen ...

Zentrales Symbol dieses Romans ist der Stier aus Mythologie und Stierkampf, der sich in Annes Psychogramm zu einem persönlichen Gegner verdichtet, den sie besiegen muss – was ihr in ungewöhnlicher Weise gelingt.

302 Seiten. Pb. 16,80 Euro. ISBN 978-3-95828-218-6
eBook. 7,99 Euro. ISBN 978-3-95828-219-3

The Good Spirit of Yellowstone

Novel

Aaron, the adoptive child of a rich couple of attorneys in New York, is quarreling with his identity. He is a Lakota orphan, his parents had died during a car accident. As he loves nature, he works as a park ranger in the Yellowstone National Park. He is the classical dropout and mountain man. His companions are the mustangs Swift and Dusty and the wolfhound Sky. Then Angelina enters his life: a pretty girl from Chicago. She works as a scientist at a biological project, during which wolves in the Yellowstone area are equipped with transmitters to take bearings. There she meets Aaron and has to make a decision whether she wants to make a career or live as a dropout.

The secret protagonist of the novel is the rough wilderness of the Rocky Mountains. At the same time the novel describes in a gripping way the very beginnings of the concept of environmental protection.

English version · 174 Seiten. Pb. 12,80 Euro. ISBN 978-3-95828-107-3
Bilingual edition · 348 Seiten. Pb. 19,80 Euro. ISBN 978-3-95828-108-0

Das Inselmädchen Gabriela

Eine Geschichte für Klein und Groß

Die kleine Gabriela wächst auf einer schönen schwedischen Insel auf. Ihr Papa stammt aus dem fernen Chile. Zur Zeit der Diktatur ist er aus seiner Heimat geflohen. Für Gabriela und ihre Freunde ist die Insel Heimat und Inselparadies.

Was Gabriela dort alles erlebt und welche Überraschungen ihre kleine Inselwelt inmitten einer urwüchsigen Natur zu bieten hat, davon erzählt diese Geschichte. Dort werden die kleinen Dinge des Alltags zu großen Wundern, über die ein Kind noch stauen kann - und auch ein Erwachsener, wenn er das Kind in sich bewahrt und das Staunen noch nicht verlernt hat.

84 Seiten. Pb. 10,80 Euro. ISBN 978-3-95828-086-1

Die Sternschnuppenkinder

Fröhliche Kinder- und Jugendgeschichten

Band 5: Start ins Erwachsenenleben

112 Seiten. eBook. 6,99 Euro.
ISBN 978-3-95828-257-5

Band 4: Die Sternschnuppenkinder stets voll dabei

136 Seiten. eBook. 6,99 Euro. ISBN 978-3-95828-240-7

Band 3: Die Reise nach Italien

148 Seiten. eBook. 6,99 Euro. ISBN 978-3-95828-204-9

Band 2: Im Landschulheim

120 Seiten. eBook. 6,99 Euro. ISBN 978-3-95828-169-1

Band 1: Zuwachs im Sternenhaus

134 Seiten. eBook. 6,99 Euro. ISBN 978-3-95828-118-9

Sams unglaubliche Geschichte

Abenteuerliche Reise durch Raum und Zeit

190 Seiten. Pb. 13,80 Euro. ISBN 978-3-95828-061-8

Killer-Algen

Bodensee-Krimi

92 Seiten. Pb. 11,50 Euro. ISBN 978-3-95828-019-9
eBook. 6,990 Euro. ISBN 978-3-95828-020-5

Heidelberg heart motion

Transatlantische Romanze

108 Seiten. Pb. 11,90 Euro. ISBN 978-3-95828-006-9

Möwenkreise

Heimatroman

144 Seiten. Pb. 13,50 Euro. ISBN 978-3-89774-972-6

Franziskus – Der Bruder von Sonne und Tieren
Skizze einer Heiligen-Vita. Sachroman
188 Seiten. Pb. 14,50 Euro. ISBN 978-3-89774-960-3

Meine Freundin, die Pinie · *Eine Kindheit in Pine Ridge*
Roman über das Leben der Lakota Sioux im 21. Jahrhundert
208 Seiten. Pb. 14,90 Euro. ISBN 978-3-89774-946-7

Parzival – Das Geheimnis des Grals · Historischer Roman
244 Seiten. Pb. 14,90 Euro. ISBN 978-3-89774-879-8

Als der Drache mit dem Adler rang
Historischer Roman
450 Seiten. Pb. 16,80 Euro. ISBN 978-3-89774-844-6

Der gute Geist des Yellowstone · Roman
178 Seiten. Pb. 11,80 Euro. ISBN 978-3-89774-828-6

Unter meinen Schwingen der Wind · Roman
111 Seiten. Pb. 11,50 Euro. ISBN 978-3-89774-781-4

Tierisches! · Die Verwandlung des K. / Rettet den Urwald
96 Seiten. Pb. 11,50 Euro. ISBN 978-3-89774-765-4

Geheimnisvoller Weg nach Shambala
Mit dem Mountainbike ins Jenseits
Zwei Erzählungen
186 Seiten. Pb. 11,50 Euro. ISBN 978-3-89774-408-0

Im Geiste Hemingways · 3 Stories
148 Seiten. Pb. 11,50 Euro. ISBN 978-3-89774-348-9

Acapulco Puzzle · Roman
88 Seiten. Pb. 8,90 Euro. ISBN 978-3-89774-113-3

Kinder des Meeres
Der Entschluss der Delfine / Der alte Marlin und der Mann
132 Seiten. Pb. 8,90 Euro. ISBN 978-3-89774-328-1

Zufrieden und Blabla im Menschenland
Eine fantastische Geschichte für kleine und große Leser
92 Seiten. Pb. 11,50 Euro. ISBN 978-3-89774-288-8